Sven Stopka

Du kannst es dir *nicht* leisten, *kein* Millionär zu werden

Dein Leben, dein Geld, deine Verantwortung

ForwardVerlag

ForwardVerlag

Du kannst es dir *nicht* leisten, *kein* Millionär zu werden

Dein Leben, dein Geld, deine Verantwortung

Imprint der Verlagsgruppe StudyHelp GmbH, Paderborn
www.forwardverlag.de

1. Auflage

Autor: Sven Stopka

Kontakt: info@forwardverlag.de
Umschlaggestaltung: @magier
Druck: mediaprint solutions GmbH

ISBN 978-3-98755-161-1

INHALT

Disclaimer

Dieses Buch dient ausschließlich der allgemeinen Information und Inspiration. Es stellt weder eine Anlageberatung noch eine Anlageempfehlung im Sinne des Wertpapierhandelsgesetzes oder sonstiger rechtlicher Regelungen dar. Ebenso ist es keine Aufforderung oder Empfehlung, bestehende Versicherungsverträge zu kündigen, zu verändern oder abzuschließen.

Die Inhalte wurden mit größter Sorgfalt erstellt. Dennoch übernehmen der Autor und der Verlag keine Gewähr für die Richtigkeit, Vollständigkeit oder Aktualität der bereitgestellten Informationen. Die dargestellten Meinungen, Analysen und Ausführungen sind keine individuellen Empfehlungen, sondern allgemeine Ausführungen ohne Berücksichtigung persönlicher finanzieller, rechtlicher oder steuerlicher Verhältnisse.

Alle Handlungen, die der Leser auf Grundlage der in diesem Buch enthaltenen Informationen vornimmt, erfolgen ausschließlich auf eigenes Risiko. Eine Haftung des Autors oder des Verlags – gleich aus welchem Rechtsgrund – ist vollständig ausgeschlossen. Insbesondere wird jede Verantwortung für finanzielle Verluste, rechtliche Konsequenzen oder sonstige Schäden ausgeschlossen, die direkt oder indirekt aus der Nutzung der Inhalte dieses Buches resultieren.

Für eine fundierte und auf die individuelle Situation abgestimmte Entscheidung wird ausdrücklich empfohlen, eine qualifizierte Beratung durch unabhängige Finanz-, Steuer- oder Rechtsberater in Anspruch zu nehmen.

Die Stimmen zweier Unternehmer

»Ich arbeite seit vielen Jahren eng und vertrauensvoll mit Sven Stopka zusammen. Was ihn auszeichnet, ist weit mehr als fachliche Exzellenz: Er hat das Herz am richtigen Fleck. Bei allen komplexen, manchmal auch trockenen Finanz- und Vorsorgethemen ist für mich entscheidend: Die Chemie muss stimmen. Und genau das macht die Zusammenarbeit mit Sven so besonders – bis heute vertraue ich ihm zu 100 %.

Wer sich heute noch auf seine gesetzliche Rente oder klassische Versicherungen verlässt, ist verlassen.

Dieses Buch klärt auf, rüttelt wach und zeigt ungeschönt, wie gefährlich finanzielle Bequemlichkeit im Alter werden kann; und warum es heute wichtiger denn je ist, Eigenverantwortung zu übernehmen.

Es legt dar, warum du auf Rentenversprechen nicht bauen kannst, wie Versicherungen dich teuer täuschen, welche konkreten Schritte du für echten Vermögensaufbau gehen kannst und wie du mit Strategie, Klarheit und einem starken Partner an deiner Seite langfristig sicher wirst.

Lies dieses Buch und hol dir Sven Stopka an deine Seite. Denn Vermögensaufbau braucht Verstand. Aber vor allem Vertrauen.«

Sascha Driesch, Unternehmer und Investor

* * *

»Ich arbeite seit vielen Jahren mit Sven zusammen und bin froh ihn an meiner Seite zu haben. Ein Experte mit dem Herz an der richtigen Stelle.«

Calvin Hollywood

Vorwort

Es gab einen Moment, da wurde mir klar: Die ganze Rechnung geht nicht auf. Damals arbeitete ich als Versicherungsmakler und Finanzberater auf Provisionsbasis, und das wohl wichtigste Produkt in meinem Portfolio war die *private Rentenversicherung*. Erschaffen, um unsere Rentenlücke zu schließen. Als Absicherung, weil das bisschen Rente, das wir vom Staat erwarten dürfen, wohl kaum reichen wird. Was also läge näher, als eine private Rentenversicherung abzuschließen? Automatisch zahlen wir jeden Monat einen Betrag X ein, vielleicht 200 oder 300 Euro, im Gegenzug erhalten wir ab Renteneintritt eine feste Leibrente, ein finanzielles Polster für einen sorgenfreien Lebensabend. Das Beste daran: Wir müssen uns um nichts kümmern, einmal abgeschlossen sind wir fürs Alter gewappnet. Das klang märchenhaft! Nur leider entsprechen Märchen selten der Realität.

Wie die meisten Versicherungsvermittler und Finanzberater verließ ich mich bei meiner Hochrechnung entweder auf Vergleichsprogramme oder auf die Angebotsprogramme der jeweiligen Anbieter. Dort tippte ich die Eckdaten meiner Kunden ein: den Renteneintritt, die monatliche Sparrate und die angenommene jährliche Rendite. Als Ergebnis bekam ich die prognostizierte Auszahlungssumme, die je nach Anbieter variierte. So bot eine Versicherung 197.000 Euro, eine andere 185.000 Euro, wieder eine andere errechnete 162.000 Euro. »Klare Sache, ich empfehle meinem Kunden Platz eins. Die Rentenversicherung mit der höchsten Auszahlungssumme.« Doch ich vernachlässigte das Kleingedruckte.

Eines Tages konfrontierte mich ein Kunde: »Sven, da passt doch was nicht!?« Er habe die Zahlen nachgerechnet und müsse mit seiner Sparrate eigentlich am Ende viel mehr erhalten. Wo die Differenz bleibe, wollte er wissen. Das sollte mein Weckruf sein. Ich ging der Sache nach und prüfte unzählige Hochrechnungen im Detail. Mir fiel auf, dass die Einzahlungen erheblich geschmälert wurden, unter anderem von der Vertriebsprovision, den Verwaltungskosten, den Risikokosten und was es da noch alles Dubioses gab. Insgesamt schlugen die Kosten mit 25 bis 30 % zu Buche. Mit anderen Worten: Von 100 Euro, die mein Kunde einzahlte, verlor er 30 Euro. Autsch! Diesen Rückstand konnte das Finanzprodukt mit seiner vergleichsweise schwachen, angenommenen Rendite (ca. 6 %) unmöglich aufholen, zumal ja bereits die Hälfte davon der Inflation zum Opfer fallen würde.* »Warum sind diese Versicherungen trotzdem so beliebt?«, fragst du dich vielleicht. Nun ja, möglich ist das durch die Taschenspielertricks der Versicherer gepaart mit der Leichtgläubigkeit der Finanzberater und ihrer Kunden. Letzteren beiden mangelt es allzu oft an Kompetenz und leider auch an Muße, den Sachverhalt ordentlich zu prüfen.

Nachdem ich verstanden hatte, dass private Rentenversicherungen die reinste Abzocke sind, kehrte ich der Versicherungsbranche mehr und mehr den Rücken. Ich wechselte auf die andere Seite der Macht und ließ mich 2014 als Honorar-Finanzanlagenberater der IHK-Münster registrieren. Damals gab es deutschlandweit lediglich 100 registrierte Honorar-Finanzanlagenberater, in Münster war ich sogar der erste. Heute bin ich Gesellschafter und Geschäftsführer von *TUENDUM*, einer Investmentberatungsgesellschaft, mit der mein Team Privatpersonen, Selbstständigen und Unternehmern beim Vermögensaufbau unter die Arme greift. Was mich antreibt? Ich fühle mich verpflichtet, meine Mitmenschen aufzuklären, damit sie im Alter nicht auf ein massives Geldproblem zusteuern. Das ist im Übrigen auch die Motivation für dieses Buch.

Nur wenige 25-Jährige machen sich Gedanken über ihre Rente. Man stelle sich eine gesellige Runde von Mittzwanzigern vor, die bei Musik und Kaltgetränken zusammensitzt. Plötzlich merkt einer an: »Sagt mal, wie sorgt ihr eigentlich für euer Alter vor?«

* Am Rande bemerkt: Viele Fonds erreichen nie im Leben die 6 % Rendite. Doch das ist ein anderes Thema.

Nicht gerade stimmungsaufhellend, diese Frage. Und überflüssig! Immerhin liegen noch 40 Jahre Berufstätigkeit vor ihnen, eine lange Zeit, in der sich zahlreiche Chancen und Möglichkeiten ergeben werden. Es scheint unnötig, sich heute schon den Kopf über die Rente zu zerbrechen. Menschen mit durchschnittlichem Einkommen sind von diesem Leichtsinn übrigens ebenso betroffen wie Topverdiener. Man möge ja meinen, gerade die hochdotierten Angestellten mit Gehältern jenseits der 100.000 Euro würden sich mit Geldanlagen befassen, um sich entsprechend abzusichern. Doch aus meinem Berufsalltag weiß ich, dass dem nicht so ist. Sie vertrauen auf windige Finanzprodukte, wie eben eine private Rentenversicherung, und meinen, damit sei es getan. Würde ihnen der Versicherungsvermittler vorrechnen, dass sie monatlich 1.000 Euro sparen beziehungsweise investieren müssten, um im Rentenalter ihren Standard zu halten, würden sie das Vertrauen in ihn postwendend verlieren. Entweder käme ihnen die Wahrheit unseriös vor oder sie wären resigniert. Und weil das der Finanzberater kommen sieht, wählt er in der Regel eine vorsichtigere Strategie. Statt ehrlich aufzuklären, fragt er: »Wie viel Geld kannst du monatlich für die Rentenvorsorge erübrigen? Was gibt dein Budget her?« Die Antwort – meist irgendetwas zwischen 100 und 300 Euro – entspricht der empfohlenen Sparrate. Wie wir noch sehen werden, reicht sie jedoch beileibe nicht, um die Rentenlücke zu schließen.

Allerdings geht es in diesem Buch nicht allein um die Rente, sondern auch um den Vermögensaufbau als solchen. Schließlich wollen wir nicht erst im Alter liquide genug sein, um die Freuden des Lebens zu genießen, oder? Ich kann mich glücklich schätzen, finanziell entspannt zu sein. Zum einen habe ich das meinem Unternehmen zu verdanken, zum anderen den Investitionen in Kapitalanlageimmobilien und Aktienfonds, deren Anteile sich in meinem Portfolio ungefähr die Waage halten. Hinzu kommen diverse andere Investitionsarten. Wenn ich an meine Kindheit zurückdenke, war das nicht immer so. Keine Sorge, ich erzähle dir jetzt keine klassische Erst-arm-dann-reich-Story. Denn so schlecht ging es mir und meinen Geschwistern nicht. Unsere Spielsachen konnten durchaus mit denen unserer Mitschüler konkurrieren, und auch unter unserem Weihnachtsbaum lagen ein *Gameboy*, ein *Super Nintendo* und diese bunten Plastikbausteine. Verschlechtert hat sich die Situation, als sich meine Eltern scheiden ließen. Daraufhin lebten wir mit unserer Mutter von der Sozialhilfe, was wir Kinder natürlich spürten. Das Geld wurde knapper. Auch unser Umfeld bemerkte dieses Stigma, manche Mitschüler spotteten: »Hey, ihr lebt vom Sozialamt!« Ich kann mich nicht an alles erinnern, was damals in mir vorging, sicher bin ich mir aber, dass ich unter keinen Umständen in finanzielle Nöte geraten wollte. Deswegen trug ich schon mit dreizehn Prospekte aus, arbeitete später in einer Pizzeria, im Einzelhandel sowie im ortsansässigen Kino. Ja, ich habe viele Stunden meiner Jugend gearbeitet. Eigenes Geld zu verdienen, fühlte sich verdammt gut an – es gab mir Sicherheit.

Jetzt hast du ein grobes Bild von mir, Sven Stopka, dem Menschen, der dir in dieser Lektüre hoffentlich auch ein Gefühl von Sicherheit vermittelt. Ein Gefühl, dass du, sobald du dich ernsthaft mit deinem Vermögensaufbau auseinandersetzt, eine gute Chance hast, dich fürs Alter sicher aufzustellen. Ein Gefühl, das aufgrund von Kriegen, Inflation und schwindelerregenden Veränderungen auf dem Arbeitsmarkt leider immer seltener wird. Eine Möglichkeit, Veränderungen zu begegnen, ist Geld. Wir könnten es auch Fuck-you-Money nennen. Es befreit uns aus der Abhängigkeit, gibt uns Luft zum Atmen. Ein paar Hunderttausend Euro werden für diesen Status vermutlich nicht reichen. Deswegen gehe ich so weit zu behaupten, dass du es dir *nicht* leisten kannst, *kein* Millionär zu werden, wenn du es wirklich ernst mit der Altersvorsorge meinst. Wie ich zu dieser Behauptung komme, werde ich noch erklären. Damit sich die Chance erhöht, dass du mit den Tipps in diesem Buch etwas anfangen kannst, lernst du im ersten Kapitel vier fiktive Persönlichkeiten kennen:

1) Sebastian, den Durchschnittsverdiener
2) Rebecca, die Elite-Angestellte
3) Karo, die Selbstständige
4) Simon, den Unternehmer

In ihren Geld-Verhaltensweisen wirst du dich vermutlich wiederfinden, so die Idee, möglicherweise kommt dir ihr Verhalten aber auch befremdlich vor, zumindest ein Stück weit. Grundsätzlich läuft die Altersvorsorge bei uns allen ähnlich ab, allerdings hat jede der vier Personen auf Besonderheiten zu achten, bekommt gleichzeitig aber auch Chancen geboten, auf die ich in den jeweiligen Kapiteln mit einem »Brainy« hinweise. Das ist eine Illustration kombiniert mit einem Kasten – du wirst sie nicht verfehlen können. Außerdem findest du am Ende jedes Kapitels konkrete Umsetzungsimpulse. Denn fürs Alter sorgt nur vor, wer ins Handeln kommt.

Wenn du auf der letzten Seite dieses Buchs angelangt bist, wirst du imstande sein, deinem Finanzberater sehr unangenehme Fragen zu stellen. Du wirst begriffen haben, dass die Rentenlücke keine Lücke ist, sondern eher eine Schlucht. Du wirst verstanden haben, dass du Millionär werden musst, wenn du die Altersvorsorge ernst nimmst. Du wirst ein Bild davon haben, in welche Anlageklassen du am besten investierst (wobei ich deutlich darauf hinweise, dass dieses Buch keine Anlageberatung darstellt). Und du wirst die Altersvorsorge mit etwas Positivem assoziieren; sozusagen wird die »Sorge« aus der »Altersvorsorge« verschwunden sein. Was bleibt, ist die Altersfreude, sie impliziert sowohl die Freude am Altern als auch die Freude im Alter. Klingt das annehmbar? In jedem Fall freue ich mich darauf, dich begleiten zu dürfen, also nicht beim Altern, vielmehr beim Lesen der folgenden Zeilen. Ich danke dir, dass du dich für dieses Buch entschieden hast!

Sven Stopka
Ahaus, im Juli 2025

1

KAPITEL

Vier Charaktere, vier Ausgangslagen

Uns Deutschen schwebt ein scharfes Schwert vor der Brust. Berufstätige spüren und sehen es in aller Regel nicht, denn es ist unsichtbar. Erst in ferner Zukunft wird es sich zu erkennen geben, erbarmungslos zustechen und einen kritischen Treffer landen bei all denjenigen, die keine hiebfeste Weste tragen. Gemeint ist die Altersarmut. Wenngleich es nur eine Metapher ist, so könnte dieses scharfe Schwert tatsächlich unser Leben bedrohen. Oder es zumindest erheblich verschlechtern. Zum Beispiel, indem es uns hindert, eine medizinische Versorgung in Anspruch zu nehmen. Oder, indem es uns dazu verdammt, minderwertige Lebensmittel zu konsumieren. In jedem Fall bedroht dieses scharfe Schwert unseren Lebensstandard, und davon sind weit mehr Menschen in diesem Industrieland betroffen, als wir vielleicht wahrhaben wollen.

Ich habe dieses Bild bewusst so negativ gezeichnet, weil uns negative Bilder nun einmal besser wachrütteln als positive. Trotzdem muss es dich weder depressiv stimmen: »Das hat doch eh alles keinen Sinn! Ich werde es nie schaffen, mich abzusichern.« Noch zu Leichtsinn veranlassen: »Statt mich auf diese düstere Zukunft vorzubereiten, lebe ich lieber im Hier und Jetzt in Saus und Braus.« Sei dir im Klaren darüber, dass du eine Chance hast, egal in welchem Lebensabschnitt du dich befindest und egal welchen Beruf du ausübst. Aber dass du diese Chance eben auch nutzen musst.

Aus dem Berateralltag weiß ich um die unterschiedlichen Ausgangssituationen meiner Klienten. Dabei stelle ich immer wieder fest, dass zwei Faktoren einen wesentlichen Einfluss auf die Altersvorsorge haben: das Einkommen und die Beschäftigungsart. Um diesem Umstand gerecht zu werden, habe ich vier Charaktere entworfen, zwei männliche und zwei weibliche. Das hat aber nichts zu heißen, denn das Geschlecht klammere ich in diesem Buch aus. Ich bin mir im Klaren über die Gefahr, die das Gender-Pay-Gap für Frauen birgt, es aber in der nötigen Ausführlichkeit zu beleuchten, würde genug Raum für ein eigenes Buch bieten und vom Kernthema ablenken: dem Vermögensaufbau.

Und noch etwas. Möglicherweise trifft keines der Einkommen, die ich im Folgenden angenommen habe, auf dich zu. Auch kann es sein, dass du dich nicht angesprochen fühlst, weil deine Vorsorge und dein Kenntnisstand von denen der Charaktere abweichen. Die Charaktere sind bewusst etwas fahrlässiger gezeichnet, solltest du besser aufgestellt sein, klopf dir auf die Schulter und begegne ihnen mit wissenschaftlicher Neugier. Zu guter Letzt sei erwähnt, dass die Berufe nur beispielhaft gewählt sind, für die Altersvorsorge spielen sie eine untergeordnete Rolle. In Ordnung, legen wir los, die Damen und Herren warten auf ein Kennenlernen mit dir.

Sebastian, der Durchschnittsverdiener

Im Jahr 2023 betrug das durchschnittliche Jahresgehalt eines vollzeitbeschäftigten Arbeitnehmers 53.760 Euro brutto.[1] Allerdings bemängeln Kritiker die Aussagekraft dieser Kennzahl. Warum? Weil es sich um das arithmetische Mittel handelt, das heißt, es werden sämtliche Gehälter addiert und die Summe durch die Anzahl der Arbeitnehmer geteilt. So verzerren sehr hohe Gehälter das Ergebnis und treiben den Durchschnitt in eine unnatürliche Höhe. Aussagekräftiger ist der sogenannte Median. Ein Zentralwert, der die exakte Mitte aller Daten abbildet, sozusagen den »echten« Durchschnittsverdiener. Nennen wir ihn Sebastian. Würden alle Arbeitnehmer eine Reihe bilden, ständen ebenso viele Menschen links wie rechts von Sebastian. Mit anderen Worten: 50 % verdienen mehr, 50 % weniger als er. Sein Brutto-Jahreseinkommen, auch als Medianeinkommen bekannt, lag im Jahr 2024 bei 43.750 Euro.[2]

Sebastian ist Industriekaufmann, 30 Jahre jung und gutgläubig. Um seine Finanzen kümmert er sich nicht selbst, seit seiner Ausbildung steht er im Austausch mit einem befreundeten Banker. »Mit deinem Gehalt bist du doch gut aufgestellt. Wenn du jetzt noch eine Riester-Rente und eine private Rentenversicherung abschließt, kann nicht mehr viel passieren«, hallen seine Worte vom letzten Termin nach. Wie düster es aussieht, ahnen beide nicht. Jeden Monat geht ein Großteil von Sebastians Gehalt für die Miete, sein Auto und diverse Versicherungen drauf. Er kann sich auch nicht davon ausnehmen, gelegentlich einen Konsumkredit zu beantragen – erst kürzlich kaufte er ein Rudergerät auf Raten. Wer könnte es ihm verübeln? Das Schulsystem hat ihm zu wenig Finanzwissen vermittelt.

Für sein Gehalt erhält Sebastian einen Entgeltpunkt für die deutsche Rentenversicherung. Jedes Jahr wird ihm postalisch ein Rentenbescheid zugestellt. Diesem entnimmt er, eines Tages werde er eine Rente von 1.825 Euro pro Monat beziehen. Bei einem derzeitigen monatlichen Nettoeinkommen von etwa 2.400 Euro erscheint ihm die Differenz nicht tragisch. Sein Umfeld reagiert ähnlich gelassen: »Wir sind zwar nicht reich, aber immerhin abgesichert.« Was unberücksichtigt bleibt: Nicht alles, was im Rentenbescheid steht, wird in Zahlen ausgedrückt. Zum Beispiel gehen von der prognostizierten Rente die Beiträge für die Kranken- und Pflegeversicherung ab, gegebenenfalls Steuern, aber in jedem Fall unterliegt die Rente der Inflation. Gerade die Angaben zur Inflation sind stark verklausuliert, denn falls im Rentenbescheid stünde, dass die 1.825 Euro nach Kaufkraftverlust eigentlich nur noch 1.300 Euro wert wären, gingen Sebastian und seine Arbeitnehmerfreunde auf die Barrikaden. Mutmaßlich steht deshalb der Kaufkraftverlust zwar als Hinweis im Rentenbescheid, aber nicht als begreifbare Zahl.

Eine Familie hat Sebastian noch nicht, trotzdem träumt er schon von den eigenen vier Wänden. Das Eigenheim wird ihm und seiner zukünftigen Familie nicht nur Privatsphäre schenken, sondern auch als zusätzliche Absicherung zu seiner Riester-Rente dienen. Immerhin spart er sich im Alter die Miete. Vom Grundprinzip her stimmt das. Warum diese Rechnung dennoch nach hinten losgehen kann, werden wir in einem späteren Kapitel sehen, wenn wir einen kritischen Blick auf die »Investition« Eigenheim werfen.

Rebecca, die Elite-Angestellte

Stand 2025 liegt der Spitzensteuersatz bei 42 % und fällt für Einkommen ab 68.430 Euro pro Jahr an.[3] Diese Grenze hat Rebecca deutlich überschritten, ihr jährliches Einkommen beträgt (vor Abzug aller absetzbaren Ausgaben) satte 120.000 Euro. Damit befindet sie sich in einer begehrten Nische. Konkret zählt sie bundesweit zu den obersten 6 % jener Angestellten, die ein Einkommen von 100.000 Euro und mehr verzeichnen dürfen.[4]

Rebecca ist 42 Jahre alt und Führungskraft im Vertrieb. Menschen wie sie bringt man eigentlich weniger mit Problemen bei der Altersvorsorge in Verbindung, und doch birgt ihre Situation ein gewisses Risiko. Zunächst einmal hofft auch Rebecca auf eine gesetzliche Rente. Das darf sie auch, nur liegt die Beitragsbemessungsgrenze bei 96.600 Euro Einkommen. Dafür erhält sie 1,91 Entgeltpunkte, das entspricht der Höchstpunktzahl.[5] Glückwunsch, Rebecca! Was heißt das nun? Die Differenz von 23.400 Euro ist über die gesetzliche Rentenversicherung nicht abgesichert, Rebecca wird also weniger Rente erhalten, als sie derzeit verdient. Aktuell geht sie monatlich mit 5.700 Euro netto nach Hause, ihrem Rentenbescheid entnimmt sie jedoch, dass sie im Alter mit 3.100 Euro pro Monat klarkommen muss. Die Inflation ist hierbei noch nicht berücksichtigt. Außerdem ist Rebecca mit ihren 42 Jahren ja noch vergleichsweise jung, in den 25 Berufsjahren, die noch vor ihr liegen, wird sie ihr Gehalt aller Voraussicht nach noch steigern. Ergo wird das Delta zwischen Nettoeinkommen und Rente weiter wachsen, es sei denn, die Beitragsbemessungsgrenze steigt gleichermaßen, wovon sie lieber nicht ausgeht.

Rebecca genießt einen hohen Lebensstandard. An ihn hat sie sich schrittweise gewöhnt, und dazu hat sie jedes Recht. Die Sache ist nur, bei Renteneintritt steht ihr eine schlagartige Entwöhnung bevor, und diese hinzunehmen, gelingt uns Menschen nicht sonderlich gut. Rebeccas Ziel ist es demnach, genügend Geld zu haben, um ihren Lebensstandard im Alter zu halten. Damit ihr das gelingt, reicht es nicht, die Rentenlücke zu überbrücken. Ebenfalls muss sie die steigenden Beiträge für die private Krankenversicherung (PKV) bewältigen. Ursprünglich hatte sie sich für die PKV nicht nur der Gesundheit wegen entschieden, Kosten sparen wollte sie auch. Das war grundsätzlich ein kluger Schachzug. Doch während die Beiträge der gesetzlichen Krankenkassen an die Rente angepasst werden, wird sich Rebeccas Versicherungsbeitrag für die PKV im Rentenalter nicht ändern, das heißt, sie erfährt trotz niedrigerer Einkünfte die gleiche monatliche Belastung, als wäre sie noch voll berufstätig. Erschwerend kommt hinzu, dass Rebecca die Ersparnis von

500 Euro aktuell verlebt, statt sie beiseitezulegen oder in einen Aktiensparplan einzuzahlen.

Was Investitionen betrifft, verhält sich Rebecca vergleichsweise risikofreudig. Fairerweise sei gesagt: Sie hat es nicht leicht. Wegen ihres hohen Einkommens gehört sie zu einer begehrten Zielgruppe der Finanzdienstleistungsbranche, die ihr alle möglichen dubiosen Anlageprodukte andrehen will, inklusive Beteiligungen an Schiffen, Solarparks oder Medienfonds. Die eine oder andere Fehlentscheidung hat Rebecca leider schon getroffen. Anfällig ist sie insbesondere für die Worte »Steuern sparen«, die sie dazu veranlasst haben, eine Basisrente und einen Bausparvertrag abzuschließen. Rebecca weiß also schon irgendwie, dass sie vorsorgen muss, da sie sich aber mangels Zeit nie selbst mit ihren Investitionen befasst hat, herrscht Wildwuchs in ihrem Anlageportfolio. Die Konsequenz: hohe Gebühren, wenig Rendite, zufriedene Finanzberater.

Rebeccas alter Schulfreund – er verdient ähnlich gut wie sie – reagiert hingegen empfindlich auf Finanzberater. Ihre Angebote perlen an ihm ab wie Tropfen von einem Lotusblatt. Als risikoscheuer Anleger hält er Sparen immer noch für die klügste Altersvorsorge. Jeden Monat fließen 2.000 Euro auf ein Tagesgeldkonto, wo sich mittlerweile eine hübsche Summe gebildet hat, nominal wohlgemerkt, denn der reale Wert schwindet aufgrund der Inflation dahin.

Karo, die Selbstständige

Nach ihrem Studium der Medienwissenschaften hat Karo kurze Zeit für eine Marketingagentur gearbeitet. Schnell ist sie jedoch zu der Erkenntnis gelangt: »Angestellt sein ist nichts für mich.« Sie hat sich nach mehr Freiheiten gesehnt. Freiheiten, die ihr nur eine Selbstständigkeit würde bieten können. Somit arbeitet die heute 34-jährige Karo als freiberufliche Mediengestalterin, sie ist Solo-Selbstständige ohne Mitarbeiter.

Ihren Verdienst zu beziffern, ist nicht einfach, denn er schwankt beträchtlich. Mal erhält sie mehr Aufträge, als sie bewältigen kann, mal hat sie eine Durststrecke zu überwinden. Sagen wir, ihr Umsatz liegt zwischen 20.000 und 50.000 Euro pro Jahr. Auf das, was nach Abzug aller absetzbaren Kosten übrig bleibt, zahlt sie Einkommensteuer. Über ihre steuerliche Identität hat sich Karo vorab keine Gedanken gemacht; zum Beispiel könnte sie ihre Dienste ja alternativ in einer Kapitalgesellschaft anbieten, wobei die Wahl der Rechtsform gleich zu Beginn gut durchdacht sein sollte. Die Wahl einer klugen und sinnvollen Rechtsform hängt von vielen Faktoren ab, die hier jedoch den Rahmen sprengen würden. Umgekehrt gilt: Die richtige Weichenstellung könnte Karo im Alter mehrere Hunderttausend Euro Steuerersparnis einbringen. Wie das möglich ist, dazu kommen wir noch.

Karo erliegt demselben Denkfehler wie die meisten Selbstständigen. Sie hält ihre Arbeitskraft für ihr bestes Asset. Deswegen investiert sie jeden Cent in ihr Business, andere Altersvorsorgen trifft sie nicht. Im Gegensatz zu Sebastian und Rebecca zahlt sie nicht in die gesetzliche Rentenversicherung ein. Weil es freiwillig ist. Gäbe es eine Rentenversicherungspflicht (sie wurde in der Politik schon vielfach diskutiert, aber bislang nicht umgesetzt), müsste Karo rund 20 % ihrer Einnahmen in die Rentenversicherung einzahlen. Leider kennen Karo und ich uns nicht persönlich. Falls wir eines Tages Bekanntschaft schließen, gebe ich ihr den Rat, 20 % ihrer Einnahmen zu sparen respektive zu investieren, und zwar unabhängig von der Höhe ihres Gehalts. Damit würde sie gleich zwei Fliegen mit einer Klappe schlagen: Erstens, sie würde sich eine Rücklage aufbauen, die sie im Fall der Fälle anzapfen kann. Zweitens, sie würde mit der Zeit vom Zinseszins profitieren.

Doch Karos Lieblingssatz ist: »Das mache ich nächstes Jahr.« Diese Vorsorge-Prokrastination ist nicht unüblich unter Selbstständigen, denn wegen ihres ungewissen, schwankenden Gehalts kämpfen sie nicht selten ums blanke Überleben. Eine Teilschuld tragen sicherlich Karos eher schwach ausgeprägte Verkaufsfähigkeiten. Karo wartet mehr auf Aufträge, als dass sie Kunden akquiriert. Sie versucht, irgendwo im Markt mitzumischen, vergleicht sich anhand des Preises, unterbietet Wettbewerber, anstatt sich eine professionelle Marke aufzubauen. Letzteres wäre mit ihrer fachlichen Kompetenz jedoch durchaus möglich.

Mehr Umsatz, und das Problem wäre gelöst, möge man meinen. Doch Umsatz allein genügt nicht, und zwar, weil es vielen Selbstständigen an betriebswirtschaftlicher Struktur fehlt. Wenn Karo von ihrem befreundeten Tischler Lars – einem Einzelunternehmer mit zwei Mitarbeitern – hört, dass er 200.000 Euro Umsatz macht, ist sie jedes Mal beeindruckt. Was er ihr jedoch verschweigt, sind die relativ hohen Materialkosten und die Löhne, die er zu zahlen hat. Unterm Strich bleibt Lars, salopp formuliert, zum Leben zu wenig und zum Sterben zu viel. Und für Karo gilt das leider auch.

Simon, der Unternehmer

Der 35-jährige Simon hat vor Kurzem eine solide Kapitalgesellschaft von seinem Vater übernommen. Spezialisiert auf Anlagenbau, bedient sie hauptsächlich Automobilzulieferer. Seinen zehn Mitarbeitern verdankt Simon, dass sein Unternehmen teilweise ohne ihn läuft. Er arbeitet weniger im Unternehmen, wie man zu sagen pflegt, sondern am Unternehmen. Das klingt doch nach einer Altersvorsorge, die sich andere sehnlichst wünschen, oder? Diesen Gedankengang hat auch Simon: »Ich brauche fürs Alter nichts zu tun, ich habe ja mein Unternehmen!« Eine gefährliche Tücke. Wer sagt denn, dass der Anlagenbau (erst recht spezialisiert auf Automobilzulieferer) in 20, 30 oder 40 Jahren immer noch denselben Wert darstellt?

Ein Freund der Familie – ein Landwirt aus dem Münsterland mit einer Bullenmast – hat seit einiger Zeit mit den Fleischpreisen zu kämpfen und sich deshalb breiter aufgestellt. Dieser nutzt nun seinen Fuhrpark, um Erd- und Bodenarbeiten sowie ähnliche Dienstleistungen anzubieten, da er um die Zukunft seines Bullenmastbetriebes bangt. Simon hingegen sieht das gelassener, seine Auftragslage ist glänzend.

Simons Gehalt entspricht dem der Elite-Angestellten Rebecca, er lässt sich 10.000 Euro pro Monat, also 120.000 Euro pro Jahr auszahlen. Vor Steuer wohlgemerkt. Die schlägt ordentlich zu Buche, aus diesem Grund lautet Simons Hauptziel: Steuern sparen. Allerdings überlegt er sich nicht selbst einen Plan, stattdessen verlässt er sich nahezu blind auf seinen Steuerberater: »Der schaukelt das schon.« Was Simon dabei vernachlässigt, ist die Tatsache, dass Steuerberater in aller Regel nicht steuerlich beraten, vielmehr sind sie der verlängerte Arm des Finanzamtes. Die wenigsten Steuerberater werden einem Unternehmer unternehmerische Tipps geben; dafür fehlt ihnen schlichtweg die Expertise.

Wie Rebecca ist Simon ein attraktives Ziel der Finanzdienstleister. Willkürlich investiert er in Finanzprodukte wie Basisrenten, Aktien- und Mischfonds, oftmals wie gesagt mit der Motivation, weniger Steuern zu zahlen, nicht um sich ein Depot fürs Alter aufzubauen. Den größten Hebel nutzt Simon nicht: sein eigenes Unternehmen. Darüber ließe sich nämlich eine Altersvorsorge aufbauen, zum Beispiel im Rahmen einer Betriebsrente. Denn das Unternehmen ist ja ein Asset. Wenn er dieses Asset richtig bewegt, kann er zum einen seinen Mitarbeitern etwas Gutes tun, zum anderen sich selbst berücksichtigen. Wir werden in einem späteren Kapitel noch detailliert darauf eingehen.

So wie die allermeisten Unternehmer ist Simon dominant und gewissenhaft. In erster Linie interessiert ihn: Was ist der Nutzen für mich und meine Mitarbeiter? Ist diese Frage erst beantwortet, trifft Simon eine Entscheidung. Und davon hat Simon täglich viele zu treffen, deswegen trifft er sie schnell. Leider überträgt er diese Geschwindigkeit auch auf seine privaten Finanzangelegenheiten, wodurch er manche Entscheidungen etwas zu voreilig trifft. Der beste Tipp für Simon lautet: *Nicht aus dem Netto sparen, sondern stets aus dem Brutto!* Als Unternehmer hat er den drei zuvor genannten Charakteren voraus, dass er sein Unternehmen strategisch nutzen kann, um sich ein Vermögen aufzubauen. Ein riesiges Potenzial, das zu heben er keinesfalls verschlafen sollte.

* * *

Nun hast du die vier Charaktere samt ihren verschiedenen Ausgangslagen kennengelernt. Ein Ziel ist ihnen gemein: Eines Tages wollen sie ihren Ruhestand genießen. Soll die Altersvorsorge glücken, werden sich die Charaktere wohl oder übel mit ähnlichen Themen beschäftigen müssen. Deswegen halte ich die folgenden Kapitel so allgemein wie möglich. Sollte sich ein Hinweis ergeben, der sich vorrangig an Angestellte, Selbstständige oder Unternehmer richtet, werde ich darauf mit dem besagten »Brainy« hinweisen. Sebastian, Rebecca, Karo und Simon werden uns also über das gesamte Buch hinweg immer wieder begegnen.

Nun gut, lass uns keine Zeit verlieren, denn die ist kostbar, insbesondere beim Vermögensaufbau.

UMSETZUNGSIMPULS

- Wie würdest du deine finanziellen Gewohnheiten beschreiben?
- Auf einer Skala von 1 bis 10: Wie hoch schätzt du dein Risiko einer Altersarmut ein? Wie begründest du deine Wahl?

KAPITEL 2

Die gesetzliche Rente reicht zum Überleben nicht – ein Rentenbescheid auf dem Prüfstand

Eine Bekannte von mir suchte einen Neurologen auf, wegen immer wieder auftretendem Schwindel. Es ließ sich nichts feststellen, der Neurologe empfahl ihr aber, einen Termin in der Radiologie zu vereinbaren. Die Kapazität dort war begrenzt. Sie musste sich einige Monate gedulden, bis sie an die Reihe kam. Nachdem das MRT angefertigt wurde, teilte ihr der Radiologe mit, er werde sich bei ihr melden, sollte er eine Auffälligkeit entdecken. Höre sie hingegen nichts mehr von ihm, sei alles in Ordnung. Es vergingen wieder einige Monate, doch der Schwindel ließ nicht nach. Wieder machte sie einen Termin beim Neurologen. Der fragte den MRT-Bericht der Radiologie an. Darin stand, dass sie eine Anomalie in der linken Gehirnhälfte habe und deswegen ein weiteres MRT in sechs Monaten anzuraten sei. Aha. Der Radiologe brach also sein Versprechen, sich zu melden, entweder weil er die Anomalie übersah oder ihre Bedeutung unterschätzte. Beides fatal. In der Konsequenz ging wertvolle Zeit ins Land.

Erneut versuchte meine Bekannte einen Termin in der Radiologie zu machen. Der Frühestmögliche sei in sechs Monaten, teilte man ihr mit. Eine Frechheit, denn zumindest hätte man ihr die versäumte Zeit, die der Radiologe zu verschulden hatte, anrechnen können. »Sechs Monate? Was, wenn es ein Hirntumor im Frühstadium ist?«, sorgte sie sich. Zu warten war keine Option, also kontaktierte sie eine private Radiologie. »Kommen Sie morgen vorbei, dann fertigen wir ein MRT an«, so die erfreuliche Antwort.

Die Kosten dieser Sonderbehandlung beliefen sich auf 500 Euro. Meine Bekannte war bereit, den Betrag aus eigener Tasche zu zahlen, immerhin gehe es schlimmstenfalls um ihr Leben, dachte sie. Als die neuen Aufnahmen vorlagen, war sie überrascht von dem Qualitätsunterschied. Es kam ihr vor, als wäre ihr Gehirn zunächst von einem *Nokia 7650*, dann von einem *iPhone 16 Pro* fotografiert worden. Der Neurologe konnte die Anomalie in der zweiten Aufnahme deutlich besser erkennen. Sie erwies sich zwar als auffällig, aber harmlos. Der Schwindel ließ sich letztlich auf ein Problem mit ihrem Trommelfell zurückführen.

Solche Szenen werden sich künftig häufen. Wer sich auf die gesetzliche Krankenversicherung verlässt, wird in die ferne Zukunft vertröstet, wer eine schnelle Behandlung will, zahlt dafür selbst. So läuft es heute nun einmal in Deutschland. Inhalt dieses Kapitels soll aber kein Plädoyer für ein besseres Gesundheitssystem sein, weil das in meinen Augen vertane Mühe wäre. Stattdessen wollen wir einen Blick auf die gesetzliche Rente werfen. Werden damit Privatuntersuchungen wie die zuvor geschilderte zu finanzieren sein? Und was werden wir uns überhaupt von der gesetzlichen Rente leisten können? Letztere ist die entscheidende Frage dieses Kapitels. Netterweise hat mir dieselbe Bekannte, die Entwarnung aus der privaten Radiologie bekam, ihren Rentenbescheid für den Lehrzweck dieses Buchs zur Verfügung gestellt:

Versicherungsnummer
[redacted]

Deutsche Rentenversicherung
Bund

Hauptverwaltung

Ruhrstr. 2, 10709 Berlin
Postanschrift: 10704 Berlin
Telefon 0800-100048070
Telefax 030 865-27240
E-Mail
drv@drv-bund.de
Homepage
www.deutsche-rentenversicherung-bund.de

Deutsche Rentenversicherung Bund · 10704 Berlin

93 42C1 DEC0 10 5005 9828
DV 06.24 0,85 **Deutsche Post**

*0261*022914*12.06.24* **K4000**

Frau
[redacted]

Datum 23.05.2024

Renteninformation 2024

Ihre Renteninformation

Sehr geehrte Frau [redacted]

in dieser Renteninformation haben wir die für Sie vom 01.08.2011 bis zum 31.12.2023 gespeicherten Daten und das geltende Rentenrecht berücksichtigt. Ihre **Regelaltersrente** würde am **01.06.2055** beginnen. Änderungen in Ihren persönlichen Verhältnissen und gesetzliche Änderungen können sich auf Ihre zu erwartende Rente auswirken. Bitte beachten Sie, dass von der Rente auch Kranken- und Pflegeversicherungsbeiträge sowie gegebenenfalls Steuern zu zahlen sind. Auf der Rückseite finden Sie zudem wichtige Erläuterungen und zusätzliche Informationen.

Rente wegen voller Erwerbsminderung
Wären Sie heute wegen gesundheitlicher Einschränkungen voll erwerbsgemindert, bekämen Sie von uns eine monatliche Rente von: 933,61 EUR

Höhe Ihrer künftigen Regelaltersrente
Ihre bislang erreichte Rentenanwartschaft entspräche nach heutigem Stand einer monatlichen Rente von: 383,78 EUR
Sollten bis zum Rentenbeginn Beiträge wie im Durchschnitt der letzten fünf Kalenderjahre gezahlt werden, bekämen Sie ohne Berücksichtigung von Rentenanpassungen von uns eine monatliche Rente von: 1.473,19 EUR

Rentenanpassung
Aufgrund zukünftiger Rentenanpassungen kann die errechnete Rente in Höhe von 1.473,19 EUR tatsächlich höher ausfallen. Allerdings können auch wir die Entwicklung nicht vorhersehen. Deshalb haben wir - ohne Berücksichtigung des Kaufkraftverlustes - zwei mögliche Varianten für Sie gerechnet. Beträgt der jährliche Anpassungssatz 1 Prozent, so ergäbe sich eine monatliche Rente von etwa 2.000 EUR. Bei einem jährlichen Anpassungssatz von 2 Prozent ergäbe sich eine monatliche Rente von etwa 2.720 EUR.

Zusätzlicher Vorsorgebedarf
Da die Renten im Vergleich zu den Löhnen künftig geringer steigen werden und sich somit die spätere Lücke zwischen Rente und Erwerbseinkommen vergrößert, wird eine zusätzliche Absicherung für das Alter wichtiger ("Versorgungslücke"). Bei der ergänzenden Altersvorsorge sollten Sie - wie bei Ihrer zu erwartenden Rente - den Kaufkraftverlust beachten.

Mit freundlichen Grüßen

Ihre Deutsche Rentenversicherung
Bund

Bitte nehmen Sie diesen Beleg zu Ihren Rentenunterlagen.

Forms CD0000 - V001 - 08/03 2075

Renteninformation 2024

Grundlagen der Rentenberechnung
Die Höhe Ihrer Rente richtet sich im Wesentlichen nach Ihren durch Beiträge versicherten Arbeitsverdiensten. Diese rechnen wir in **Entgeltpunkte** um. Ihrem Rentenkonto schreiben wir einen Entgeltpunkt gut, wenn Sie ein Jahr lang genau den Durchschnittsverdienst aller Versicherten (zurzeit 45.358 EUR) erzielt haben. Daneben können Ihnen aber auch Entgeltpunkte für bestimmte Zeiten gutgeschrieben werden, in denen keine Beiträge (z.B. für Fachschulausbildung) oder Beiträge vom Staat, von der Agentur für Arbeit, von der Krankenkasse oder anderen Stellen (z.B. für Wehrdienst oder Freiwilligendienst, Kindererziehung, Arbeitslosigkeit und Krankheit) für Sie gezahlt wurden. Um die Höhe der Rente zu ermitteln, werden alle Entgeltpunkte zusammengezählt und mit dem so genannten aktuellen Rentenwert vervielfältigt. Der aktuelle Rentenwert beträgt zurzeit 37,60 EUR. Das heißt, ein Entgeltpunkt entspricht heute einer monatlichen Rente von 37,60 EUR. Beginnt die Altersrente vor oder nach dem 01.06.2055, kann dies zu Abschlägen bzw. Zuschlägen bei der Rente führen.

Rentenbeiträge und Entgeltpunkte
Bisher haben wir für Ihr Rentenkonto folgende Beiträge erhalten:

Von Ihnen	34.355,14 EUR
Von Ihrem/n Arbeitgeber/n	34.557,64 EUR
Von öffentlichen Kassen (z.B. Krankenkasse, Agentur für Arbeit)	3.503,91 EUR
Aus den erhaltenen Beiträgen und Ihren sonstigen Versicherungszeiten haben Sie bisher insgesamt Entgeltpunkte in folgender Höhe erworben:	10,2069

Rente wegen voller Erwerbsminderung
Bei einer Rente wegen Erwerbsminderung schreiben wir Ihnen zusätzliche Entgeltpunkte bis zur Vollendung eines Lebensalters von 66 Jahren und 01 Monat(en) gut, ohne dass hierfür Beiträge gezahlt worden sind. Eine Erwerbsminderungsrente wird auf Antrag grundsätzlich nur gezahlt, wenn in den letzten fünf Jahren vor Eintritt der Erwerbsminderung mindestens drei Jahre Beitragszeiten mit Pflichtbeiträgen vorliegen.

Höhe Ihrer künftigen Regelaltersrente
Zur Berechnung Ihrer künftigen Rente ermitteln wir die durchschnittlichen Entgeltpunkte für die letzten fünf Kalenderjahre. Dabei können wir für das jeweils letzte Kalenderjahr vor der Renteninformation nur einen vorläufigen Durchschnittsverdienst aller Versicherten verwenden. Der endgültige Durchschnittsverdienst weicht regelmäßig von dem vorläufigen Wert ab. Daher kann sich die ermittelte Rente im Vergleich zu Ihrer vorherigen Renteninformation auch bei gleichbleibender Beitragszahlung erhöht oder vermindert haben.

Rentenanpassung, Kaufkraft und Inflation
Die Dynamisierung (Erhöhung) der Rente erfolgt durch die Rentenanpassung. Sie richtet sich grundsätzlich nach der Lohnentwicklung, die für die Rentenanpassung - insbesondere aufgrund der demografischen Entwicklung - nur vermindert berücksichtigt wird. Die Höhe der zukünftigen Rentenanpassungen kann nicht verlässlich vorhergesehen werden. Wir haben Ihre Rente daher unter Berücksichtigung der Annahmen der Bundesregierung zur Lohnentwicklung dynamisiert. Die ermittelten Beträge sind - wie alle weiteren späteren Einkünfte (z. B. aus einer Lebensversicherung) - wegen des Anstiegs der Lebenshaltungskosten und der damit verbundenen Geldentwertung (Inflation) in ihrer Kaufkraft aber nicht mit einem heutigen Einkommen in dieser Höhe vergleichbar (Kaufkraftverlust). So werden bei einer Inflationsrate von beispielsweise 1,5 Prozent pro Jahr bei Beginn Ihrer Regelaltersrente 100 EUR voraussichtlich nur noch eine Kaufkraft nach heutigen Werten von etwa 63 EUR besitzen.

Unser Service
Haben Sie Fragen, benötigen Sie einen Versicherungsverlauf oder unseren Rat? Rufen Sie uns einfach an. Sie erreichen uns unter der kostenfreien Nummer unseres Servicetelefons 0800 100048070 von Montag bis Donnerstag von 7:30 Uhr bis 19:30 Uhr und am Freitag von 7:30 Uhr bis 15:30 Uhr. Informieren Sie sich in unseren Auskunfts- und Beratungsstellen oder im Internet und nutzen Sie dort die Services/ Online-Dienste. Auch Fragen zur staatlich geförderten zusätzlichen Altersvorsorge oder zur Grundsicherung im Alter und bei Erwerbsminderung beantworten wir gern.

Forms CD0000 - V001 - 08/03 2076

Sie ist seit 2011 berufstätig, heute liegt ihr Gehalt knapp unterhalb von dem des Durchschnittsverdieners Sebastian. Früher habe ich den Rentenbescheid gern »Lügenblättchen« geschimpft. Jedoch musste ich mir eingestehen, dass er diese Bezeichnung nicht verdient hat, da er im Grunde alle Informationen enthält, die für uns von Bedeutung sein sollten. Wir müssen sie bloß zu lesen wissen. Arbeiten wir uns von oben nach unten durch.

Rentenbeginn und persönliche Situation

Gleich im ersten Absatz des Rentenbescheids erhält meine Bekannte Auskunft darüber, wann sie ihren wohlverdienten Ruhestand antreten darf. Prognostiziert ist der 1.6.2055. Ab diesem Tag erhält sie die sogenannte Regelaltersrente. Zu der genauen Höhe kommen wir noch, vorab filtern wir den Absatz nach Informationen, die gern überlesen werden: »Änderungen in Ihren persönlichen Verhältnissen und gesetzliche Änderungen können sich auf Ihre zu erwartende Rente auswirken.« Der erste Teil ist klar, denn falls sie eines Tages beschließt, nur noch teilzeitbeschäftigt zu sein, zahlt sie weniger in den Rententopf ein, womit sich ihr Rentenanspruch verringert. Entscheidender ist der zweite Teil des Satzes. Damit öffnet sich der Staat ein Schlupfloch und drückt nichts anderes aus als: »Falls kein Geld mehr übrig ist in der Rentenkasse, hast du leider Pech.« Und wir finden noch eine Aussage im ersten Absatz, die allzu oft unterschätzt wird: »Bitte beachten Sie, dass von der Rente auch Kranken- und Pflegeversicherungsbeiträge sowie gegebenenfalls Steuern zu zahlen sind.« Was das in Zahlen bedeutet, schauen wir uns noch an.

Erwerbsminderungsrente

Unser Blick wandert nun nach rechts zu dem Kasten, in dem sich drei Zahlen befinden. Die oberste dieser Zahlen ist die Erwerbsminderungsrente. Angenommen, meine Bekannte könnte ab sofort aus gesundheitlichen Gründen nicht mehr arbeiten (der Staat nennt das »voll erwerbsgemindert«), so bekäme sie monatlich 933,61 Euro überwiesen. Eine kleine Einschränkung finden wir auf der Rückseite, die besagt, sie erhalte die Erwerbsminderungsrente nur, falls sie von den letzten fünf Jahren vor Eintritt der Erwerbsminderung mindestens drei Jahre lang ihre Pflichtbeiträge entrichtet habe.

Frührente

Doch sie könnte sich ja auch als gesunde Frau dazu entschließen, ab sofort keiner erwerbsmäßigen Tätigkeit mehr nachzugehen. In diesem Fall würde sie zwangsläufig nicht weiter in die Rentenkasse einzahlen. Wie wir dem zweiten Kasten auf der Rückseite des Rentenbescheides entnehmen, hat sie aufgrund ihrer gezahlten Beiträge 10,2069 Entgeltpunkte erworben. Und diese besitzen einen Wert. Genauer gesagt hat sie heute einen Anspruch auf 383,78 Euro monatliche Rente. Allerdings ist das keine Garantie. Denn der Wert eines Entgeltpunktes kann sich verändern. Außerdem werden davon die Kranken- und Pflegeversicherungsbeiträge sowie gegebenenfalls Steuern abgezogen.

Regelaltersrente und Rentenanpassung

Arbeitet meine Bekannte aber bis zum Renteneintritt weiter und verdient sie künftig genauso viel wie durchschnittlich in den vergangenen fünf Jahren, erhält sie eine monatliche Rente von 1.473,19 Euro, ihre Regelaltersrente. Es folgt ein Absatz über die *Rentenanpassung*. Fürs Erste macht er Mut, weil »die errechnete Rente [...] tatsächlich höher ausfallen« könne. Zwei mögliche Varianten habe man für meine Bekannte errechnet. Bei einem jährlichen Anpassungssatz von 1 % würde die monatliche Rente auf 2.000 Euro, bei 2 % sogar auf 2.720 Euro steigen. Und in der Tat erhöhten sich die Renten in den vergangenen Jahren regelmäßig, das muss man dem Staat zugutehalten, zuletzt am 1. Juli 2024 um 4,57 %.[6]

Wie spekulativ allerdings die angepriesene Hochrechnung ist, wird spätestens mit Blick auf unser marodes Rentensystem klar. Denn das »Umlageverfahren«, nach dem heute Beschäftigte den Ruhestand künftiger Rentner finanzieren, funktioniert immer schlechter. Zu viele Rentner wollen sich Geld aus einem Topf entnehmen, in den zu wenige Erwerbstätige einzahlen. 1962 kamen in Westdeutschland auf einen Rentner sechs Erwerbstätige, im Jahr 2022 waren es nur noch zwei Erwerbstätige. Und da ab dem aktuellen Jahrzehnt die geburtenstarken Babyboomer in Rente gehen, wird sich das Verhältnis noch verschlechtern.[7] Es ist, als tränken immer mehr durstige Elefanten aus einem Wasserloch, das langsam zu versiegen droht.

Die bevorstehende Rentendürre sollte mittlerweile kein Geheimnis mehr sein; der Staat weist sogar im Rentenbescheid darauf hin. Auf der Rückseite des Rentenbescheids ist nämlich die Rede von der »Lohnentwicklung«, die insbesondere aufgrund der »demografischen Entwicklung« für die Rentenanpassung nur vermindert berücksichtigt werde. Gemeint ist damit nichts anderes als die Altersstruktur, die mehr und mehr die Form eines Dönerspießes annimmt, anstatt einem Tannenbaum zu ähneln, wie früher einmal.[8] Vor diesem Hintergrund finde ich es höchst fragwürdig, eine derart optimistische Hochrechnung in den Rentenbescheid zu drucken. Streng genommen verkauft der Staat meine Bekannte für dumm. Und sich selbst ebenfalls.

Kaufkraftverlust

Falls meine Bekannte jedoch Glück hat, und der Rententopf doch irgendwie flüssig genug bleibt, damit sie in 30 Jahren ihre 1.473,19 Euro pro Monat abzapfen kann, lauert da trotzdem noch eine andere Gefahr. Sie nennt sich Inflation. Die Inflation ist wie ein unsichtbarer Räuber, der uns hinterrücks das Geld aus der Tasche zieht. Nicht alles auf einmal, das wäre viel zu auffällig, sondern Jahr für Jahr immer ein bisschen mehr.

Im Jahr 1995 kostete eine Kugel Eis bei meiner Lieblingseisdiele »Giovanni« in meiner Geburtsstadt Mühlheim an der Ruhr 50 Pfennige (0,26 Cent). Heute, im Jahr 2025, bezahle ich 1,60 Euro pro Kugel. Diese Eiskugelinflation beträgt sage und schreibe 6,3 % pro Jahr. Ein anderes Beispiel: Als ich noch Grundschüler war, fuhr mein Opa mit mir regelmäßig zu einer bekannten Fast-Food-Kette. Wir aßen beide einen Hamburger für je eine Mark (0,51 Cent). Was kostet er heute? 2,29 Euro.[9] Das entspricht einer Burgerinflation von 5,12 % pro Jahr. Mit anderen Worten: Hätten mein Opa und ich eine Zeitreise ins Jahr 2025 unternommen, hätten wir für unsere beiden Hamburger je 4,50 Mark hinlegen müssen, also das 4,5-Fache. Der Fairness halber sei angemerkt, dass diese Verteuerung nicht allein der Inflation, sondern auch der raffinierten Preispolitik des Konzerns geschuldet ist.

Was die Inflation so schwer zu greifen macht, ist der Umstand, dass sich nicht alle Waren und Güter gleichermaßen verteuern. Deswegen definiert das Statistische Bundesamt zur Berechnung der Inflationsrate einen »Warenkorb«, der nach eigenen Angaben »rund 700 Güterarten umfasst und sämtliche von privaten Haushalten in Deutschland gekauften Waren und Dienstleistungen repräsentiert.«[10] Genau das ist der Punkt. Der Warenkorb enthält die gekauften Waren und Dienstleistungen aller Privathaushalte, er bildet somit einen Querschnitt ab, der für dich und mich nicht unbedingt repräsentativ sein muss. Nehmen wir den Flachbildfernseher, der in die Statistik einfließt. Kaufst du dir jedes Jahr einen neuen? Siehst du, ich auch nicht. Und weil wir das nicht tun, verfälscht diese Ware die reale Inflationsrate. Fernsehgeräte vergünstigen sich, das betont sogar das Statistische Bundesamt: »Im Jahr 2023 mussten Verbraucherinnen und Verbraucher dafür 3,4 % weniger zahlen als im Vorjahr und 10,2 % weniger als im Jahr 2020.«[11] Ergo: Kaufst du dir nicht jedes Jahr ein neues Fernsehgerät, ist deine reale Inflationsrate wahrscheinlich höher als die statistische.

Hiermit will ich dir nicht nahelegen, der statistischen Inflationsrate vollständig zu misstrauen, sagen will ich vielmehr, dass deine reale Inflationsrate davon abhängt, welche Waren und Dienstleistungen du Jahr für Jahr kaufst. Wie unterschiedlich sich die Inflation auswirkt, dafür sind Lebensmittel ein vortreffliches Beispiel. Das Statistische Bundesamt stellt eine Tabelle bereit, aus der wir die Lebensmittel-Teuerungen von Januar 2020 bis Dezember 2024 einsehen können.

Spitzenreiter ist das Olivenöl, sein Preis hat sich um satte 91,7 % erhöht, also nahezu verdoppelt.* Ebenfalls oben mit dabei sind Butter (65,8 %), Margarine (54,2 %), Teigwaren (49 %)*, Käse und Quark (48,7 %), Frucht- und Gemüsesäfte (47,5 %) sowie Schokolade und Kakao (43,6 %). Nicht ganz so hart getroffen hat es Eier (38,8 %), Rind- und Kalbfleisch (37,2 %), Zucker (36,9 %), Brot und Brötchen (36,3 %), Joghurt (34,9 %), Schweinefleisch (33,1 %) und Gemüse (30,3 %). Am unteren Ende rangieren Konfitüre und Honig (26,9 %), Kaffee (26,8 %), Wurstwaren (24,8 %), Obst (23,3 %), Salz (20,2 %), Tee (19,2 %), Meeresfrüchte (15,3 %) und Süßstoffe (15,3 %).[12] Ich betone nochmals, dass sich diese Teuerungen lediglich auf einen Zeitraum von fünf Jahren beziehen. Selbst die »günstigen« Süßstoffe haben sich demnach um durchschnittlich 2,89 % pro Jahr verteuert, das Olivenöl sogar um 13,9 % pro Jahr. Das tut definitiv weh im Portemonnaie.

Nun sind wir Deutsche allerdings bekannt dafür, einen im Europäischen Vergleich eher geringen Teil unseres Einkommens für Nahrungsmittel auszugeben. Inklusive Getränken und Tabakwaren waren es im Jahr 2022 rund 15 %.[13] Der größere Teil entfällt auf den Bereich »Wohnen und Energie«. Wie sah es hier aus? Laut Wohnungsmietindex stiegen die Mieten zwischen Januar 2020 und Dezember 2024 im landesweiten Durchschnitt um 8,4 % (in den Großstädten zum Teil deutlich mehr).[14] Der Strompreis ist im selben Zeitraum um 26,6 % gestiegen[15], der Gaspreis um 91,5 %.[16] Oha! Jetzt darf man natürlich darüber streiten, wie repräsentativ ausgerechnet der Gaspreis ist, da er aufgrund des Russland-Ukraine-Krieges rasant in die Höhe stieg und zuletzt wieder zurückging. Ebenfalls müssten wir eigentlich die durch die Bundesregierung erlassene Soforthilfe mit ins Kalkül ziehen. Das tun wir aber nicht, denn fest steht: Auch im

---

* Allein im Jahr 2023 erhöhte sich der Preis für Olivenöl um 39 %.

* Darunter fallen vor allem Nudeln aus Hartweizengries.

für uns wichtigsten Bereich »Wohnen und Energie« riss uns die Teuerungsrate ein Loch in die Geldbörse.

Wie schmerzhaft wird es wohl im Jahr 2055 werden? Wir erinnern uns: Die prognostizierte monatliche Rente meiner Bekannten beträgt nominal 1.473,19 Euro. Wie viel bleibt davon kaufkraftbereinigt noch übrig? Das hängt von der angenommenen Inflationsrate ab, und die schwankt nicht gerade wenig. Ein Mittelwert muss her. Für den Zeitraum von 1994 bis 2024 betrug die durchschnittliche Inflationsrate 1,84 %.[17] Lass sie uns auf 2 % aufrunden, etwas Pessimismus schadet hier ja nicht.

Unter der Annahme, dass sich die Waren und Dienstleistungen von 2025 bis 2055 um durchschnittlich 2 % verteuern, beträgt die gesetzliche Rente meiner Bekannten real 797,36 Euro. Wohlgemerkt vor Steuer, Kranken- und Pflegeversicherung. Auch hier stehen Anpassungen auf der Tagesordnung. Erst im Januar 2025 hoben die 93 gesetzlichen Krankenkassen ihren »Zusatzbeitrag« im Schnitt auf 2,5 % des Einkommens.[18]

* * *

Die eingangs gestellte Frage, ob sich meine Bekannte eine Untersuchung in einer privaten Radiologie leisten kann, dürfte damit beantwortet sein. Was kann man sich überhaupt von 797,36 Euro im Monat leisten? Womöglich gerade so eine Einzimmerwohnung, für Energie wird's dann schon knapp, für Lebensmittel sowieso.

Diese gesetzliche Rente ist ein Witz. Ich scherze oft: Sie ist keine Wochenrente, sondern eine Monatsrente! Auf diese »Versorgungslücke« weist der Staat im Rentenbescheid allerdings hin. Er motiviert tatsächlich dazu, aktiv nach Lösungen zu suchen, um die Versorgungslücke zu schließen. Ein Anlageprodukt sehen besonders viele meiner Klienten als ihre Rettung: die *private Rentenversicherung*.

Im nächsten Kapitel werden wir uns dieses und ähnliche Anlageprodukte genauer ansehen. Ich werde darlegen, dass sie unseren Lebensstandard nicht wirklich retten werden. Sie retten höchstens die Versicherungen.

UMSETZUNGSIMPULS

- Entnimm deinem letzten Rentenbescheid, welche gesetzliche Rente dir nach heutigem Stand zusteht.
- Rechne aus, wie viel der Betrag (unter Berücksichtigung eines jährlichen Kaufkraftverlustes von 3 %) bei Renteneintritt wert wäre. Nutze dafür einen »Inflationsrechner«, zum Beispiel: finanzen.net/inflationsrechner.
- Falls dir kein Rentenbescheid vorliegt: Rechne aus, was dein heutiges Nettogehalt bei deinem geplanten Renteneintritt wert wäre.

3 KAPITEL

Warum dich Renten- oder Lebensversicherungen auch nicht retten

Am 10. Januar 2015 sorgte ein Tweet deutschlandweit für Aufsehen. Die ansonsten eher zu Späßen aufgelegte Schülerin Naina ließ unser Land an einem ernsten Gedanken teilhaben: »Ich bin fast 18 und hab keine Ahnung von Steuern, Miete oder Versicherungen. Aber ich kann 'ne Gedichtanalyse schreiben. In vier Sprachen.« Bäm! Das hatte gesessen. Es war ein Schlag mitten ins Gesicht des deutschen Bildungssystems. Deswegen rief der Tweet neben Befürwortern auch scharenweise Kritiker auf den Plan. Einer antwortete: »Hast du keine Eltern?«[19] Doch, klar. Das Problem ist nur, dass Nainas Eltern höchstwahrscheinlich selbst zu wenig Ahnung von Steuern, Miete und Versicherungen hatten, sonst hätte sie sich wohl kaum zu ihrem Tweet veranlasst gesehen.

Vielleicht liege ich falsch, und Nainas Eltern verfügten über die nötige finanzielle Bildung, um ihre Tochter auf das »richtige Leben« vorzubereiten. Möglicherweise hatten sie ihr dieses Wissen nur noch nicht vermittelt, weil die Zeit in ihren Augen noch nicht reif gewesen war. In diesem Fall ziehe ich den Vorwurf zurück. Dass ich mit meiner These aber nicht allzu falschliegen kann, werde ich in diesem Kapitel belegen. Wir werden uns die Sparquoten, das Vermögen und die liebsten Rentenversicherungen der Deutschen ansehen. Anschließend dürfen wir uns ein Urteil erlauben, ob das Schulsystem oder die Elternhäuser wirklich qualifiziert genug sind, um für finanzielle Bildung zu sorgen.

Vom Sparen allein wird man nicht vermögend

Im Jahr 2023 lag die Sparquote deutscher Privathaushalte bei durchschnittlich 10,4 % des verfügbaren Einkommens. Nur die Schweiz und die Niederlande legten im Europäischen Vergleich mehr beiseite.[20] Im ersten Moment ist das eine erfreuliche Nachricht. Die Ernüchterung folgt, sobald wir die Vermögenssituation betrachten.

Wir erinnern uns an Sebastian, den Durchschnittsverdiener, der mit seinem Gehalt die »echte Mitte« abbildet. So können wir uns auch das Medianvermögen vorstellen: Es gibt genauso viele Privathaushalte, wie solche, die weniger Vermögen besitzen. Im Jahr 2023 lag dieses Medianvermögen in Deutschland bei 106.000 Euro, ermittelte die Europäische Zentralbank. Damit rangierten wir auf Rang 15, knapp vor Griechenland (97.000 Euro) und hinter der Slowakei (116.000 Euro). Selbst mit dem arithmetischen Mittel, dessen Aussagekraft aufgrund der Vermögensungleichheit eher schwach ist, belegten wir mit 413.000 Euro nur Rang 9, unmittelbar hinter Spanien (420.000 Euro).[21] Eine ziemlich magere Bilanz.

Nun schreibt das Leibniz-Institut für Wirtschaftsforschung jedoch zu Recht, dass nicht eindeutig sei, welche Vermögenswerte die EZB überhaupt berücksichtigt habe. Nur einfach zu erfassende Geldwerte wie Aktien, Wertpapiere und Bankguthaben oder auch die eher schwierig zu bewertenden Immobilien, Betriebsvermögen und Kraftfahrzeuge? Das bleibe unklar und werde erst in neueren Studien der EZB berücksichtigt.[22] Konzentrieren wir uns aber auf den wohl größten Teil, der in der Statistik fehlen könnte – das sind die Immobilien –, lässt unsere Wohneigentumsquote von 47,6 % erahnen, dass uns das »Betongold« im Europäischen Vergleich auch nicht gerettet hätte. Wir liegen auf dem vorletzten Platz, nur in der Schweiz ist die Wohneigentumsquote noch niedriger.[23]

Da fragt man sich: Wo bleibt das gesparte Geld der Deutschen? Laut der Bundesbank belief sich unser Geldvermögen am 30. Dezember 2024 auf rund 9,05 Billionen Euro, ausgeschrieben sind das 9.050.000.000.000 Euro. Schwer zu greifen, was? Nehmen wir an, es wäre dein Vermögen. Selbst wenn du ausnahmslos jedem Menschen auf der Erde Tausend Euro abgeben würdest, hättest du immer noch gut 890 Milliarden Euro übrig und wärst somit mehr als doppelt so reich wie Elon Musk.*

Worin ist dieses gigantische deutsche Vermögen angelegt? 37,6 % sind Bargeld und Einlagen, also alles, was wir auf Girokonten, Tagesgeldkonten, Sparbüchern oder in Sparbriefen bunkern. 31,6 % finden wir in Aktien, Investmentfonds, festverzinslichen Wertpapieren und sonstigen Anteilsrechten wieder. Übrig bleiben ein paar Prozent für Schuldverschreibungen (Anleihen) und ein nicht unerheblicher Anteil von 28,4 %, der in Versicherungs-, Alterssicherungs- und Standardgarantiesystemen »gespeichert« ist.[24]

---

* Zum Jahreswechsel 2024/2025 lebten 8,16 Milliarden Menschen auf der Erde und Elon Musks Vermögen betrug im Juni 2025 rund 421 Milliarden USD.

Dass so viel Vermögen auf Bankkonten und Sparbüchern brachliegt, ist sicherlich nicht ideal. Wesentlich schlimmer ist allerdings der letzte Teil, denn er ist es meines Erachtens, der uns Deutsche ärmer macht, als wir sein müssten. Bevor wir uns die Versicherungsprodukte näher anschauen, in denen wir Deutsche massenhaft Geld verbrennen, sollten wir ein Grundverständnis von unserem heutigen System der Altersvorsorge haben.

Das Drei-Säulen- oder Drei-Schichten-Modell

Auf ihrer Website lässt die Deutsche Rentenversicherung verlauten: »Ihre individuelle Altersvorsorge basiert auf dem Drei-Säulen-Modell. Der Staat unterstützt Sie durch gezielte Förderung. Prüfen Sie rechtzeitig Ihre Finanzen und sorgen Sie langfristig vor. Wir unterstützen Sie dabei.«[25] Das klingt eigentlich recht vielversprechend, oder? Warten wir's ab.

Als scheinbar stabilste und massivste Säule, so geht es aus dem Schaubild hervor, sieht der Staat die »öffentlich-rechtlichen Pflichtsysteme«. Darunter fallen die gesetzliche Rentenversicherung, die Beamtenversorgung, die Alterssicherung der Landwirte und die berufsständische Versorgung für Kammerberufe wie Ärzte, Rechtsanwälte, Notare, Wirtschaftsprüfer, Architekten, Steuerberater und Apotheker. Nachdem wir uns im vorherigen Kapitel mit einem Rentenbescheid vertraut gemacht haben, dürfen wir den statischen Beitrag dieser Säule zur Altersvorsorge durchaus infrage stellen. Ein Rätsel: Was hat diese Säule mit einem Saunafass gemein? Beide sind hohl und mit heißer Luft gefüllt. Das trifft selbst auf die als sicher geglaubte Beamtenversorgung zu. Sie wird komplett aus Steuergeldern bezahlt, jedoch bildet der Staat dafür keinerlei Rücklagen. In den nächsten Jahrzehnten wandelt sich das Sauna- womöglich in ein Pulverfass, dessen explosives Ausmaß unsere Vorstellungskraft übersteigt.

Natürlich weiß der Staat, dass der Stabilität der Hauptsäule nicht zu trauen ist, deswegen empfiehlt er zwei weitere Säulen, die jeweils eine »Ergänzungsfunktion« erfüllen. Eine davon ist die betriebliche Altersvorsorge, auf die ich in der Tat große Hoffnung setze. Die zweite Ergänzungsfunktion ist die private Altersvorsorge. Hierunter fallen »alle privaten Vorsorgemöglichkeiten«, mit denen wir Kapital zum späteren Verzehr ansparen, einschließlich Immobilien, Aktien, Riester-Rente, Basisrente sowie private Renten- und Lebensversicherungen. Die Säulen entsprechen somit den Trägern der Altersvorsorge.

Im Versicherungsalltag gebräuchlicher ist allerdings das Drei-Schichten-Modell, wo die Altersvorsorgemöglichkeiten anders zugeteilt werden als im Drei-Säulen-Modell. Nicht der Träger steht hier im Vordergrund, sondern die Besteuerung. Das ist insofern logisch, als die Versicherungsbranche ihre Kunden nur zu gern mit steuerlichen Vorteilen lockt, um nicht zu sagen, sie in vermeintliche Steuerspar-Produkte hineinquatscht. Doch greifen wir nicht zu weit vor. Hier ein Überblick über die drei Schichten:

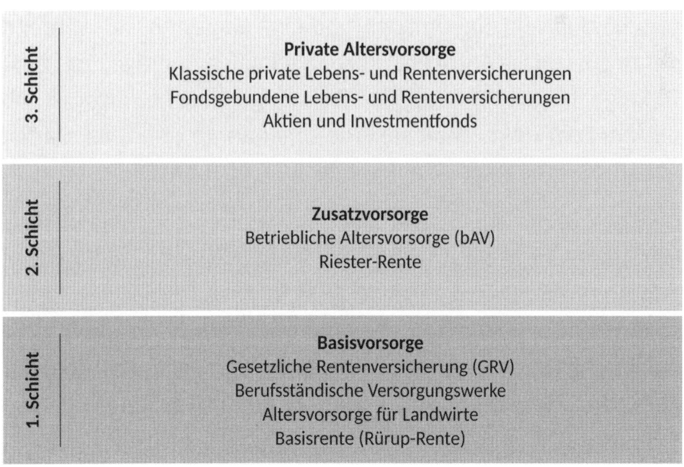

Das Drei-Schichten-Modell

Ob letztlich Säulen oder Schichten einstürzen, macht keinen Unterschied, denn beides hat dieselbe Konsequenz: zu wenig Vermögen im Alter. Dennoch werde ich im Folgenden nur noch von Schichten sprechen, da der Fachjargon der Versicherungsbranche für dich als Konsument der brisantere ist.

Basisrente (Rürup-Rente)

Die Basisrente geht zurück auf den Ökonomen Bert Rürup, daher trägt sie die umgangssprachliche Bezeichnung »Rürup-Rente«. Sie wurde 2005 im Rahmen des *Alterseinkünftegesetzes (AltEinkG)* eingeführt und ist Teil der ersten Schicht, weil sie in der Rentenphase wie die gesetzliche Rente besteuert wird. Die Rürup-Rente hier in all ihren Einzelheiten zu erklären, würde definitiv den Rahmen sprengen, zumal sie wahrlich kein einfach zu fassendes Finanzprodukt ist. Ich beschränke mich aufs Grobe.

Ursprünglich war diese Form der Altersvorsorge für Selbstständige gedacht, da ihr Beitrag zur gesetzlichen Rentenversicherung in aller Regel niedriger ausfällt als der von Angestellten. Zu unterscheiden sind eine *Anspar-* und eine *Rentenphase*. Während der Ansparphase entrichtet Karo regelmäßig Beiträge, und zwar so lange, bis die Rentenphase (Leistungsphase) erreicht ist. Ab diesem Zeitpunkt erhält sie eine sogenannte *Leibrente*, das ist eine feste monatliche Zahlung bis an ihr Lebensende.

Der Lockruf der Versicherer lautet »Steuervorteil«. Und tatsächlich lassen sich in der Ansparphase Steuern sparen. Zahlt Karo im Jahr 2025 zum Beispiel 10.000 Euro in einen Rürup-Vertrag ein, so darf sie diesen Betrag steuerlich voll geltend machen.* Der Staat nennt das *Sonderausgabenabzug*. Vorausgesetzt, Karo hat genügend Steuern gezahlt, erhält sie bei einem Steuersatz von

* Zu beachten ist der sich von Jahr zu Jahr verändernde Höchstbetrag. 2025 lag dieser bei 29.344 Euro.

42 % demnach 4.200 Euro vom Finanzamt zurück (oder es wird mit einer Steuernachzahlung verrechnet), obwohl 10.000 Euro in ihre Rürup-Rente geflossen sind. Wo ist der Haken?

Um in diese steuerliche Gunst zu kommen, muss Karo einen förderfähigen Vertrag bei einer Bank oder Versicherung abschließen. Infrage kommen eine klassische oder fondsgebundene Rentenversicherung oder ein zertifizierter Sparplan. Diese enthalten hohe, unübersichtliche Kosten, wie wir am Ende dieses Kapitels sehen werden. Die Kopplung an solche Verträge sollte eigentlich schon Grund genug sein, einen weiten Bogen um die Rürup-Rente zu machen. Doch sie hat weitere Nachteile.

Allen voran lässt sich die Rürup-Rente nicht kapitalisieren (was allerdings für alle Leibrenten gilt). Das bedeutet, Karo hat kein *Kapitalwahlrecht*, kann also nicht frei entscheiden, ob sie sich statt der Leibrente lieber das Vertragskapital auszahlen lässt. Falls Karo im Rentenalter einen größeren Betrag benötigt, vielleicht weil ihr Auto oder ihre Heizung streikt, steht sie vor einem nicht zu unterschätzenden Problem, sofern sie keine weiteren Rücklagen gebildet hat. Oder was wäre, wenn sie schwer erkrankt und vor ihrer Lebenserwartung stirbt, schlimmstenfalls nicht mal ihren Rentenbeginn erlebt?

Im Jahr 2023 erreichte einer von acht Deutschen nicht sein 65. Lebensjahr, dieses Risiko ist also nicht zu unterschätzen.[26] Sollte Karo dieses Schicksal ereilen, ist das Geld futsch. Denn die Rürup-Rente lässt sich nicht beliebig vererben, übertragen, verschenken oder beleihen und ein geschlossener Vertrag nicht kündigen, allenfalls Beitragsfreistellung erwirken. Hinzu kommt, dass die »Wettquote«, die Rentenhöhe und die Rentenfaktoren in den allermeisten Fällen nicht zu Gunsten des Kunden ausfallen (mehr dazu im Abschnitt »Private Renten- und Lebensversicherungen« ab S. 52 dieses Kapitels).

Hellhörig sollte Karo außerdem werden, falls ihr ein Berater mitteilt, sie werde auch in der Rentenphase Steuern sparen.

Denn das stimmt nur bedingt. Wäre Karo im Jahr 2005 in Rente gegangen, hätte sie in der Tat nur 50 % ihrer Leibrente versteuern müssen. Doch seitdem erhöht sich der Besteuerungsanteil von Jahr zu Jahr. Im Jahr 2058 wird er sein Maximum erreichen und 100 % betragen. Mit anderen Worten: Geht Karo 2058 oder später in Rente, wird ihre Rürup-Rente voll versteuert.

Wieso verfährt der Staat so? Der Besteuerungsanteil steigt, da die Rentenbesteuerung in Deutschland schrittweise auf die *nachgelagerte Besteuerung* umgestellt wird. Der Staat beschreibt es wie folgt: »2005 war der Startschuss für die sogenannte ›nachgelagerte Besteuerung‹. Das bedeutet: Alles das, was Sie für die Altersvorsorge aufwenden, wird zunehmend steuerfrei. Dafür werden aber später Ihre Renteneinkünfte besteuert. Das erfolgt Zug um Zug in einer langen Übergangszeit von 35 Jahren.«[27]

Fazit zur Rürup-Rente: Für die Versicherungen ist sie ein gutes Geschäft, für die Versicherten wohl kaum, außer sie werden seeeehr, seeehr alt.

> Mit der Rürup-Rente sollten in erster Linie Selbstständige die Möglichkeit einer privaten Altersvorsorge erhalten. Karo muss sich also nicht wundern, dass ihr viele Finanzvermittler dieses Produkt anpreisen.

Betriebliche Altersvorsorge (bAV)

Im Jahr 2018 trat das Betriebsrentenstärkungsgesetz in Kraft. Es verpflichtet jeden Arbeitgeber, seinen Arbeitnehmern auf Wunsch eine *Entgeltumwandlung* anzubieten, eine staatlich geförderte Form der betrieblichen Altersvorsorge (bAV).[28] Fünf Varianten kommen infrage.

1) **Direktversicherung:** Dies ist ein *versicherungsförmiger* Durchführungsweg, wie man in der Branche zu sagen pflegt. Der Arbeitgeber schließt mit einem Versicherungsunternehmen eine Rentenversicherung (klassisch oder fondsgebunden) ab, in die er monatlich einen Teil des Arbeitnehmergehalts einzahlt. Hinzu kommt ein verpflichtender Arbeitgeberzuschuss von 15 % des umgewandelten Beitrags, bei Tarifverträgen gegebenenfalls mehr.

2) **Pensionskasse:** Hierbei handelt es sich um eine eigenständige Versorgungseinrichtung, die von mindestens einem, durchaus auch mehreren Unternehmen gegründet wird. Die Beiträge sind nur scheinbar sicher angelegt, üblicherweise in einer Rentenversicherung.

3) **Pensionsfonds:** Wie der Name erahnen lässt, investiert ein Pensionsfonds die Arbeitnehmergelder auch an der Börse. Bis zu 90 % des Vermögens darf in Aktien angelegt werden.[29] Die Renditechancen sind höher, das Risiko ebenso.

4) **Unterstützungskasse:** Wie bei einer Pensionskasse gründen ein oder mehrere Unternehmen eine eigenständige Versorgungseinrichtung, die Unterstützungskasse. Unterschieden wird zwischen der *pauschaldotierten* und *kongruent rückgedeckten* Unterstützungskasse. Letztere ist nichts anderes als eine Rentenversicherung in einem anderen Mantel, weil ein Versicherungsunternehmen zwischengeschaltet ist, das die Versorgungsleistungen »rückdeckt«, das heißt finanziert. Der Arbeitnehmer hat einen Anspruch gegenüber dem Versicherungsunternehmen, nicht aber gegenüber dem Arbeitgeber. Nicht so bei der pauschaldotierten Unterstützungskasse, wo der Arbeitnehmer einen direkten Anspruch gegenüber dem Arbeitgeber hat. Außerdem sind die eingezahlten Arbeitnehmergelder und Leistungen des Arbeitgebers, bei denen die gesetzliche »Unverfallbarkeit« eingetreten ist, über den *Pensions-Sicherungs-Verein (PSVaG)* abgesichert.

5) **Direktzusage:** Man nennt sie auch Pensionszusage, allen voran Großunternehmen bieten sie ihren Arbeitnehmern an. Das Prinzip ist simpel: Der Arbeitgeber sagt dem Arbeitnehmer zu, ihm bei Renteneintritt eine zuvor vereinbarte Leistung zu zahlen. Das kann beides sein, eine monatliche lebenslange Rente oder eine Einmalzahlung. Um sie zu gewährleisten, bildet der Arbeitgeber Rückstellungen, beziehungsweise legt das Geld an. Weder eine Versicherung noch ein Fonds sind zwischengeschaltet. Scheidet der Arbeitnehmer aus dem Unternehmen aus, hat dieser später zwar ein Anrecht auf die bisher geleisteten Beiträge inklusive Zinsen beziehungsweise Erträge, jedoch ist es ihm nicht gestattet, die Beiträge privat aufzustocken. In bestimmten Fällen kann der Arbeitgeber eine Direktzusage auch auf Basis einer Entgeltumwandlung gestalten.

Die beliebteste, weil für Arbeitgeber und -nehmer bequemste Variante, ist die Direktversicherung. Im Jahr 2022 habe es mit 8,8 Millionen abgeschlossenen Verträgen so viele gegeben wie noch nie, ließ der *Gesamtverband der Versicherer* verlauten.[30] Sämtliche Varianten der Altersvorsorge, wo Beiträge in Renten- oder Lebensversicherung fließen, halte ich für problembehaftet, weshalb ich hier auf sie nicht näher eingehe. Für den Moment beschränke ich mich darauf, dir das Prinzip der Unterstützungskasse in seinen Grundzügen zu erklären. Ein ausführliches Kapitel über die bAV samt Vorteilen für beide Parteien, Arbeitgeber und Arbeitnehmer, folgt im hinteren Teil des Buchs ab Seite 185.

Die pauschaldotierte Unterstützungskasse ist die älteste Variante der bAV, sie existiert bereits seit Mitte des 19. Jahrhunderts. Zu den Pionierunternehmen zählten *Gute Hoffnungshütte*, *Krupp*, *Siemens* und die *Farbwerke Hoechst*.[31] Erst ein halbes Jahrhundert später sollte Otto von Bismarck die gesetzliche Rente einführen. Seitdem sind etliche Großunternehmen wie *Siemens*, *E.ON*, *BMW* und *Fraport* den einstigen Pionieren gefolgt und haben damit gezeigt, wie hohe Renten- und Kapitalleistungen ohne Versicherungsunternehmen zustande kommen. Eine Unterstützungskasse dürfen aber nicht nur Großunternehmen gründen, möglich ist dieser Schritt für jedes Unternehmen, das ihn sich zutraut. Voraussetzung, um als Arbeitnehmer die Leistung in Anspruch zu nehmen, ist ein Arbeitsvertrag und ein Arbeitgeber, der diesen Weg der bAV anbietet. Vorsicht gilt bei Tarifverträgen: Die Entgeltumwandlung muss darin ausdrücklich zugelassen sein, was aber die Regel sein sollte.

Wie genau funktioniert die Entgeltumwandlung? Sagen wir, unsere eingangs erwähnte Elite-Angestellte Rebecca entscheidet sich, monatlich 200 Euro von ihrem Bruttogehalt »umwandeln« zu lassen. Ihr Arbeitgeber führt diese 200 Euro an die Unterstützungskasse ab. Sie ist der eigentliche Motor hinter der versicherungsfreien bAV, denn sie erteilt Rebecca eine *Leistungszusage*. Das heißt, die Unterstützungskasse sagt Rebecca heute bei Vertragsabschluss eine zuvor vereinbarte Leistung zu, die sie ab Renteneintritt monatlich ausgezahlt bekommt oder einmalig erhält.

Die berechtigte Frage, die mir in diesem Zusammenhang oft gestellt wird: Was ist, falls der Arbeitgeber in die Insolvenz geht? Das ist zwar schade für den Arbeitgeber, für Rebecca aber nicht tragisch, da ihre Betriebsrente vom Pensions-Sicherungs-Verein (PSVaG) gerettet wird. Eine Institution, die Rebecca den Rentenanspruch absichert, und zwar zu 100 %. Nach einer Insolvenz des Arbeitgebers zahlt der PSVaG allerdings keine weiteren Beiträge mehr aktiv ein, er sichert nur ab, was bereits vorhanden ist, und stellt die weitere zugesagte Verzinsung auf das zum Zeitpunkt der Insolvenz vorhandene Kapital (Einzahlungen, Zuschüsse und aufgelaufene Zinsen) sicher.

Genau wie die Riester-Rente unterliegt die bAV der nachgelagerten Besteuerung, jedoch bietet Letztere einen größeren steuerlichen Gestaltungsspielraum, wie wir noch sehen werden. Und wie wird sichergestellt, dass die Hinterbliebenen nicht leer ausgehen?

Für den Todesfall kommt ein sogenannter Hinterbliebenenschutz in Betracht. Stirbt der Arbeitnehmer vor Rentenbeginn, kann die Leistung aus der betrieblichen Altersvorsorge an bestimmte Personen steuerlich begünstigt ausgezahlt werden: An den Ehepartner oder eingetragenen Lebenspartner, an einen früheren Ehepartner (bei bestehender Versorgungspflicht, an kindergeldberechtigte Kinder (auch Stief- oder Pflegekinder) und an einen Lebensgefährten (aber nur, wenn er namentlich erwähnt ist und eine gemeinsame Haushaltsführung schriftlich bestätigt wurde. Ob und in welcher Höhe Hinterbliebene einen Anspruch auf das bAV-Guthaben haben, hängt außerdem vom Vertrag oder der Versorgungsordnung ab.

Fazit: Die versicherungsfreie bAV ist eine attraktive Form der Altersvorsorge, weil Arbeitnehmer »aus dem Brutto« sparen, da der Arbeitgeber sämtliche Kosten trägt und sich meiner Erfahrung nach mit hohen Zuschüssen beteiligt. Nicht selten erhalten Arbeitnehmer bis zu 100 % Zuschuss auf den umgewandelten Betrag. Noch dazu wird Arbeitnehmern bei dieser Variante eine hohe Transparenz geboten.

Riester-Rente

Wer oder was ist Riester? Tatsächlich verbirgt sich hinter diesem Begriff ein menschliches Wesen, nämlich Walter Riester. Er war von 1998 bis 2002 *Bundesminister für Arbeit und Sozialordnung* und sah sich als Förderer der freiwilligen Altersvorsorge. Die durch staatliche Zulagen und Sonderausgabenabzug geförderte private Rente konzipierte Herr Riester für den »Eckrentner«. Sebastian, unser eingangs vorgestellter Durchschnittsverdiener, entspricht diesem Typus. Er sammelt während seines Berufslebens voraussichtlich 45 Entgeltpunkte (das entspricht etwa der Hälfte von dem, was möglich wäre), was ihm später eine Standardrente einbringt. Und die droht bekanntlich abzusinken. In erster Linie sollte die Riester-Rente also das Standardrentenniveau stabilisieren und die Kürzung der gesetzlichen Rente ausgleichen. Grundsätzlich keine schlechte Idee. Verewigt wurde die Riester-Rente 2002 im *Altersvermögensgesetz (AVmG)*. Dürfen demnach nur Durchschnittsverdiener diese Förderung in Anspruch nehmen? Nein, nein. Unterschieden wird zwischen *unmittelbar*, *mittelbar* und *nicht* zulagenberechtigten Personen. Unmittelbar zulagenberechtigt ist jede in der gesetzlichen Rentenversicherung pflichtversicherte Person, also sämtliche Arbeitnehmer, aber auch einige Selbstständige wie Handwerker oder Mitglieder der Künstlersozialkasse, die in die Rentenversicherung einzahlen müssen. Die Liste der unmittelbaren Zulagenberechtigten ist lang, falls du es genau wissen möchtest, besuch' die Website der *Deutschen Rentenversicherung*.[32] Keine Zulagenberechtigung haben unter anderem nicht rentenversicherungspflichtige Selbstständige und alle, die Kammerberufe ausüben. Letztere bauen auf die berufsständische Versorgung, daher kommen sie für die Riester-Rente nicht infrage.

Die Riester-Beiträge darf Sebastian in der Ansparphase steuerlich voll geltend machen. Verlockender sind jedoch die Zulagen. Mit 175 Euro pro Jahr unterstützt ihn der Staat, zudem gibt es jeweils 300 Euro für seine beiden Kinder. Diese Zulagen erhält Sebastian jedoch nur, falls er pro Jahr den Mindesteigenbetrag einzahlt; das sind 4 % seines rentenversicherungspflichtigen Einkommens aus dem Vorjahr. Wir erinnern uns, dass Sebastians Bruttoeinkommen 43.750 Euro beträgt. Schauen wir uns ein Rechenbeispiel an:

4 % von 43.750 €	=	1.750 €
abzüglich Grundzulage	=	-175 €
abzüglich Kinderzulagen	=	-600 €
Mindesteigenbetrag	=	**975 €**

Will sich Sebastian die maximale staatliche Förderung sichern, muss er mindestens 975 Euro pro Jahr (81,25 Euro pro Monat) in einen Riester-Vertrag einzahlen. Mit wem schließt Sebastian diesen Vertrag? Mit dem Staat? Nein. In der Regel mit einer Versicherung oder Bank – und da beginnt das Problem.

Zu den geförderten Finanzprodukten zählen zertifizierte Bank- oder Fondssparpläne* sowie klassische oder fondsgebundene Rentenversicherungen. Außerdem möglich ist eine Kopplung an die betriebliche Altersvorsorge; seit dem Reformgesetz sind Arbeitgeber verpflichtet, mindestens 15 % zu bezuschussen. »Du kannst aus dem Brutto sparen!«, lautet ein beliebter Verkaufsspruch. Ein geförderter Sonderfall sind Wohn-Riester-Darlehen und Bausparverträge (auf diese Varianten werde ich in Kapitel 8, Abschnitt »Das geliebte Eigenheim« näher eingehen). Folgendermaßen teilen sich die Riester-Verträge auf:

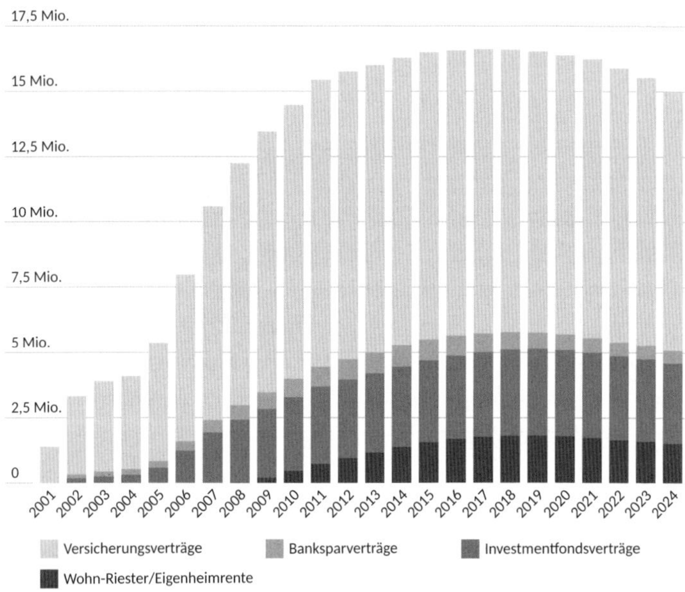

Entwicklung der Zahl der Riester-Verträge. Eigene Darstellung. Quelle: Bundesministerium für Arbeit und Soziales.[33]

* Einschränkung: Die Banksparpläne müssen zu Rentenbeginn in Rentenversicherungen umgewandelt werden, über die dann die Auszahlung erfolgt.

Der leicht negative Trend ist unschwer zu erkennen, in der Versicherungsbranche warnt man sogar, der »Vertragsschwund« habe ein neues Rekordlevel erreicht.[34] Dennoch ist das »Riestern«, wie es im Volksmund heißt, noch weit davon entfernt, als unbeliebt zu gelten. Im Jahr 2024 konnte das *Bundesministerium für Arbeit und Soziales* rund 15 Millionen Riester-Verträge verzeichnen. Es betont, dass darin auch »ruhende Verträge« enthalten seien, für die in der Ansparphase derzeit keine Beitragsleistungen erbracht würden. Ihren Anteil schätzt das Ministerium auf knapp ein Viertel. Auch lasse die Gesamtzahl der Verträge keine unmittelbaren Rückschlüsse auf die Anzahl der Personen zu, die sie abschließen, was unter anderem daran liege, dass eine Person mehrere Verträge abschließen könne. [35]

Diese Möglichkeit öffnet Vermittlern Türen und Tore, ihren Kunden möglichst viele Verträge aufzuschwatzen, für die sie wiederum Abschlussprovisionen kassieren.

Womit wir beim Kernproblem der Riester-Verträge angelangt wären: Sie sind zu teuer. Schließt Sebastian einen Riester-Vertrag ab, erhält er eine 100 %-Beitragsgarantie. Das heißt, die Versicherung muss ihm bei Laufzeitende die Einzahlungssumme plus Zulagen zusichern. Das klingt erst mal nett, stellt die Versicherung aber vor eine betriebswirtschaftliche Herausforderung, die zulasten von Sebastian geht.

Der Widerspruch ist, dass erhebliche Kosten für den Abschluss, die Kapitalverwaltung und so weiter anfallen, Sebastian gleichzeitig aber 100 % seiner Beiträge plus Zulagen zugesichert bekommt. Wie soll das realistisch funktionieren? Fairerweise muss man sagen: Bei manchen Konstellationen lohnt sich die Riester-Rente. Auf dem Markt gibt es zwar wenige, reine fondsgebundene Riester-Verträge, doch gerade bei diesen ergibt sich je nach Marktentwicklung ein hohes Kapitalpotenzial. Maximal 30 % dieses Kapitals darf sich Sebastian bei Renteneintritt auszahlen lassen, der Rest wird zwingend als monatliche Rate ausgezahlt.

Dennoch lautet mein Fazit: Die meisten Riester-Verträge sind teuer, unflexibel und unrentabel. Schuld daran ist die Kostenstruktur, zu der wir nun kommen.

In seltenen Fällen kann die Riester-Rente sinnvoll sein. Da ich Sebastian und Rebecca hier nicht verwirren wollte, folgt die Erklärung erst im 10. Kapitel beim steuerlichen Gestaltungsraum.

Private Renten- und Lebensversicherungen

Wer sich mit privaten Renten- und Lebensversicherungen beschäftigt, begibt sich auf unwegsames Terrain, auf dem sich Laien schnell verirren. Man könnte behaupten, diese Unübersichtlichkeit sei Absicht. Denn aus Versicherungssicht gilt: Nur ein dummer Kunde ist ein guter Kunde. Klingt hart, ist aber so. Denn schlaue und informierte Kunden stellen unangenehme Fragen. Was uns am besten vor Dummheiten schützt, sind Wissen und eine gesunde Portion Argwohn gegenüber den Finanzprodukten, die wir vorschnell aus Gutgläubigkeit, Naivität oder Bequemlichkeit abschließen. Ich bin überzeugt, wenn wir verstünden, worunter wir unsere Unterschrift setzen sollen, würden wir den Vertragsentwurf vor den Augen des »Beraters« zerknüllen und bis drei zählen. Doch lass uns den Puls wieder auf Normalniveau bringen.

Allen voran stellt sich die Frage: Was ist der Unterschied zwischen einer Renten- und einer Lebensversicherung? Beides ist annähernd das Gleiche. In die klassische kapitalbildende Lebensversicherung zahlen wir über einen bestimmten Zeitraum Beiträge auf ein Vertragskonto ein. Auf den *Sparbeitrag* gewährt uns die Versicherung einen *Garantiezins*, der für die gesamte

Vertragslaufzeit gilt, sowie in der Regel eine *Überschussbeteiligung*. Das Hauptproblem bei kapitalbildenden Lebensversicherungen ist, dass der Sparbeitrag eben nicht jener Beitrag ist, den wir Monat für Monat einzahlen, sondern nur der Rest, der nach Abzug von Abschluss-, Verwaltungs- und Vertriebskosten übrig bleibt. Üblicherweise beträgt dieser Rest 70 bis 80 % des Sparbeitrags. Erschwerend kommt hinzu, dass der Garantiezins für Neuabschlüsse seit 2000 kontinuierlich gesenkt wurde, von ursprünglich 4 auf 0,25 %. Seit dem 1. Januar 2025 liegt er allerdings wieder bei 1 %.[36] Bei diesem Produkt von »Kapitalbildung« zu sprechen, ist dennoch, gelinde ausgedrückt, gewagt, denn wir erhalten nicht ansatzweise die Chance, die Inflation zu schlagen, was ja wohl die Minimalanforderung einer Kapitalbildung sein sollte. Bei Laufzeitende bekommen wir das, was sich da gebildet hat, als einmalige Summe X ausgezahlt. Damit endet das Vertragsverhältnis.

Auch bei der privaten Rentenversicherung erhalten wir diese Option der Einmalauszahlung (wir haben ein *Kapitalwahlrecht*). Gängiger dürfte jedoch die zweite Variante sein, nämlich dass der Vertrag nach der *Ansparphase* in die *Rentenphase* übergeht. Was wir über die Jahre angespart haben, wird uns dann in Form einer Leibrente Monat für Monat ausgezahlt (man spricht hier auch von der *Verrentung*). Je länger uns die Versicherung diese Leibrente zahlt, desto wahrscheinlicher legt sie drauf. Das Vertragsverhältnis gleicht einer Wette. Sterben wir zu früh, gewinnt die Versicherung, leben wir lang genug, gewinnen wir. Die Kernfrage, die wir uns bei dieser Variante demnach stellen müssen, lautet: Wie lange müssen wir leben, damit sich die Einzahlung für uns rentiert?*

* Zu berücksichtigen ist außerdem die Rentengarantiezeit. Das ist die Zeit, in der die Rente nach unserem Ableben an unsere Hinterbliebenen gezahlt wird (sofern sie überhaupt berechtigt sind). Beispiel: Wir gehen mit 67 in Rente und haben eine Rentengarantiezeit von fünf Jahren vereinbart. Sterben wir mit 68, erhalten unsere Hinterbliebenen noch vier Jahre lang die Rente. Sterben wir mit 73, erhalten sie hingegen nichts, da die Rentengarantiezeit abgelaufen ist.

Nehmen wir einmal an, du wärst die Versicherung. Mit welcher Lebenserwartung würdest du kalkulieren, damit sich die Wette für dich rechnet? Mit der realistischen Lebenserwartung von, sagen wir, 80 Jahren? Wohl eher nicht. Denn sonst wäre deine Marge zu gering, wenn nicht gar null. Als Versicherung bist du keine Wohltätigkeitsorganisation, sondern ein Wirtschaftsunternehmen mit Gewinnerzielungsabsicht. Das Geschäft lohnt sich für dich entweder, wenn du überdurchschnittlich viele Menschen versicherst, die vor ihrer Lebenserwartung sterben. Oder – und das ist aufgrund der Wahrscheinlichkeitstheorie ratsamer – wenn du die Lebenserwartung deiner Versicherten so auslegst, als wären sie Galapagos-Schildkröten.

Tatsächlich rechnen die Versicherungen mit einer Lebenserwartung von bis zu 150 Jahren.[37] Ich glaube ja an den Fortschritt der Medizin, trotzdem würde ich eine solche Wette als Versicherungsnehmer nicht eingehen. Denn die Wahrscheinlichkeit, dass ich doch vorher sterbe und somit Geld drauflege, ist unwahrscheinlich hoch.

Obwohl die Berater nicht gerade mit dieser Information hausieren gehen, ist dieses Prinzip grundlogisch und an sich leicht zu durchschauen. Komplizierter wird es bei den sogenannten *fondsgebundenen* Renten- oder Lebensversicherungen. Wenngleich der Versicherungsmarkt etwas schwächelt, erfreut sich diese Form der privaten Altersvorsorge noch immer hoher Beliebtheit, weil Kunden das Gefühl haben, am Kapitalmarkt zu partizipieren, gleichzeitig aber ein vergleichsweise sicheres Rentenprodukt zu erwerben glauben. Im Jahr 2023 zahlten Deutsche allein in fondsgebundene Rentenversicherungen rund 859 Millionen Euro ein, was gut 21 % sämtlicher Beiträge zu Lebensversicherungen entsprach.[38]

Wie genau funktioniert sie, die fondsgebundene Versicherung? Der Leistungsanspruch hängt entweder vollständig oder zu großen Teilen an der Wertentwicklung bestimmter Finanzinstrumente. Meist handelt es sich dabei um Investmentfonds. Diese bergen Chancen, aber auch Risiken, da niemand vorhersehen kann, wie sich ihre Rendite entwickelt; deswegen erhältst du als Kunde in der Regel keine Garantie, eine Leistung in bestimmter Höhe zu erhalten.

Es gibt zwar Tarife mit einer Beitragsgarantie oder einem Garantieniveau, nur widerstrebt das am Ende dem Ziel eines solchen Investments. Wenn ich bewusst in den Kapitalmarkt investiere, warum dann eine Garantie einbauen?* In jedem Fall bekommst du eine aussichtsreiche Wertentwicklung vorgerechnet, und eben diese reicht oftmals schon als Köder. Ich habe dich lange genug hingehalten, es wird höchste Zeit für ein konkretes Zahlenbeispiel.

Die 32-jährige Stephanie liebäugelt mit einer fondsgebundenen Rentenversicherung. Sie hat monatlich 250 Euro über und möchte diesen Betrag bis zu ihrer Rente nicht bloß ansparen, sondern gewinnbringend am Kapitalmarkt investieren. Aktuell liegen ihr Angebote von drei verschiedenen Versicherungen (A, B und C) vor. Im Gegensatz zu Stephanie sind diese drei Angebote real und bilden einen repräsentativen Schnitt des Marktes ab, da sie von drei großen Versicherungsunternehmen stammen, die ich hier nicht namentlich nennen werde. Ich habe die Angebote in ihre Einzelheiten zerlegt, wobei mich im Besonderen interessiert hat, welche Gesamtkosten Stephanie mit ihrer Unterschrift besiegeln würde.

Stephanie will den Vertrag 2025 abschließen und voraussichtlich 2060 in Rente gehen, sie wird demnach 420 Monate lang 250 Euro einzahlen. Aus rechnerischen Gründen hat Versicherung C ihr Angebot auf 423 Monate ausgelegt; diese 3 Monate Unterschied werden den Kohl aber nicht fett machen, wie du sehen wirst. Mein Dank gilt Professor Heinrich Bockholt vom Institut für Finanzwirtschaft in Essen, der sichergestellt hat, dass meine Berechnungen fachlich wie inhaltlich korrekt sind.

---

* Diese Policen bieten zwar Sicherheit, doch haben sie ihren Preis: höhere Kosten.

	Versicherung A	Versicherung B	Versicherung C
Beitrag pro Monat	250,00 €	250,00 €	250,00 €
Jährliche Rendite lt. Angebot	5,50 %	6,00 %	6,00 %
Laufzeit in Monaten	420	420	423
Eingezahltes Vermögen	105.000,00 €	105.000,00 €	105.750,00 €
Fondsguthaben lt. Angebot	214.917,58 €	238.986,57 €	222.025,06 €
Effektivrendite	3,76 %	4,28 %	3,86 %
Effektivkosten	1,74 %	1,72 %	2,08 %
Gesamtkosten	**94.723,19 €**	**106.085,94 €**	**128.868,32 €**

Kosten dreier verschiedener fondsgebundener Rentenversicherungen

Lass dir das auf der Zunge zergehen: Bei Versicherung A sind die Kosten annähernd so hoch, bei B und C sogar höher als die Summe der Beiträge, die Stephanie über die Laufzeit in den Vertrag einzahlt! Es müsste eigentlich verboten sein, mit einer jährlichen Rendite von 5,5 respektive 6 % zu werben, wenn die *Effektivrendite* – bei ihr sind sämtliche Kosten berücksichtigt – in Wahrheit weit darunter liegt. Das erkennt Stephanie im ersten Moment jedoch nicht. Ihr wird diese »Scheinrendite« präsentiert sowie das hochgerechnete Fondsguthaben, das sie ködern soll. Bei Angebot B, dem im direkten Vergleich lukrativsten Angebot, soll Stephanie denken: »Ich zahle nur 105.000 Euro ein, erhalte am Ende aber 239.000 Euro. Das ist ordentlich!« Wüsste sie, dass ihr Geld, falls es wirklich zu der angegebenen Rendite verzinst würde, auf 345.000 Euro anwachsen könnte, würde sie ihre Meinung vermutlich korrigieren. Da fragt man sich: Wie kommt diese Differenz zustande?

Ursächlich ist der *effektive Sparanteil*.* Er liegt deutlich unter 250 Euro, also dem Beitrag, von dem Stephanie denkt, dass er am Kapitalmarkt angelegt würde.

* Da sich der Sparanteil jedes Jahr verändert, haben wir einen Durchschnittswert angenommen, damit du eine Vorstellung davon bekommst, wie viel von Stephanies Geld letztlich nur investiert wird.

	Versicherung A	Versicherung B	Versicherung C
Effektiver Sparanteil	173,52 €	173,14 €	158,19 €
Break-Even-Rendite	1,99 %	2,00 %	2,45 %

Sparanteil und Break-Even-Rendite dreier fondsgebundener Rentenversicherungen

Ja, du siehst das ganz richtig. In Wahrheit legen die Versicherungen A und B nur 173 Euro von Stephanies Beitrag an, Versicherung C sogar noch weniger, nämlich 158 Euro. Mit anderen Worten: Je nach Versicherung fressen die Kosten zwischen 20 und 27 % ihres monatlich eingezahlten Beitrags auf. Bitte korrigiere mich, falls ich das zu eng sehe, aber mir fällt es schwer, diesen Umstand nicht als Sauerei zu bezeichnen. Bei diesem geringen Sparanteil liegt es nahe, dass Stephanie sich mit ihrer Unterschrift ein erhebliches Risiko einkauft. Denn beim teuersten Angebot C müsste sie eine durchschnittliche jährliche Rendite von 2,45 % erzielen, nur um überhaupt ihr eingezahltes Geld (105.750 Euro) zurückzuerhalten. Weitere 3 % bräuchte sie, um die Inflation zu schlagen. Das bedeutet, es wären 5,45 % Rendite pro Jahr nötig, allein damit sich der Realwert ihres Vermögens nicht verringert. Stephanie war drauf und dran, den Vertrag zu unterzeichnen, doch hat sie diese Berechnung noch rechtzeitig vor einem Fehler bewahrt.

Dabei hätte Stephanie die Berechnung auch selbst anstellen können; sämtliche Informationen standen in den Vertragsbedingungen, wenn auch dargeboten in Juristendeutsch. Professor Bockholt findet folgende Worte: »Bei Kapitalanlagen oder Krediten ist zuerst der Vertrag zu lesen, den man abschließt. Im Kleingedruckten stehen oft Dinge, die einen späteren Widerruf oder einen Prozess unmöglich machen. Der Kunde sollte den Zahlungsstrom bei Krediten kennen, bis er auf null Euro steht. Bei Kapitalanlagen sind die prognostizierten Zahlungsströme wichtig, weil man daran erkennen kann, ob der Kunde eine Chance hat, nach Kosten und Steuern eine Effektivrendite zu erzielen, die mindestens die Inflationsrate schlägt. Hinzu kommt die Nennung von Chancen und Risiken, die immer vorhanden sind. Dann kommt der Schlusspunkt: Alles muss nachgerechnet werden, denn Rechnen lohnt sich. Sogar Banken rechnen auf ihrer Homepage im Jahr 2025 falsch.«

Kostenmäßig geht es sogar noch schlimmer. In der Regel empfehlen Versicherungen eine *Dynamik*, das heißt eine jährliche Erhöhung der Beiträge von beispielsweise 5 %, um der Inflation entgegenzuwirken. Da jede Dynamik quasi einem neuen Vertragsabschluss gleichkommt, fallen sogenannte Dynamikkosten an. Ich möchte dir das Prinzip veranschaulichen. Bei einer Abschlussprovision von 2,5 % betragen die Abschlusskosten: 105.000 x 0,025 = 2.625 Euro. Sie bilden die Basis für die Dynamikkosten, die sich jährlich erhöhen. Im ersten Erhöhungsjahr errechnen sie sich wie folgt: 150 Euro (5 % von 3.000 Euro) x 34 Jahre = 5.100 Euro x 2,5 % = 127,50 Euro. Im zweiten Erhöhungsjahr: 157,50 Euro (5 % von 3.150) x 33 Jahre = 5.197,50 Euro x 2,5 % = 129,94 Euro. Diese Dynamikkosten werden dann jeweils auf fünf Jahre verteilt, fallen also zunächst gar nicht so stark auf. Mit der Zeit würde Stephanie aber auf eine Gebührenhölle zusteuern. Das Schlimmste daran: In den meisten Informationsblättchen fehlen jegliche Angaben zu den Dynamikkosten. Einige Anbieter locken sogar mit hohen Ablaufleistungen, die nur aufgrund der Dynamik zustande kommen, mit welchen zusätzlichen Kosten das verbunden ist, verschweigen sie hingegen. Allenfalls werden sie grob erwähnt, eine konkrete Nennung in Euro und Cent suchen Kunden aber vergebens.

Doch in Stephanies Fall gibt es keine Dynamik. Einen Punkt haben wir noch nicht geklärt: Was würde mit ihrem Fondsguthaben passieren? Wir erinnern uns, dass Stephanie bei einer privaten Rentenversicherung Kapitalwahlrecht hat, das heißt, entweder dürfte sie sich das gesamte Fondsguthaben bei Laufzeitende auszahlen lassen, oder aber der Vertrag ginge in die Rentenphase über. Wie hoch wäre die Leibrente, die Stephanie dann bis an ihr Lebensende erhielte? Das hängt vom anfangs vereinbarten Rentenfaktor ab, und den dürfen die Versicherungen jederzeit kürzen. Solche Kürzungen sind keine Seltenheit, und sie haben auch schon zu etlichen Gerichtsverfahren und Urteilen geführt.

So klagte zum Beispiel ein Versicherungsnehmer, die *Allianz* habe den Rentenfaktor zu seinen Ungunsten gesenkt, von ursprünglich 38,74 auf 30,84 Euro pro 10.000 Euro Fondsguthaben. Das entspricht einer Kürzung von mehr als 20 %. Als Grund nannte die *Allianz* die anhaltende Niedrigzinsphase. Und obwohl sich der Leitzins seitdem wieder erhöht hat, sei die *Allianz* nicht verpflichtet, »die Rentenkürzung zurückzunehmen«, schreibt die Verbraucherzentrale Baden-Württemberg. Der Kläger bekam vom Oberlandesgericht Stuttgart recht, künftig dürfe sich die *Allianz* nicht mehr auf diese Klausel berufen, um Rentenkürzungen vorzunehmen.[39] Und auch die *Zurich Versicherung* unterlag in einem Rechtsstreit ihrem Kläger vor dem Landgericht Köln.[40] Das sind zwar wichtige Präzedenzfälle, aber in der Regel dürften die Versicherungen mit ihren Kürzungen durchkommen, allein schon, da nur die wenigsten Geschädigten klagen.

Im Übrigen finde ich es ein Unding, dass sich eine Versicherung auf einen Ausstiegspassus berufen und mittendrin sagen kann: »Ups, ich habe mich verkalkuliert! Ich ändere das mal einseitig ab.« Daraufhin muss der Kunde sein Recht aktiv einklagen. Das ist doch eine Schweinerei! Zumal der Ausgang eines solchen Gerichtsverfahrens ungewiss ist, in diesen Fällen ging es ausnahmsweise gut aus für die Kläger. Wie heißt es so schön: *Vor Gericht und auf hoher See ist man in Gottes Hand.*

Vor diesem Hintergrund rate ich Stephanie, jeden Vermittler, der ihr eine private Rentenversicherung schmackhaft machen will, in die Wüste zu schicken. Und auch von einem Direktgeschäft mit dem Versicherer sollte sie absehen, da die gleichen Kosten anfallen und dieselben Risiken bestehen. Es ist ja nicht nur der ungewisse Rentenfaktor, der für sie ein Risiko darstellt, sondern auch die anderen Kalkulationsgrundlagen, die die Versicherung laut AVB (Allgemeine Versicherungsbedingungen) jederzeit ändern darf. Mal Hand aufs Herz: Ergibt es Sinn, einen Vertrag mit jemandem einzugehen, den dieser einseitig abändern darf? Leider betrifft das alle privaten Lebens- oder Rentenversicherungen. Hinzu kommt das Risiko, dass die Versicherung bankrottgehen kann, was in einem Zeitraum von 35 Jahren gar nicht mal so unwahrscheinlich ist. Die Deckungsrückstellung* ist in der Regel viel zu gering bemessen, sodass im Insolvenzfall ein Großteil des angesparten Vermögens verschwindet.

Fazit: Es sprechen mindestens drei Gründe gegen die private Renten- beziehungsweise Lebensversicherung. Erstens die unrealistisch hohe Lebenserwartung, mit der die Versicherungen kalkulieren. Zweitens die zu hohen und vor allem undurchsichtigen Kosten. Und drittens die unzureichende Deckungsrückstellung, wodurch die zukünftige Zahlungsfähigkeit gefährdet ist. Deswegen sage ich immer: Jede private Rentenversicherung ist eine Blackbox, da du nie genau weißt, was effektiv bei dir ankommt. Was uns zu der Frage führt, warum sie trotzdem so viele Deutsche abschließen. Geradezu meisterhaft bedienen sich Vertreter diverser Taschenspielertricks. Glaub mir, Stephanie käme mit einer fondsgebundenen Rentenversicherung noch verhältnismäßig gut weg. Doch bleibt es dabei oftmals nicht. Was zum Teil am Markt abgeht, ist ohne Worte. Dennoch finden wir sie im nächsten Kapitel.

---

* Das ist das Kapital, das die Versicherung zurückstellt, um spätere Leistungen auszuzahlen. Hierauf haben die Versicherungsnehmer ein *Insolvenzvorrecht*.

UMSETZUNGSIMPULS

Falls du einen laufenden Vertrag für eine Riester-Rente, Basisrente, Lebensversicherung und/oder Rentenversicherung hast, stell dir folgende Fragen:

- Wie hoch sind die jährlichen Effektivkosten?
- Welche Effektivrendite ergibt sich nach Abzug dieser Kosten?
- Welche Rendite bleibt übrig, wenn du auch noch 3 % für die Inflation abziehst?
- Wie hoch ist das voraussichtliche Kapital, das du bei Vertragsende erwarten darfst?
- Löst der Vertrag dein Problem mit der Rentenlücke?

Solltest du die Fragen nicht selbst beantworten können, stell sie der Person, die dir den Vertrag vermittelt hat.

KAPITEL 4

Nimm dich in Acht vor den Taschenspielertricks der »Berater«

Auch wenn die meisten Versicherungsvermittler eher Rater als *Be*rater sind, so stellen sie sich trotz mangelhafter fachlicher Kompetenz wenigstens geschickt im Verkaufen an. Das muss man ihnen lassen. Ihr bewährtes Mittel: Sie bauen auf Unwissenheit und schüren Ängste. In der Folge sind wir anfällig für ihre Taschenspielertricks. In diesem Kapitel lege ich dir die gängigsten dieser Taschenspielertricks offen, damit du sie künftig rechtzeitig durchschaust, sollte jemand sein Glück bei dir versuchen.

Die Einladung mit Hintergedanken

Ein Berater eines bekannten Finanzdienstleisters lädt zwei Studenten zu einem »kostenlosen« Kartrennen ein. Mit 20 anderen Mittzwanzigern reisen sie nach Bispingen, wo sie später über die Rennstrecke kurven dürfen. Doch bevor der Spaß losgeht, müssen sie eine halbstündige Präsentation über sich ergehen lassen. Thema ist die Berufsunfähigkeit. Ob das die passende Einführung in ein Event ist, wo man praktisch ohne Knautschzone mit 80 Sachen um die Kurven heizt? Das Plädoyer ist eindeutig: Die Studenten und jungen Arbeitnehmer sollten sich besser heute als morgen absichern, sonst endet ihre Karriere schlimmstenfalls, noch bevor sie richtig begonnen habe. Oha! Von den Worten mehr eingeschläfert als alarmiert, dürfen die jungen Fahrer nun in ihren Karts Platz nehmen.

Was hier passierte, ist ein Klassiker der Verkaufspsychologie. Du bekommst etwas geschenkt und hast anschließend das Gefühl, etwas zurückgeben zu müssen. »Die haben mich zum Kartfahren eingeladen. Okay, dann schließe ich halt eine BU bei denen ab.« Reziprozität (Wechselseitigkeit) nennt sich dieses soziale Prinzip. Nahezu alle Verkäufer haben es im Repertoire, in der Versicherungsbranche setzt man es aber besonders raffiniert um. Gerade neue Berater, die noch über keinen großen Kundenstamm verfügen, werden dazu angehalten, überall und jedem ihr Versicherungsportfolio vorzustellen. Nicht ohne Grund gibt es in der Branche den Begriff *Bierdeckelgespräch*. »Darf ich dich auf ein Bier einladen? Wo wir gerade beim Thema sind: Was wird uns wohl ein Bier in 30 Jahren kosten?« Zack! Und schon unterhaltet ihr euch über die Inflation und die Rentenlücke.

Sei dir bei jeder Einladung bewusst, dass sie dich etwas kosten könnte. Erkenne das Muster und fühle dich keineswegs verpflichtet, eine Versicherung, ja ganz allgemein ein Geschäft abzuschließen, nur weil man dir ein Geschenk gemacht hat.

Das Spiel mit der Angst

»Wie willst du von 1.300 Euro Rente im Monat leben? Du musst heute was tun, sonst rennst du morgen zum Sozialamt!« So oder so ähnlich könnte der Tonus im Beratungsgespräch lauten. Das Ziel: Du sollst das Gefühl bekommen, in der Altersarmut zu enden. Dich schon Pfand sammeln sehen. Freunde und Verwandte um Geld anschnorren hören. Angst ist eine starke Emotion und der Treibstoff des Versicherungsmotors.

Im Jahr 2023 belief sich der Bestand an Versicherungsverträgen in Deutschland auf sage und schreibe 487,9 Millionen. Das entspricht knapp sechs Versicherungen pro Einwohner.[41] Da fragt sich noch mal einer, warum international der Begriff *German Angst* kursiert, »eine Mischung aus Mutlosigkeit und Zögerlichkeit, gepaart mit Zukunftsängsten und einem extremen Sicherheitsbedürfnis«, wie ihn die Autorin Sabine Bode treffend übersetzt.[42] Diese Angst bespielt die Versicherungsbranche par excellence, denn ohne sie wäre sie pleite. Doch selbstverständlich ist es nie zu spät, ins Handeln zu kommen. Du kannst die Katastrophe noch abwenden, wenn du jetzt eine Rentenversicherung abschließt. »Ab heute zahlst du monatlich 100 Euro in den Vertrag ein. Das kannst du dir doch bestimmt leisten, oder? Damit bist du auf der sicheren Seite.« Der Berater präsentiert sich als Retter in der Not und vermittelt dir das Gefühl, du würdest einen reellen Beitrag zu deiner Altersvorsorge leisten. Falls dennoch Zweifel bestehen, ob die monatlichen 100 Euro anderweitig nicht besser investiert wären, bedient sich der Berater eines weiteren Taschenspielertricks.

Der künstliche Zeitdruck

»Schließ den Vertrag *jetzt* ab, denn schon morgen könnten sich die Konditionen verschlechtern.« Wann immer du das Gefühl hast, unter Zeitdruck zu stehen, sollte deine Alarmglocke läuten. Seriöse Geschäftsleute haben Zeitdruck als Verkaufspraktik nicht nötig. Sie vertrauen auf ihre sachlichen Argumente und die Qualität ihres Produkts. Das muss genügen, um dich zu überzeugen. Zeitdruck ist Manipulation und nichts weiter als der Versuch, ein schlechtes Produkt zu kaschieren. Kein Vertrag ist so wichtig, kein Anliegen so dringend, dass du nicht einmal eine Nacht darüber schlafen könntest. Bestehe darauf.

Die »kostenlose« Beratung

Auf deine Frage, was die Beratung denn koste und ob nicht Gebühren anfielen, lautet das Standardargument: »Gebühren gibt es in jedem Vertrag. Aber du merkst sie gar nicht, sie sind schon inklusive.« Man will dir weismachen, die Beratung sei kostenlos. Was dir der Berater jedoch verschweigt, ist die Abschlussprovision, die er nach Unterschrift erhält. Deswegen findet der Wirtschaftswissenschaftler Professor Hartmut Walz die Bezeichnung »Berater« falsch. In einem Interview mit der *ARD* sagt er: »De facto sind es Verkäufer. Es sind nämlich Menschen, die nur immer dann was verdienen, wenn am Ende ihres angeblichen Rats eine Unterschrift geleistet wird – ein Vertrag verkauft wird.«[43]

Zu ihrer Verteidigung sei angebracht: Die provisionsbezogene Beratung ist generell ein Problem in der Versicherungsbranche. Zu hunderten rekrutieren die Versicherungen Quereinsteiger, füttern sie nur mit den nötigsten Informationen und lassen sie nach einem extravaganten Lifestyle schmachten, der sie angeblich erwartet, sobald sie sich als fähige Verkäufer erwiesen haben. Falls ihnen auf dem Weg dorthin mal moralische Zweifel kommen, werden sie beschwichtigt: »Je weniger du weißt, desto besser kannst du beraten.« Dies sei die Antwort ihres Vorgesetzten gewesen auf die Frage, ob sie nicht mehr Informationen benötige, um gute Arbeit zu leisten, verrät eine Beraterin der *ARD*-Reporterin.

Die Zweifel der Berater im Keim zu ersticken, ist nur logisch, denn sonst kämen sie womöglich zu der Erkenntnis: »Das Produkt scheint mir nicht optimal für meinen Kunden. Da gibt es bestimmt etwas Sinnvolleres.« Solche Gedanken aber schädigen das Geschäft. Du sollst in jedem Fall »Tinte lassen«, damit du eine Provision besiegelst, bestenfalls eine möglichst hohe. Dass diese Vorgehensweise einen Interessenkonflikt birgt, liegt auf der Hand. Denn entscheidend ist nicht, welcher Vertrag deinen Bedarf am besten deckt, wie es bei einer echten Beratung der Fall sein sollte, sondern welcher am lukrativsten aus Vermittlungssicht ist.

Wo liegt der Unterschied zu meinem Geschäftsmodell? Mir als registriertem Honorar-Finanzanlagenberater ist es gesetzlich untersagt, Provisionen von Fondsgesellschaften oder Banken anzunehmen! Das darf ich nicht einfach behaupten, es wird mir jedes Jahr von einem Wirtschaftsprüfer testiert. Natürlich arbeite auch ich nicht kostenlos. Aber bei mir herrscht Transparenz. Ich schreibe meinen Kunden eine Rechnung, und indem sie sie bezahlen, erkaufen sie sich etwas, was heutzutage wertvoll ist: unabhängige Beratung und eine breite Expertise, die über das Thema Geldanlage hinausgeht. Hat dir dein Finanzberater schon mal eine Rechnung gestellt? Vermutlich nicht.

Kostenlose Beratung ist ein Mythos. Deine Eltern beraten dich kostenlos. Deine Freunde vielleicht auch. Doch warum sollte dich jemand, der seinen Lebensunterhalt mit der Vermittlung von Versicherungsverträgen bestreitet, kostenlos beraten? Das ergibt betriebswirtschaftlich keinen Sinn. »Kostenlose Beratung« ist demnach der Code für »versteckte Kosten«, und die gibt es bei privaten Rentenversicherungen zuhauf.

Die komplizierte Kostenstruktur

Meine Kunden sind misstrauisch geworden. An irgendeinem Punkt haben sie begonnen, ihre Versicherungsverträge zu hinterfragen. Weil sie aber eigenmächtig nicht durchgestiegen sind, was sie da eigentlich unterzeichnet hatten, haben sie meinen Rat gesucht. Nicht ein einziges Mal habe ich es bisher erlebt, dass ein Kunde vollends über die anfallenden Kosten aufgeklärt worden war. Das ist doch bezeichnend, oder? Wir haben im vorherigen Kapitel gesehen, was am Ende für ein Kostenbatzen zusammenkommt. So viel zur sogenannten kostenlosen Beratung.

Damit sie möglichst unauffällig bleiben, fallen auf den Monat gerechnet eher kleine Kostenbeträge an. Auf lange Sicht summieren sich jedoch selbst kleine Beträge böse auf. Wann immer du Schwierigkeiten hast, zu verstehen, wie das Unternehmen an dir Geld verdient, erhärtet sich der Verdacht: Da ist was faul. Du sollst es nicht verstehen. Wir erinnern uns an die Dynamikkosten, die sich jedes Jahr erhöhen, deren Berechnung nicht gerade ein Leichtes ist und die im Beratungsgespräch oft verschwiegen werden. Das geschieht aus gutem Grund. Denn vermutlich würdest du mit Ablehnung reagieren, wenn du wüsstest, dass dein Vermittler gewissermaßen eine zweite Abschlussprovision erhält, obwohl er dir den Vertrag nur einmal verkauft hat. Deswegen verschweigt er dir diese Information besser.

Die für dich entscheidende Kennzahl sind die *Effektivkosten*. Nach ihnen solltest du immer fragen; darin sind sämtliche Kosten zusammengefasst, die über die Gesamtlaufzeit anfallen und deine Rendite schmälern. Der Vermittler sollte dir die Effektivkosten in Prozent und Euro vor deinen Augen ausrechnen. Vertraue nicht einfach auf seine Angabe, sondern frag wirklich nach der Rechnung. Da wird der eine oder andere sicher ins Straucheln kommen.

In die Höhe treiben die Vermittler die Effektivkosten mithilfe eines weiteren Taschenspielertricks.

Die Umdeckungsmasche

Du hast vor einigen Jahren eine private Rentenversicherung abgeschlossen und gehst davon aus, der Vertrag laufe bis zum Renteneintrittsalter durch. Wäre es so, kämst du noch verhältnismäßig gut weg. Doch nach einigen Jahren erhältst du einen Anruf von deinem damaligen Vermittler, der mit einem neuen Vorschlag um die Ecke kommt: »Hey, ich habe gute Neuigkeiten! Laut deines aktuellen Vertrags erhältst du später 1.350 Euro Rente. Wenn wir aber zu Versicherung B wechseln, darfst du dich auf 1.500 Euro freuen, und das bei gleichem monatlichem Beitrag.« Verlockend, nicht wahr? Dass die Konditionen möglicherweise besser sind, will ich gar nicht in Abrede stellen. Nur wirft es die Frage auf: Wenn du über einen kürzeren Zeitraum in den neuen Vertrag einzahlst (schließlich bist du ja inzwischen etwas älter), wie kann dann am Ende mehr Rente für dich herauskommen? Außerdem verschweigt der Vermittler die neue Abschlussprovision und das Verwaltungsentgelt, das bei dieser »Umdeckung« anfällt, weil Vertrag A *beitragsfrei* gestellt wird.

Was heißt das? Na ja, auch wenn es dir so verkauft wird, kommst du aus Vertrag A nicht ohne Weiteres heraus. In den meisten Fällen stoppst du lediglich deine Beiträge, dennoch wird ja dein bisher eingezahltes Geld weiterhin verwaltet, und dafür berechnet dir Versicherung A ein *Verwaltungsentgelt*. Ob die bessere Verzinsung, die Versicherung B verspricht, diese Kosten wettmacht, bleibt fraglich. In aller Regel bietet dir der Wechsel keinen wirtschaftlichen Vorteil, es handelt sich lediglich um eine Masche, um erneut eine Provision zu kassieren. Mir ist die Geschichte von einem Geschädigten bekannt, der auf diese Weise über zehn Rentenversicherungen abgeschlossen hat. Immer wieder riet ihm der Vermittler zu etwas »Besserem«. Zusätzliche Kosten von mehreren 10.000 Euro entstanden. Der Geschädigte zahlte also jahrelang ein, baute aber kein Vermögen auf.

Der scheinbar flexible Vertrag

Wie das Prinzip der Umdeckung zeigt, kannst du nicht ohne Aufwand von Versicherer A zu Versicherer B wechseln. Dennoch verkaufen dir Vermittler einen Vertrag als flexibel. Als jederzeit kündbar oder zumindest anpassbar. Das ist zwar nicht gänzlich gelogen, trotzdem ein lächerliches Argument. Aus einem Basisrenten-Vertrag kommst du nämlich nicht mehr raus. Möglich ist nur, deinen Beitrag auf den Mindestbetrag zu senken oder den Vertrag beitragsfrei zu stellen, wie zuvor beschrieben. Einen Riester-Renten-Vertrag kannst du zwar kündigen, allerdings musst du daraufhin die staatlichen Zulagen und eventuell erhaltene Steuervorteile zurückzahlen. Deswegen lohnt sich die Kündigung in den meisten Fällen nicht, sinnvoller ist es, den Vertrag laufenzulassen. Dem Argument »Flexibilität« will ich daher mit folgender Metapher begegnen: Ein Rentenversicherungsvertrag ist ebenso flexibel wie ein Betonfundament.

Das Renditemärchen

»Mit dieser Rentenversicherung partizipierst du am Kapitalmarkt. Dich erwartet eine Rendite von jährlich 8 %.« Nach dieser Behauptung genießt der Vermittler vermutlich deine Aufmerksamkeit. Du willst wissen, wie er auf diese Zahl kommt. »Schau, so hat sich der Fonds in den letzten zehn Jahren entwickelt. Unsere Prognose für die kommenden Jahre sieht folgendermaßen aus«, erklärt er dir weiter. Tatsächlich darfst du einen Kursverlauf bewundern, der sich mit leichten Schwankungen von unten links nach oben rechts bewegt. Der Vermittler projiziert die Kursentwicklung der Vergangenheit in die Zukunft. Ein gängiges Vorgehen.

Bei aktiv gemanagten Fonds gibt es immer mal wieder Jahre mit überdurchschnittlicher Rendite, die man dann dem ach so cleveren Fondsmanager zuschreibt. Bei ehrlicher Betrachtung hatte dieser jedoch einfach bloß Glück. Gerd Kommer schreibt:

»Die wenigen Mitglieder dieser ›illustren‹ Gruppe wechseln von Zeitfenster zu Zeitfenster rein zufällig. Wer eine in der Gegenwart vorliegende Information – zum Beispiel die Rendite in der jüngeren Vergangenheit oder das Fonds-Rating der *Stiftung Warentest* – zur Auswahl von aktiv gemanagten Investmentfonds [...] verwendet, der kann genauso gut Esmeralda mit ihren Tarot-Karten befragen.« Kommers Berechnungen nach schneide das durchschnittliche aktiv gemanagte Kapitalmarktportfolio über einen ausreichend langen Zeitraum in 50 bis 100 % aller Fälle schlechter ab als ein passiver Vergleichsindex, zum Beispiel der *DAX* oder *Dow Jones*. Für Zeiträume ab drei Jahren würden sogar eher 70 bis 100 % gelten.[44] Hinzu kommt, dass viele scheinbar aktiv gemanagte Fonds in Wirklichkeit gar nicht aktiv gemanagt werden. Vielmehr würden sie am Vergleichsindex »kleben«, schreibt ein Versicherungsspezialist.[45] Wenn ein solcher Fonds also allerhöchstens so gut performt wie sein Vergleichsindex, wie will er dann die rund 2 % höheren jährlichen Kosten wettmachen? Lass dich also bitte nicht von fiktiven Renditen aktiv gemanagter Fonds blenden.

Außerdem solltest du über die Qualifikation deines Vermittlers Folgendes wissen: In der Regel hat dieser eine Zulassung als Versicherungsvermittler nach § 34d der Gewerbeordnung, sprich: Dieser Paragraph erlaubt es ihm, Versicherungen an Mann und Frau zu bringen. Streng genommen ist eine fondsgebundene Rentenversicherung aber eine Finanzanlage, ein komplexes Kapitalmarktprodukt, für dessen Vermittlung normalerweise eine Zulassung nach § 34f/h nötig wäre. Da die fondsgebundene Rentenversicherung aber ein Versicherungsmantel umgibt, wird in der Branche geduldet, dass sie Vermittler mit der vergleichsweise »einfachen« Zulassung nach § 34d vermitteln dürfen. Mit anderen Worten: Dein Gegenüber ist nicht selten unterqualifiziert. Wäre die schwieriger zu erlangende Zulassung nach § 34f/h nötig, so wären viele Abschlüsse nicht möglich und du als Konsument besser geschützt.

Der Niedrige-Beitrag-Köder

»Du legst 50 oder 100 Euro pro Monat beiseite, dafür darfst du dich später auf eine nette Rente freuen.« Dass solche Kleinbeträge oder »Popel-Policen«, wie ich sie nenne, nicht ausreichen, um ein substanzielles Vermögen aufzubauen, rechne ich dir noch vor. Relevanter an dieser Stelle ist der Taschenspielertrick, dem viele zum Opfer fallen. Fast jedes Haushaltseinkommen gibt es her, 50 oder 100 Euro pro Monat in einen Vertrag einzuzahlen. Der niedrige Beitrag ist eine Karotte, nach der viele greifen, das weiß der Vermittler. Auf Dauer bleibt der Beitrag aber selten so günstig, das liegt an der Dynamik. Ausnahmsweise soll es diesmal nicht um die damit verbundenen Kosten gehen, sondern um das Prinzip der Dynamik als solches. In vielen Verträgen ist es Usus, dass sich deine Beiträge von Jahr zu Jahr erhöhen. Schon 5 % jährlich verteuern deine monatlichen Beiträge mit der Zeit beträchtlich. Aus den anfänglichen 100 Euro werden nach zehn Jahren 162 Euro, nach 20 Jahren 265 Euro und nach 30 Jahren schließlich 432 Euro. Pro Monat! Das könnte deine Liquidität in Gefahr bringen.

Kann ich die Dynamik nicht aussetzen? Im Grunde geht das. Oftmals verlangt die Versicherung von dir aber, dass du der Dynamik wenigstens alle paar Jahre zustimmst, ansonsten wird die Dynamik aus dem Vertrag herausgenommen. Und solltest du vertraglich das Recht haben, die Dynamik ganz auszusetzen, musst du Sorge tragen, dass es auch dauerhaft so bleibt. Mir sind Fälle bekannt, wo die Versicherung immer und immer wieder probiert hat, die Beiträge doch zu erhöhen.

Außerdem solltest du Kenntnis vom sogenannten *Ratenzahlungszuschlag* haben. Was ist das nun wieder? Ich nehme an, du zahlst lieber jeden Monat 100 Euro als einmal pro Jahr 1.200 Euro in den Vertrag ein, ist es so? Das ist kein Problem, solange dir die Versicherung »echte unterjährige Beiträge« gewährt. Tut sie das nicht, sondern spricht von »unechten unterjährigen Beiträgen«, erlaubt sie dir zwar, die Beiträge monatlich (oder viertel- oder halbjährlich) zu entrichten, verlangt dafür aber einen Ratenzahlungszuschlag. Anders ausgedrückt: Die Versicherung gewährt dir Kredit und das zu horrenden Zinsen.

So führt ein Ratenzahlungszuschlag von 5 % bei monatlicher Zahlweise zu 11,35 %, ein Ratenzahlungszuschlag von 7 % sogar zu 16,14 % jährlichem Effektivzins. Aufpassen solltest du insbesondere bei Sachversicherungen wie einer Kfz-, Unfall- oder Wohngebäudeversicherung. Entscheidest du dich, deinen Jahresbeitrag von 1.200 Euro monatlich abzustottern, zahlst du bei einem Ratenzahlungszuschlag von 7 % am Ende 1.284 Euro, also 84 Euro mehr. Wieso führt das zu einem Effektivzins von 16,14 %? Na, der Witz ist, dass der Ratenzahlungszuschlag von 7 % das ganze Jahr über unverändert bleibt, obwohl du nach einem halben Jahr bereits die Hälfte deiner »Schulden« getilgt hast. Fairer wäre es, wenn der Zuschlag nur auf die Restschuld anfiele. Das ist aber nicht der Fall. Auch bei Verträgen, die in die Sparte »Lebensversicherung« gehören, können diese Kosten anfallen, wenngleich sie hier seltener sind. Bei einer Sachversicherung sind sie aber an der Tagesordnung. Die Versicherung erklärt solche Ratenzahlungszuschläge zum Beispiel mit dem Mehraufwand, den sie wegen des Mahnwesens habe; außerdem müsse sie bei kapitalbildenden Versicherungen deinen Jahresbeitrag, der ja am Kapitalmarkt angelegt wird, vorfinanzieren.[46] Am besten zahlst du grundsätzlich den gesamten Jahresbeitrag auf einmal, damit entgehst du dieser Kostenfalle.

Mal ehrlich, hat dir ein Vermittler jemals das Prinzip des Effektivzinses erläutert? Ich wette, nein. Es ist ein Taschenspielertrick im Taschenspielertrick, wenn wir so wollen.

Der überbetonte Steuervorteil

Steuern zu sparen ist uns wichtiger als Sex. Gut, wissenschaftlich belegt ist das nicht. Aber dieser Mythos kursiert hierzulande schon seit einigen Jahren, ein Fünkchen Wahrheit wird wohl darin stecken. Laut dem Wirtschaftswissenschaftler Stefan Bach sei der Steuermythos vermutlich in den 70er-Jahren entstanden, »als die berüchtigten Steuersparmodelle ihre Blütezeit hatten.« Man lockte Gutverdiener an und versprach ihnen steuerliche Entlastung. Der Clou dabei sei gewesen, »den Anteil von sofort abzugsfähigen Kosten an der gesamten Investitionssumme hochzutreiben und in den Anfangsjahren der Investition anzuhäufen.« Diese hohen Verluste konnten dann mit den Einkünften aus der Haupterwerbstätigkeit verrechnet werden.[47]

Natürlich verleitete es lüsterne Steuersparer dazu, schier gedankenlos in windige Geschäftsmodelle zu investieren, etwa in geschlossene Immobilienfonds, die so transparent sind wie Straßenbelag. Apropos Immobilien: Wir denken zurück an das in den 90er-Jahren aufblühende Ostdeutschland, das scharenweise westdeutsche Kapitalanleger anlockte und »Steuerspar-Immobilien« erwerben ließ. Der Steuervorteil winkt nicht nur, anscheinend betäubt er auch unser Urteilsvermögen und lässt uns unvernünftig hohe Risiken eingehen. Und ebendieses Verhalten machen sich Berater zunutze. Schon eine gedroschene Phrase wie »Die Beiträge lassen sich steuerlich absetzen!« genügt, um unsere Augen zum Leuchten zu bringen. Wie wir wissen, lassen sich mit Riester- und Rürup-Produkten tatsächlich Steuern sparen. Nur ist der Steuervorteil selten die hohen Kosten wert.

Zudem wird die Steuerlast im Alter kleingeredet, erst recht bei den geförderten Riester- und Rürup-Verträgen. Zwar sind in der Ansparphase die Beiträge steuerfrei, doch greift später die nachgelagerte Besteuerung der Rente (mehr dazu in Kapitel 10 ab S. 207). Ja, es gibt den *Rentenfreibetrag*, der 2025 bei 16,5 % liegt, das heißt, nur 83,5 % der Rente werden besteuert. Darauf spielt der Berater an. Ein absolutes Armutszeugnis für seine Kompetenz sind hingegen die Aussagen »Im Alter zahlst du keine oder wenig Steuern!« oder »Dein Steuersatz wird im Rentenalter geringer sein.« In der Tat ist die Rente von der Einkommensteuer befreit, falls sie unter 12.096 Euro pro Jahr liegt (Stand 2025).[48] Im Ernst? Diese mickrige Rente stellt dir der Berater in Aussicht? Also bitte! Würde er seinen Job anständig machen, müsste er sagen: »Folgst du meinem Rat, wirst du als Rentner mindestens genauso hohe Steuerabgaben haben wie heute. Denn darauf arbeiten wir hin: auf ein sattes Einkommen, das deinem heutigen in nichts nachsteht.« Eine solche Ansage klänge deutlich leckerer als diese labberige Steuerspar-Karotte.

Der vermeintliche Honorar-Finanzanlagenberater

Neuerdings werden wir Zeuge einer perversen Entwicklung am Versicherungsmarkt. Manche Vermittler treten als freie »Honorarberater« auf, arbeiten in Wahrheit aber provisionsbasiert. Um diesen Taschenspielertrick zu durchschauen, müssen wir zunächst den Unterschied zwischen einer Brutto- und einer Nettopolice kennen.

Die *Bruttopolice* ist die herkömmliche Vertragsart, zum Beispiel bei einer Rentenversicherung. Im Sparbeitrag sind bereits sämtliche Kosten enthalten, sodass sie dir im Grunde nicht auffallen. Wir erinnern uns, dass die Berater ja sogar damit werben: »Gebühren gibt es in jedem Vertrag. Aber du merkst sie gar nicht, sie sind schon inklusive.« Nur ein Blick ins Kleingedruckte gibt dir Aufschluss darüber, welche Kosten in welcher Höhe an deinem Sparbeitrag nagen.

Den Kontrast dazu bildet die *Nettopolice*, die volle Transparenz bieten soll. Der Vermittler rechnet seine Dienstleistung separat ab. Somit sind Nettopolicen nicht nur transparenter, sondern ihre Kosten üblicherweise auch geringer, was daran liegt, dass die bei Bruttopolicen oftmals hohen Provisionen und Verwaltungskosten wegfallen. Jetzt musst du nur aufpassen, wer dir gegenübersitzt. Die Berufsbezeichnung »Honorar-Finanzanlagenberater« ist gesetzlich geschützt. Doch was, wenn dir jemand, der zwar so registriert ist, am Ende mit einer zweiten Zulassung als »Versicherungsvermittler« zum Beispiel eine fondsgebundene Rentenversicherung verkaufen will? Dann ist Vorsicht geboten.

Ein vermeintlicher Honorar-Finanzanlagenberater, also ein provisionsbasiert bezahlter Versicherungsvermittler, getarnt als Honorar-Finanzanlagenberater (wir könnten auch sagen: ein Wolf im Schafspelz), kommt auf dich zu und stellt dir eine Bruttopolice für eine fondsgebundene Rentenversicherung vor. Er hat sie irgendwo bei einem großen Versicherungsunternehmen ausgekramt. Die Abschlusskosten belaufen sich zum Beispiel auf 2,5 %, wie heutzutage üblich. »Das ist viel zu viel!«, warnt er dich, »mit diesem Produkt wirst du niemals Geld verdienen. Erst recht nicht, weil noch 1,65 % laufende Fondskosten sowie Stückkosten in Höhe von 36 Euro hinzukommen.« Daraufhin erstellt er dir ein scheinbares Gutachten, in dem er die teure Bruttopolice einer augenscheinlich günstigen Nettopolice gegenüberstellt. Sie stammt von irgendeinem Anbieter und enthält meist einen oder mehrere ETFs, bei denen sich die Kosten auf etwa 0,3 % belaufen.

Nun gibt der Trittbrettfahrer stolz zum Besten: »Schau mal, wie viel Geld ich dir spare!« Ohne seine Gabe würdest du hohe fünf- oder gar sechsstellige Fondskosten tragen, so der Eindruck, der entstehen soll. Das sei dir doch bestimmt ein kleines *Vermittlungsentgelt* wert, oder? Nach seiner Kalkulation sind es 9.120 Euro. Im Vergleich zu der horrenden Summe, die er dir vorgerechnet hat, erscheint dir das womöglich fair. Allerdings hinkt der Vergleich gewaltig, denn die Bruttopolice ist nicht an einen ETF gekoppelt, sondern an einen x-beliebigen aktiv gemanagten Fonds. Normalerweise müsste die Bruttopolice mit einer Nettopolice verglichen werden, denen beide das gleiche Investmentvehikel (der Fonds/die Fonds) zugrunde liegt, dann wäre eine direkte Vergleichbarkeit gegeben. Der vermeintliche Honorarberater aber bläht ein Produkt künstlich auf, dadurch vergleicht er nicht Äpfel mit Äpfeln, nicht mal Äpfel mit Birnen, sondern eher Äpfel mit Wassermelonen. Das tut er, damit dir die Kostenkluft möglichst groß erscheint. Kurzum: Er täuscht falsche Tatsachen vor!

In einer Bruttopolice würde für den vorliegenden Fall bei einem Monatsbeitrag von 200 Euro eine Abschlussprovision von 2.400 Euro ausgelöst, ausgehend von einer Vergütung von 2,5 % und einer Bewertungszeit von 40 Jahren. Statt der 2.400 Euro verlangt der Honorarvermittler für seine Nettopolice jedoch die besagten 9.120 Euro. Das ist ein Vielfaches der marktüblichen Abschlussprovision. Und da du den Betrag nicht direkt auf einmal bezahlen kannst, wird seine Vergütung über einen sogenannten *Factoringvertrag* abgewickelt. Das bedeutet für dich: Von deiner monatlichen Sparrate (200 Euro) werden 152 Euro zur Deckung der *Kostenausgleichsvereinbarung* abgezogen. Das entspricht 76 %, die fünf Jahre lang abgezogen werden, bis du seine Vergütung beglichen hast. Demnach legst du fünf Jahre lang monatlich nur 48 Euro an. Die laufenden Fondskosten fallen natürlich auch an. Insofern ist diese Nettopolice, die dir der vermeintliche Honorarberater verkaufen will, letztlich keinen Deut besser als eine Bruttopolice, schlimmstenfalls kommt sie dir sogar teurer zu stehen.

Ein Produkt künstlich aufzublähen und dann unter falschen Annahmen und Tatsachen einen Abschluss machen zu wollen, das ist dir als Kunde gegenüber unfair und frech. Noch perverser ist eigentlich nur die *Kostenausgleichsvereinbarung*, mit der man dir einen Strick um den Hals legt. Ausgeführt von dubiosen Unternehmen, die sich im Ausland verschanzt haben, damit man sie schwieriger zur Rechenschaft ziehen kann. Aus einer solchen Kostenausgleichsvereinbarung kommst du nicht mehr heraus. Sollte dir beispielsweise nach einem Jahr spanisch vorkommen, was du da unterzeichnest hast, hast du keine Chance, den Vertrag zu kündigen. Du bist gezwungen, ihn vollumfänglich zu erfüllen. Ein Kollege berichtete von einem anderen Fall, bei dem der Geschädigte dachte, monatlich 120 Euro zu investierten, in Wahrheit jedoch gerade einmal 10 % seines Sparbeitrags investierte. Über 36 Monate berechnete ihm das Unternehmen monatliche Kosten von 108 Euro. So etwas ist kein Vermögensaufbau, sondern eine Schröpfung!

Ich gebe zu, der letztgenannte Taschenspielertrick ist ein Spezialfall. Alle anderen sind hingegen gängige Praxis. Jetzt, nachdem du von ihnen weißt, sind deine Sinne geschärft. Nimm dich in Acht, auf wen oder was du dich einlässt, und verwechsle niemals Nettigkeit mit Wahrheit. Dazwischen können Welten liegen. Zum Abschluss gebe ich dir noch einen Umsetzungsimpuls mit auf den Weg, der dich in Kürze die Sinnhaftigkeit des Produkts erkennen lässt.

UMSETZUNGSIMPULS

Will dir ein Finanzberater oder Vermittler einen Vertrag schmackhaft machen, konfrontiere ihn mit sechs Fragen:

- Bitte erkläre mir in aller Kürze: Warum sollte ich diesen Vertrag abschließen?
- Hast du dieses Finanzprodukt selbst in deinem Portfolio?
- Kannst du mir dafür einen Nachweis erbringen?
- Falls nein: Wenn du das Finanzprodukt nicht im Portfolio hast, warum gehört es dann in meines?
- Wie baust du selbst dein Vermögen auf? Legst du mir bitte deine persönliche Situation offen?
- Was war deine größte finanzielle Fehlentscheidung und was hast du daraus gelernt?

Ein seriöser Finanzberater oder Vermittler sollte bereit sein, sich vor dir nackig zu machen. Schließlich hat er nichts zu verbergen, oder? Außerdem gibst du ebenfalls sensible Informationen über dich und deine finanzielle Situation preis, da darfst du wohl dasselbe von deinem Gegenüber erwarten.

PS: Die hier genannten Fragen sind nur ein Auszug aus einer Vielzahl von Fragen. Du könntest deinem Gegenüber weitere Kompetenzfragen stellen. Wenn du an meiner Fragensammlung interessiert bist, kontaktiere mich gern.

PPS: Wenn dir jemand eine Nettopolice verkaufen will, achte darauf, dass in der Bruttopolice wie auch der Nettopolice die gleiche Ausgangsbasis vom Fonds gegeben ist. Wird in der Bruttopolice ein teurer Fonds dargestellt und in der Nettopolice ein kostengünstiger ETF, dann wirst du geblendet. Nimm also lieber Abstand von dem Angebot.

5

KAPITEL

Gibt es auch sinnvolle Versicherungen?

Aufgrund meiner »Abrechnung« mit der Versicherungsbranche bist du womöglich zu dem Schluss gelangt, jegliche Versicherungen seien sinnfrei und ihre Vermittler alles Gauner. Ganz so gravierend würde ich es nicht formulieren. Es gibt durchaus Versicherungen, die wir nicht missen sollten. Welche das sind, schauen wir uns im Folgenden an.

Vorab sei noch erwähnt, dass wir uns auf den Versicherungsbedarf von Privatpersonen beschränken. Denn die Berufshaftpflichtversicherung, die Betriebsunterbrechungsversicherung, die Cyber-Versicherung, die Absicherung der Kraftfahrzeugflotte oder Ähnliches zu erläutern, würde hier zu weit führen. Außerdem noch ein Hinweis zu meiner Qualifikation: Bis zum Jahr 2019 habe ich als zugelassener Versicherungsmakler selbst Versicherungen vermittelt und eine entsprechende Ausbildung inklusive Studiengängen genossen. Du darfst also davon ausgehen, dass meine Einschätzung nicht aus der Luft gegriffen ist. Dennoch ist jeder Versicherungsbedarf individuell und meine Zeilen bitte nicht als Beratung misszuverstehen. Fühl dich eingeladen, deine eigenen Schlüsse zu ziehen und selbst zu bewerten, inwieweit das Wissen auf deine Situation anwendbar ist.

Das Pyramidenprinzip

Welchen Zweck hat eine Versicherung? Sie deckt Risiken ab, die wir selbst nicht tragen können oder wollen. In meinen Beratungen stelle ich dieses Prinzip immer als dreiteilige Pyramide vor.

Dreiteilige Versicherungspyramide

Ganz unten finden wir den Bereich, der für *nicht bedrohlich* steht. Dein Brillengestell bekommt einen Knacks. Dein Smartphone geht zu Bruch. Dein Fernseher gibt den Geist auf. Oder du musst aus familiären Gründen deinen Urlaub abbrechen und bleibst auf den Hotelkosten sitzen. Solche *Bagatellschäden* sind lästig, in finanzielle Schieflage gerätst du aber nicht.

Nämlich, weil du dir Ersatz leisten beziehungsweise die Schadenssumme verschmerzen kannst. Brillen-, Handy- und Elektronikversicherungen sind daher ebenso überflüssig wie eine Reiseabbruchversicherung.

Außerdem in den unteren Bereich fallen die Tierkranken-, die Instrumenten- und die Glasversicherung. Braucht man so etwas? Das ist pauschal nicht zu beantworten, da es immer von der individuellen Wirtschaftlichkeitsberechnung abhängt. Und die stützt sich auf zwei Faktoren: Eintrittswahrscheinlichkeit und Schadensumme im Worst Case. Zudem würde ich eine oft unterschätzte Größe mit ins Kalkül ziehen: dein Gefühl. Spielt es sich leichter, wenn dein Flügel mit 30.000 Euro versichert ist? Schläfst du ruhiger, nachdem du für deinen Hund eine Tierkrankenversicherung abgeschlossen hast? Dann scheint es die richtige Entscheidung gewesen zu sein. Solche Versicherungen kosten nicht die Welt, und wenn du dank ihnen stressfreier lebst, haben sie durchaus einen Wert, selbst wenn es nie zum Schadensfall kommt. Nicht alles muss wirtschaftlich Sinn ergeben. Dein Risikoprofil ist eben individuell.

Der mittlere Bereich der Pyramide steht für *wirtschaftlich bedrohlich*. Denken wir an den ungünstigen Fall, dass deine Wohnung abbrennt. Du bist glücklicherweise unversehrt geblieben, trotzdem musst du dir alles neu beschaffen, von der Unterhose bis zur Bratpfanne. Seinen gesamten Hausrat zu verlieren, ist bereits in Gedanken eine Katastrophe. Hauptsächlich wegen der ideellen Werte und des Aufwandes, der mit der Neubeschaffung verbunden ist. Aus wirtschaftlicher Sicht gibt es hingegen Schlimmeres, denn die Schadenssumme ist begrenzt.

Das sieht auch ein Versicherungsunternehmen so. Eine Hausratversicherung bietet dir Schutz im Wert von zum Beispiel 80.000 Euro, damit solltest du alle Gegenstände eines normalen Hausrats wiederbeschaffen können. Willst du dem Versicherungsunternehmen weismachen, das sei zu wenig Geld, da dich allein dein *Rembrandt* 100.000 Euro gekostet habe, wird man für dich nur ein müdes Lächeln übrig haben. Teure Kunst fällt nicht unter normalen Hausrat. Wer sich allerdings einen *Rembrandt* leisten kann, den wird sein Abbrennen zwar schmerzen, aber nicht ruinieren, nehme ich an. Womit wir wieder beim Kernpunkt des mittleren Bereichs wären: der begrenzten Schadenssumme.

Der mittlere Bereich mag wirtschaftlich bedrohlich sein, dennoch bleibt die Summe greifbar, sie ist limitiert. Eine Privatinsolvenz droht dir wohl nicht, sollte es dir an einer Versicherungsleistung für diesen Bereich mangeln. Das gilt auch für die Vollkaskoversicherung deines Pkw. Die Versicherungssumme ist auf den Wiederbeschaffungswert beschränkt, beträgt er 50.000 Euro, ist das der maximal zu erwartende Sachschaden. Teurer kann es nicht werden; Personenschäden klammern wir hier aus, denn sie werden ja von der Kfz-Haftpflichtversicherung übernommen. Ob du eine Vollkaskoversicherung abschließen solltest, hängt demnach vom Fahrzeugwert ab. Je teurer das Auto und je höher die Wahrscheinlichkeit, dass ein selbstverschuldeter Total- oder Großschaden eintritt, desto eher ist diese Versicherung zu empfehlen. Im Grunde sichert sie dich nur dagegen ab: einen Totalschaden oder wirklich kostspielige Reparaturen. Denn bei kleineren Schäden – etwa einer Beule oder einer Schramme im Lack – lohnt sich das »Regulieren« über die Versicherung meist nicht, weil danach deine Beiträge derart hochgestuft werden, dass du die Reparatur gleich selbst bezahlen kannst.

Wenig Diskussionsspielraum gibt es hingegen bei allem, was in den oberen Teil der Pyramide fällt. Dieser Bereich steht für *potenziell existenzzerstörend*. Das macht diese Versicherungen zu einem Muss, ohne sie lebst du fahrlässig. Der Schadensfall mag unwahrscheinlich sein, doch tritt er sein, endet er nicht selten in der Privatinsolvenz.

Private Haftpflichtversicherung

Im Jahr 2024 hatten über 47 Millionen Personen im deutschsprachigen Raum eine private Haftpflichtversicherung oder lebten in einem Haushalt, wo jemand eine solche Versicherung besaß.[49] Damit genießt die private Haftpflichtversicherung ohne Zweifel ein breites Ansehen, und das aus gutem Grund. Nach § 823 BGB besteht für jeden von uns Schadensersatzpflicht, falls wir »vorsätzlich oder fahrlässig das Leben, den Körper, die Gesundheit, die Freiheit, das Eigentum oder ein sonstiges Recht eines anderen widerrechtlich« verletzen. Die größte Bedrohung für unsere Existenz bergen Personenschäden.

Laut § 249 BGB, in dem Art und Umfang des Schadensersatzes geregelt sind, gilt: »Wer zum Schadensersatz verpflichtet ist, hat den Zustand herzustellen, der bestehen würde, wenn der zum Ersatz verpflichtende Umstand nicht eingetreten wäre.« Lass diesen Satz kurz auf dich wirken. Fühlst du die Bedeutungsschwere? Als Schuldiger musst du den Zustand vor dem Schaden wiederherstellen. Sozusagen die Zeit zurückdrehen und alles Erdenkliche tun, um Geschehenes ungeschehen zu machen. Natürlich kannst du das nicht wirklich. In den meisten Fällen lässt sich das nur mit Geld regeln. Manchmal nur mit viel Geld.

Lust, in ein Katastrophen-Szenario einzutauchen? Du fährst mit dem Fahrrad durch die Stadt und übersiehst einen Fußgänger. Beim Zusammenstoß verliert er das Gleichgewicht. Reflexartig versucht er den Sturz mit seinen Händen abzudämpfen und bricht sich dabei das Handgelenk. Es ist ein komplizierter Bruch. Drei Operationen sind nötig, bis sein Handgelenk wieder einigermaßen funktioniert. Wer zahlt die Arztkosten, den Krankenhausaufenthalt und die anschließende Therapie? Du. Ebenso das Schmerzensgeld, das der Fußgänger verlangt, nebst seinem Verdienstausfall.

Es ist unschwer zu erkennen, wie teuer dich dieser vermeintlich harmlose Zusammenstoß zu stehen kommen kann. Zugegeben, es ist unglücklich gelaufen. Aber es soll ja vorkommen, dass sich selbst Pferde erbrechen. Vor Apotheken. Und auf diesen seltenen Fall willst du mit einer privaten Haftpflichtversicherung vorbereitet sein, zumal sie schon für wenige Euro im Monat zu haben ist.

Absicherung der Arbeitskraft

Ich habe diese Überschrift bewusst allgemein gehalten, weil häufig gesagt wird, die *Berufsunfähigkeitsversicherung* sei das Maß der Dinge. Deine Berufsfähigkeit abzusichern, genauer gesagt das Einkommen, das du aufgrund einer Berufsunfähigkeit nicht mehr oder nur noch eingeschränkt erhalten würdest, halte ich für notwendig. Das steht außer Frage. Ob aber wirklich die »BU«, wie sie gemeinhin genannt wird, den bestmöglichen Schutz für deine berufliche Situation bietet, solltest du zumindest hinterfragen. Wie gut sichert dich die Versicherung ab, soll heißen: mit welchen Leistungen darfst du rechnen? Und stehen diese Leistungen in einem angemessenen Verhältnis zu den Beiträgen?

Die allermeisten Menschen mit einer BU wiegen sich in einer Scheinsicherheit. Die zu erwartende Zahlung ist zu niedrig kalkuliert. Im Falle des Falls erhalten sie vielleicht 1.500 Euro *brutto*, obwohl sie einen Bedarf von 2.500 Euro *netto* im Monat haben. Ja, das wird oft vergessen: Die Absicherung ist eine Bruttorente. Eine BU-Rente wird nach § 22 EStG versteuert, ebenso wie die gesetzliche Erwerbsminderungsrente, die Betroffene bei Berufsunfähigkeit obendrein erhalten, sofern sie die Kriterien dafür erfüllen (vgl. Kapitel 2 »Erwerbsminderungsrente« ab S. 29).

Hinzu kommt, dass Berufsunfähige ihre Krankenversicherungsbeiträge davon bezahlen müssen. Aber das nur am Rande. Der kritischste Punkt ist die Liquiditätslücke, die bereits kurz nach Eintritt der Berufsunfähigkeit aufklafft. Was ist damit gemeint? Dafür müssen wir zunächst verstehen, was es bedeutet, »berufsunfähig« zu sein. In § 172 des Versicherungsvertragsgesetzes (VVG) heißt es: »Berufsunfähig ist, wer seinen zuletzt ausgeübten Beruf, so wie er ohne gesundheitliche Beeinträchtigung ausgestaltet war, infolge Krankheit, Körperverletzung oder mehr als altersentsprechendem Kräfteverfall ganz oder teilweise voraussichtlich auf Dauer nicht mehr ausüben kann.«[50]

Die entscheidende Passage ist »auf Dauer«. Während eine Arbeitsunfähigkeit einen *vorübergehenden* Zustand beschreibt, ist die Berufsunfähigkeit *dauerhaft*. Per Gesetz ist nicht geregelt, ab wann eine Person berufsunfähig ist, aus Versicherungssicht müssen aber mindestens sechs Monate verstreichen. Erst dann zahlt die Versicherung den vereinbarten monatlichen Betrag, und zwar rückwirkend von Tag eins der Berufsunfähigkeit an. Allerdings nur, sofern der Versicherer deine vermeintliche Berufsunfähigkeit als *Leistungsfall* anerkennt. Falls nicht, darfst du deinen Anspruch einklagen und dich auf einen mitunter jahrelangen Prozess einstimmen. Ein Hoch auf alle, die vor Abschluss der Versicherung zur Absicherung der Arbeitskraft eine Rechtsschutzversicherung abgeschlossen haben. Diese trägt zumindest das Kostenrisiko.

Du hast keine Rechtsschutzversicherung? In diesem Fall zahlst du die Anwalts- und Gerichtskosten und alles, was mit dem Prozess zusammenhängt, erst einmal selbst, bis du (hoffentlich) Recht bekommst. Gute Nacht, sage ich da nur.

Wann entsteht nun die Liquiditätslücke bei der Berufsunfähigkeit? Während der ersten sechs Wochen zahlt der Arbeitgeber den Lohn weiter. Falls du länger krank bist, bekommst du von der gesetzlichen Krankenkasse in der Regel nur 70 % deines Bruttogehalt, höchstens aber 90 % deines letzten Nettoverdienstes; der niedrigere Betrag wird gezahlt. So entsteht in jedem Fall eine Lücke. Bist du privat krankenversichert, erhältst du kein gesetzliches Krankengeld. In diesem Fall musst du privat vorsorgen, etwa mit einer Krankentagegeldversicherung.

Wegen ihres hohen Einkommens und ihrer privaten Krankenversicherung ist, könnte es Rebecca im Krankheitsfall besonders hart treffen. Nach sechs Wochen Lohnfortzahlung durch den Arbeitgeber erhält sie kein gesetzliches Krankengeld. Falls sie keine private Krankentagegeldversicherung abgeschlossen hat, steht sie ohne laufendes Einkommen da, muss aber ihre Krankenversicherungsbeiträge weiterhin selbst zahlen.

Zudem entfallen ab diesem Zeitpunkt die Beiträge zur Renten- und Arbeitslosenversicherung. So entsteht eine Einkommenslücke, ebenso wie eine Lücke in der sozialen Absicherung.

Die entscheidende Botschaft hier lautet: Mit deinem heutigen Nettoeinkommen bestreitest du deinen Lebensunterhalt. In dem Moment, da plötzlich ein erheblicher Teil deines Nettoeinkommens wegfällt, gerätst du womöglich in einen Abwärtsstrudel, aus dem du schlecht wieder herauskommst – schlimmstenfalls säufst du finanziell ab. Und wie war das doch gleich mit dem Vermögensaufbau? Den bestreitest du ebenfalls aus deinem Nettoeinkommen, das nun geringer ist. Kann das noch funktionieren? Um die vorhandene Lücke auszugleichen, empfiehlt sich eine *Krankentagegeldversicherung*. Bei der Auswahl achtest du aber unbedingt darauf, dass sie mit der Berufsunfähigkeitsversicherung harmoniert, soll meinen, die BU-Rente ausreichend hoch ist. Denn falls sie zu niedrig ausgelegt ist, musst du möglicherweise auf einen Schlag viel Geld zurückzahlen.

Hierzu ein weiteres düsteres Beispiel. Sagen wir, du erhältst ein Krankentagegeld von 3.000 Euro im Monat. Die Versicherung zahlt diesen Betrag ab dem 43. Tag deiner vorübergehenden

Arbeitsunfähigkeit, Monat für Monat. Die Anerkennung deiner Berufsunfähigkeit zieht sich leider in die Länge, erst nach zwölf Monaten erkennt sie die BU-Versicherung an. Was passiert jetzt? Die Krankenversicherung fordert ihr Geld zurück, in diesem Fall 36.000 Euro.* »Kein Problem«, magst du denken, »das gleicht ja meine BU aus.« Nicht unbedingt! Es hängt eben von deiner BU-Rente ab. Falls du bloß 1.500 Euro pro Monat, das heißt 18.000 Euro pro Jahr vereinbart hast, bleibt leider eine Differenz von 18.000 Euro übrig, die du aus eigener Tasche zahlen musst. Existenzbedrohlich ist das wohl nicht, aber sicherlich unangenehm. Daher wiederhole ich mich: Achte auf eine ausreichende Höhe der BU-Rente und aufeinander abgestimmte Verträge. Nicht nur, damit du auf Fälle wie den eben beschriebenen gefasst bist, sondern auch, um anschließend deinen Lebensstandard zu halten. Zumal deine Ausgaben wegen deiner krankheitsbedingten Berufsunfähigkeit vermutlich steigen werden.

Ich gebe zu, es gibt Erfreulicheres, als sich gedanklich in eine Zukunft zu versetzen, in der du krank, schwach und berufsunfähig bist. Da dieses Ereignis aber nun einmal ein potenziell existenzzerstörendes ist, wäre es töricht, sich nicht damit zu befassen. Wie eingangs in diesem Abschnitt angedeutet, gibt es zur BU auch Alternativen, die eventuell besser auf dich zugeschnitten sind.

Hast du schon mal von der *Dread-Disease-Versicherung* gehört? Bei ihr ist die Leistungsvoraussetzung nicht deine Arbeitsfähigkeit, sondern die Diagnose einer bestimmten, meist schweren Krankheit. Vielleicht treten in deiner Familie überdurchschnittlich häufig Augenkrankheiten auf, was dich verständlicherweise besorgt stimmt, ob es auch dich eines Tages treffen wird. Mit dieser Versicherung könntest du dich zumindest finanziell absichern. Die Beiträge sind meist günstiger als die der BU, logisch,

* 3.000 Euro x 12 Monate = 36.000 Euro

denn falls du wegen einer anderen, nicht vereinbarten Krankheit berufsunfähig wirst, gehst du leer aus. Oder wie wäre es mit der *Erwerbsunfähigkeitsversicherung (EUV)*? Ähnlich der BU sichert sie dein Einkommen ab, falls du gesundheitsbedingt dauerhaft nicht mehr oder nur noch eingeschränkt zu arbeiten imstande bist. Dabei wird jedoch nicht deine berufliche Tätigkeit zur Prüfung herangezogen, sondern ob du überhaupt noch eine Tätigkeit ausüben kannst. Achte hierbei als Kunde genau auf die Leistungsdefinition: Wann bekommst du welche Leistung unter welcher Voraussetzung und bei welchem Maßstab? Auslösen könnten den Leistungsfall »Krankheit, Unfall oder Kräfteverfall«, schreibt die *Stiftung Warentest*.[51] Dafür musst du üblicherweise nachweisen, dass du nur noch wenige Stunden pro Tag arbeiten kannst. Im Vergleich zur BU ist die EUV günstiger und gegebenenfalls einfacher zu bekommen; sie kommt also vor allem in Betracht, falls du bereits für eine BU abgelehnt wurdest.

Ebenfalls auf dem Schirm hast du die *Grundfähigkeitsversicherung (GFV)*. Wie der Name erahnen lässt, sicherst du hiermit nicht direkt deinen Beruf, sondern bestimmte Fähigkeiten ab, die unerlässlich für deinen Beruf sind – zum Beispiel dein Sehvermögen, deine Sprachfertigkeit, dein Gehör, dein handwerkliches Geschick oder die Fähigkeit, Treppen zu steigen. Ob du noch einer Arbeit nachgehen kannst, spielt keine Rolle, der Leistungsfall tritt ein, sobald dir die im Vertrag vereinbarte Grundfähigkeit abhandengekommen ist (was hoffentlich nie der Fall sein wird). Auch diese Versicherung ist meistens günstiger als die BU und einfacher zu erhalten ebenso. Interessant ist sie, falls du aufgrund von Vorerkrankungen keine BU abschließen darfst oder beruflich stark auf deine Fähigkeit angewiesen bist, etwa als Elektriker auf deine Hände oder als Fahrlehrer auf dein Sehvermögen.

Verlassen wir den unliebsamen Fall der Berufsunfähigkeit und widmen uns einer häufig gestellten Frage, die besserverdienende Angestellte, Selbstständige und Unternehmer umtreibt.

Gesetzliche oder private Krankenversicherung?

Für die meisten Berufstätigen – wie beispielsweise Sebastian, den Durchschnittsverdiener – stellt sich diese Frage nicht. Verdienst du aber als Arbeitnehmer ein Bruttojahresgehalt von mindestens 73.800 Euro oder bist selbstständig, Unternehmer oder verbeamtet, hast du die freie Wahl, ob du dich für die gesetzliche oder die private Krankheitskostenvollversicherung entscheidest. Das Hauptmotiv lautet, wie so oft: Geld sparen.

In Beratungsgesprächen sagt man dir: »Bei deinem Gehalt würde ich eine private Krankenversicherung abschließen, dadurch sparst du Hunderte Euro im Monat.« Gelogen ist das nicht, da es schon Tarife für wenige hundert Euro auf dem Markt gibt. Im Vergleich zum Höchsttarif von rund 1.200 Euro, den Arbeitnehmer für die gesetzliche Krankenversicherung (inklusive Pflegeleistung) schon ab einem Bruttojahreseinkommen von circa 66.000 Euro zahlen, scheint das eine nette Ersparnis. Leider schneiden jedoch die Leistungen vieler »Billigtarife« defizitär gegenüber der gesetzlichen Krankenversicherung ab, sodass man es sich am Ende wirklich leisten können muss, privat versichert zu sein. Nur das Nötigste ist abgedeckt, Zuzahlungen der Normalfall. Das widerstrebt dem ursprünglichen Gedanken, Geld zu sparen.

Oberste Priorität sollten immer die Leistungen haben. Ein privates Versicherungsunternehmen reguliert knallhart nach den Vertragsbedingungen. Steht im Vertrag, dass du technische Hilfsmittel – zum Beispiel einen elektrischen Krankenfahrstuhl oder ein Hämodialysegerät – entweder in der funktionalen Standardausführung oder gar nicht ersetzt bekommst, musst du für die Differenz selbst aufkommen. Pech gehabt.

Anders als bei der gesetzlichen Krankenversicherung können dir einmal vereinbarte Leistungen allerdings nicht mehr gekürzt werden. Verkündet unser Gesundheitsminister heute: »Die gesetzlichen Krankenkassen sind in Schieflage, wir müssen die

Leistungen kürzen«, dann sind die Leistungen gekürzt. Ich nenne es das Marionettenprinzip. Jemand zieht an einem Faden und du nickst.

Bei der privaten Krankheitskostenvollversicherung kannst du dein Recht hingegen zivilrechtlich auf privatrechtlicher Grundlage einklagen, da der Vertrag nicht einseitig zu deinen Lasten, sondern ausschließlich zu deinen Gunsten geändert werden darf. Vereinbarst du bei Vertragsbeginn eine Erstattung von 80 % für XYZ, dann darfst du darauf bestehen, dass es bei diesem Prozentsatz bleibt. Allerdings lässt sich nichts einklagen, was du nicht von vornherein vereinbart hast. Und es kann auch vorkommen, dass 70 % mehr sind als 80 %. Wie das gehen soll? Wenn der Versicherer dir zwar 80 % Erstattung verspricht, die Abrechnung jedoch nach einem eigenen Preis- und Leistungsverzeichnis erfolgt, das von den realen Marktbedingungen abweicht. Oder die Erstattungssumme ist gedeckelt, das heißt, der Versicherer zahlt zwar 80 % für die Leistung für XYZ, jedoch nur bis zu einem Maximalbetrag von beispielsweise 2.000 Euro pro Kalenderjahr.

Deswegen geht ein guter Vermittler den Vertrag mit dir in allen Einzelheiten durch und weist dich auf Passagen hin, die eine Gefahr bergen. Sei dir im Klaren: Du hast nur einmal die Chance, die »richtige« private Krankenversicherung auszuwählen, und damit meine ich sowohl die *Krankheitskostenvollversicherung*, wie sie im Fachjargon heißt, als auch eine entsprechende Zusatzversicherung. Erst im Leistungsfall wirst du merken, ob du den richtigen Partner an deiner Seite hast. Und wie bei jeder guten Partnerschaft geht man offen und ehrlich miteinander um. Worauf ich hiermit anspiele? Auf die Gesundheitsfragen, die manche Vermittler mangels Lust, Zeit oder medizinischem Verständnis schludrig oder gar vorsätzlich falsch beantworten. Eine schlechte Idee. Denn nach einem Wechsel hat die Versicherung zehn Jahre die Möglichkeit, dich aus dem Vertrag zu werfen, falls sich herausstellt, dass euer Verhältnis auf falschen Angaben beruht. Bevor du eine private Kranken- oder Zusatzversicherung erwägst, wirst du dich sorgfältig mit deinem Gesundheitszustand beschäftigen, um nicht zu sagen, investigative Arbeit leisten müssen. Irgendwo in einer Akte könnten brisante Informationen schlummern, die dir womöglich zum Verhängnis werden.

Mir ist folgender Fall bekannt. Ein Gynäkologe stellt eine psychische Diagnose. Sollte er das? Darüber lässt sich streiten. Darf er das? Durchaus, schließlich ist er Arzt. Nur sollte er die Diagnose wenigstens seiner Patientin mitteilen, die wusste nämlich nichts davon. Ihr Versicherungsvermittler forderte die Akten nicht an und kreuzte bei »psychischen Leiden« Nein an. Glücklicherweise holte sie sich eine zweite Meinung ein. Hätten wir die Akte nicht gemeinsam eingesehen, hätte die Versicherung wegen des diagnostizierten psychologischen Leidens innerhalb der ersten zehn Jahre jederzeit vom Vertrag zurücktreten und die Leistung im Fall der Fälle verweigern können. Die Lektion: Schnellschüsse sind gefährlich, besonders bei Versicherungsverträgen.

Oft verharmlosen Vermittler die Gesundheitsfragen: »Das müssen wir nicht ausfüllen. Interessiert eh keinen.« Doch tut es, jedenfalls wenn's hart auf hart kommt. Alles, was du gesundheitlich über dich weißt, was in deinen Akten bei den Ärzten gespeichert ist oder was bei der Krankenkasse abgerechnet wurde, hat Relevanz. Gibst du diese Informationen nicht an, verschweigst du sie de facto. Kommt die private Krankenversicherung dahinter – vielleicht weil es eine Rückfrage zu einer Rechnung gibt, eine Leistungsanfrage eingereicht wird oder wegen eines sonstigen Verdachts, der zu einer Anfrage bei deinem Arzt, der Krankenkasse oder deiner vorherigen privaten Krankenversicherung führt –, wird sie einen Teufel tun, deine Behandlungskosten zu übernehmen.

Im schlimmsten Fall musst du alle bisher übernommenen Leistungen in Euro zurückgewähren und der Versicherer wird gegebenenfalls vom Vertrag zurücktreten. Das ist keine schöne

Aussicht. Also immer schön ehrlich bleiben und alles angeben. Verlass dich nicht auf den Vermittler, der mal eben den schnellen Euro mit deinem Vertrag verdienen will. Aber angenommen, du beantwortest die Gesundheitsfragen wahrheitsgemäß, entscheidest dich für den passenden Tarif und wirst von einem privaten Krankenversicherer akzeptiert. Mit welchen Vorteilen darfst du gegenüber einer gesetzlich versicherten Person rechnen?

1) Kurzfristige Termine und weniger Zeit im Wartezimmer.
2) Freie Arztwahl, da keine Überweisung nötig (auf Tarif achten).
3) Mehr Ärzte zur Auswahl, da manche ausschließlich Privatpatienten annehmen.
4) Anspruch auf Chefarztbehandlung im Krankenhaus (auf Tarif achten).
5) Zugang zu moderneren Diagnose- und Behandlungsmethoden.
6) Für junge, gesunde Menschen oftmals günstigere Tarife als bei der gesetzlichen Krankenversicherung.

Lass uns den letzten Aufzählungspunkt aufgreifen und erneut über das Thema Geld sprechen. Für die gesetzliche Krankenkasse zahlst du einen prozentualen Anteil deines Einkommens. Im Jahr 2025 beträgt der Beitragssatz 14,6 %, hinzu kommt der »Zusatzbeitrag«, den die 93 gesetzlichen Krankenkassen 2025 im Schnitt um 2,5 % erhöht haben. In Summe entspricht das also einem Beitragssatz von 17,1 %. Dass gerade die Gutverdiener finanziell darunter leiden, ist offensichtlich, denn je mehr sie verdienen, desto mehr zahlen sie absolut auch, bis sie den Höchsttarif von circa 1.200 Euro erreicht haben.

Werden die Beiträge weiter steigen? Niemand hat eine Glaskugel, aber Fachkundige aus der Branche gehen davon aus. So bemängelt zum Beispiel die Vorsitzende des *GKV-Spitzenverbandes* Doris Pfeiffer, dass die Gesundheitspolitik seit Jahren die Ausgaben steigere, aber nicht die Stabilität der Beiträge im Blick habe, schreibt das *Deutsche Ärzteblatt*. Die Reserven der Kassen seien politisch gewollt abgeschmolzen, außerdem solle die Krankenhausreform aus den GKV-Beiträgen finanziert werden. Das werde unweigerlich zu weiteren Erhöhungen führen.[52]

Ein Grund mehr für die private Krankenversicherung? Nun, die Beiträge bleiben auch hier nicht konstant. Allein im Betrachtungszeitraum von Januar 2015 bis März 2021 stiegen sie um 24,7 %, stellte das Statistische Bundesamt fest, deutlich stärker als die Verbraucherpreise, die im selben Zeitraum nur um 9,1 % anstiegen.[53]

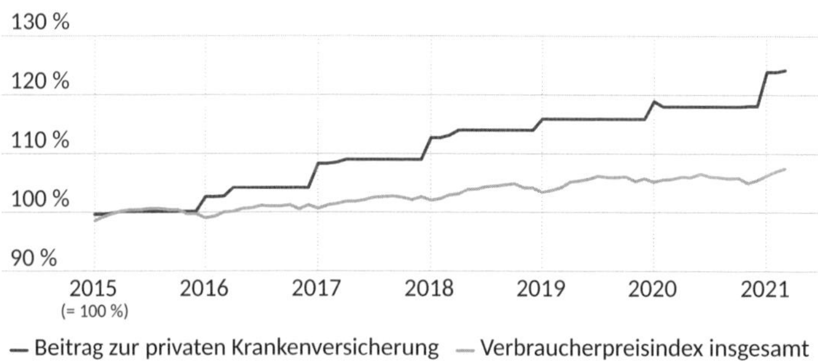

Entwicklung der Beiträge zur privaten Krankenversicherung im Vergleich zur Entwicklung des gesamten Verbraucherpreisindex Eigene Darstellung, Quelle: Statistisches Bundesamt (Destatis)

So oder so wird mit Erhöhungen zu rechnen sein. Oftmals hemmt die Angst vor hohen Beiträgen im Alter, zu einer privaten Versicherung zu wechseln. Es kursiert der Irrglaube, die Beiträge zur gesetzlichen Krankenkasse seien im Vergleich erschwinglicher. Das stimmt aber nur, wenn deine Einkünfte als Rentner niedriger sind als im Erwerbsleben, was – wie bereits in Kapitel 4 ab S. 63 erläutert – nicht das Ziel einer gesunden Altersvorsorge sein sollte. Die GKV-Beiträge zahlst du anteilig auf alle Einkünfte, inklusive Mieteinnahmen, Betriebsrenten, Leibrenten, Kapitalerträge und so weiter. Die Politik wird nicht müde, die Bevölkerung immer mehr auszunehmen. So hatte Robert Habeck einst die Idee, die »Beitragsgrundlage« zu erhöhen, sodass künftig auch auf Kapitalerträge Sozialversicherungsbeiträge anfallen würden.[54]

Im Unterschied zur gesetzlichen Krankenkasse zahlst du für die private Krankenversicherung einen festen Beitrag, unabhängig von deinen Einkünften. Das bleibt auch im Rentenalter so. Und dieser Umstand ist es wohl, der Versicherungsnehmer in Sorge versetzt, auf ein Problem zuzusteuern. Doch gibt es hierfür einen Lösungsansatz.

Sei dir im Klaren darüber, dass der wichtigste Aspekt der privaten Krankenversicherung die Leistung ist; wie hoch der Beitrag ist, sollte demnach sekundär sein. Auf ein wenig finanzielle Entlastung im Alter darfst du als Versicherungsnehmer einer privaten Krankenversicherung trotzdem hoffen. Möglich ist das durch den gesetzlich vorgeschriebenen Zuschlag in Höhe von 10 %, der auf deinen Beitrag anfällt, weil private Krankenversicherer zusätzlich eine Alterungsrückstellung bilden müssen. Dieser Zuschlag wird verzinslich angelegt und dient dem Zweck, Beitragserhöhungen im Alter abzufangen. Ab dem 60. Lebensjahr entfällt dieser Zuschlag in Höhe von 10 %, das heißt, dein Beitrag sinkt wieder.[55]

Für den Fall, dass du noch immer unentschlossen bist, ob die gesetzliche Krankenkasse oder die private Krankenversicherung besser für dich geeignet ist, habe ich ein paar abschließende Gedanken zusammengetragen.

- Die Leistungen der gesetzlichen Krankenkassen werden volkswirtschaftlich bedingt weiter sinken. Den richtigen Tarif vorausgesetzt, bist du als Versicherungsnehmer in der privaten Krankheitskostenvollversicherung besser bedient.

- Wenn schon kein vollständiger Wechsel zu einer privaten Krankenversicherung infrage kommt, so solltest du zumindest eine private Zusatzversicherung erwägen.

- Ein wichtiger Punkt ist das Krankentagegeld bzw. die Lohnfortzahlung. Gerade Gutverdiener, die oberhalb der Beitragsbemessungsgrenze liegen, fallen bei längerer Krankheit in ein Liquiditätsloch. Aber auch kleinere Einkommen sollten bedarfsgerecht zu 100 % abgedeckt sein.

- Als gesunder Mensch hast du gute Chancen auf hohe Leistungen und relativ niedrige Beiträge. Doch Vorsicht vor »Billigtarifen« – sie könnten am Ende teuer werden.

- Falls du mit der privaten Krankenversicherung Geld sparst, verkonsumiere es nicht, sondern lege es sinnvoll an.

- Ein Wechsel zurück in die gesetzliche KV ist nur möglich, wenn du jünger als 55 Jahre bist und dein Gehalt (Stand 2025) unter 73.800 Euro liegt.

- Selbstständige dürfen nicht zurückwechseln, es sei denn, sie lösen die »Versicherungspflicht« aus, etwa bei Unterschreiben eines Arbeitsvertrages.

Vorsicht beim Wechsel in die PKV! Das gilt zwar grundsätzlich für alle, aber für Karo im Besonderen, denn als Selbstständige kann sie nicht ohne Weiteres zurück in die gesetzliche Krankenversicherung wechseln. Bemerkt Karo zu spät einen schwachen PKV-Tarif, sieht sie sich womöglich gezwungen, die Versicherungspflicht auszulösen, indem sie einfach einen Arbeitsvertrag unterschreibt. Und damit platzt der Traum von der hauptberuflichen Selbstständigkeit.

Pflegezusatzversicherung für Kinder

Ja, auch eine Pflegezusatzversicherung für Kinder gehört in die Spitze der Pyramide. Warum ist das so? Denken wir an eine vierköpfige Familie. Ihr Leben läuft nach ihren Vorstellungen und das Wichtigste ist: Alle sind gesund. Eines Tages erleidet eines der Kinder eine Hirnblutung. Von einem auf den anderen Tag wird es zum Pflegefall. Aufgrund des Betreuungsaufwandes gibt ein Elternteil seinen Job auf. Aus zwei Gehältern wird eins. Erschwerend hinzu kommt, dass das pflegebedürftige Kind höhere Kosten verursacht als zuvor. Die Situation bedeutet also neben dem emotionalen und sozialen auch noch finanziellen Stress. Wenigstens vor Letzterem bietet eine Pflegezusatzversicherung Schutz. Ich halte sie für eine elementare Versicherung, da an solchen Schicksalen nicht nur Gemüter zugrunde gehen können, Existenzen ebenso.

Bemerkenswerterweise bieten sie Vermittler jedoch selten an, und zwar, weil es viel Aufwand bedeutet, die Gesundheitsfragen zu beantworten. Zudem ist ihnen die Provision nicht attraktiv genug. Wie für die Vermittlung einer privaten Krankenversicherung erhalten sie eine Abschlussprovision von sechs bis acht Monatsbeiträgen. Da die Pflegezusatzversicherung circa 10 bis 20 Euro pro Monat kostet, darf der Vermittler also mit 80 bis 120 Euro rechnen, dafür, dass er sich zwei, vielleicht drei Stunden mit seinem Kunden hinsetzt, um die Gesundheitsfragen zu klären. Darauf hat er keine Lust. Lieber preist der Vermittler Versicherungen an, mit denen er einen »Lucky Shot« machen kann: einen Abschluss, der ihm auf einen Schlag viel Geld einbringt. Konzeptionelle Beratung, die dem Kunden die Existenz absichert, wird eher selten gemacht. Das ist eine Dreistigkeit vor dem Herren! Immer wieder fällt mir bei meinen Kunden auf, dass dringend nötige Versicherungen fehlen, weil sie schlecht beraten wurden.

Private Unfallversicherung

Eine Haftpflichtversicherung sichert dich gegen fremde Personenschäden ab – aber was ist mit deinen eigenen? Nehmen wir an, du verursachst einen Verkehrsunfall. Niemand kommt zu Schaden außer dir. Wer übernimmt die Kosten deiner Genesung? Die Krankenkasse? Ja, die medizinische Grundversorgung, also die Kosten für den Arzt, den Krankenhausaufenthalt, Operationen, Medikamente und Therapien. Aber wer zahlt deinen Verdienstausfall? Eine Krankentagegeldversicherung sichert dich hiergegen zwar ab, aber was ist zum Beispiel mit Umbaukosten an deinem Haus, die wegen dauerhafter Invalidität entstehen könnten? Wieder einmal ist dieser Gedanke unangenehm, doch leider im Bereich des Möglichen. Die private Unfallversicherung ist weniger wichtig als die Krankenversicherung oder die Absicherung deiner Arbeitskraft, als Ergänzung ist sie jedoch mitunter sinnvoll.

Rechtsschutzversicherung

Recht haben bedeutet nicht unbedingt Recht bekommen. Und Recht bekommen wird immer teurer. Sind wir in einen Rechtsfall verstrickt, brauchen wir teils hochgradig spezialisierte Anwälte, die richtig Geld kosten. 500 Euro pro Stunde sind keine Seltenheit. Wir sollten nicht vergessen, auf wie vielen rechtlichen Gebieten wir tagtäglich unterwegs sind: Privatrecht, Verkehrsrecht, Familienrecht sind nur einige Beispiele. Ohne spezialisierte Anwälte werden wir den Richter kaum überzeugen können. Böse wird es, falls wir kein Recht bekommen und auf den Gerichts- und Anwaltskosten sitzen bleiben. Das kann existenzbedrohlich werden, ein finanzieller Rückschlag ist es in jedem Fall.

Wohngebäude-, Elementar- sowie Haus- und Grundbesitzerhaftpflichtversicherung

Von diesen drei Versicherungen musst du dich nur angesprochen fühlen, falls du Hauseigentümer bist. Egal, ob du ein Eigenheim oder ein vermietetes Mehrfamilienhaus besitzt: Ohne den Schutz dieser Versicherungen lebst du finanziell gefährlich.

Die *Wohngebäudeversicherung* kommt für Schäden auf, die durch bestimmte Gefahren verursacht werden. Die drei Hauptbestandteile sind: Feuer, Leitungswasser und Sturm/Hagel. Es ist anzunehmen, dass der Leitungswasserschaden zu den häufigsten Versicherungsfällen in deutschen Häusern zählt. Alte Kupferleitungen korrodieren aufgrund von Kalk, Kunststoffrohre werden von Weichmachern zersetzt, verzinkte Stahlrohre platzen bei Frost – auf diese Weise entstehen Lecke, die Wasser in den Wohnraum und/oder die Bausubstanz eindringen lassen und dabei Schaden anrichten. Sich dagegen abzusichern, ist elementar.

Apropos »elementar«: Gegen einen kleinen Aufpreis kannst du die Wohngebäudeversicherung (oder als Mieter die Hausratversicherung) um eine Elementarversicherung erweitern. Letztere deckt Schäden ab, die aufgrund von Naturgewalten entstehen, etwa Erdrutsche, Lawinen, Schneedruck, Blitzschlag, Starkregen, Hochwasser und Überschwemmungen. Wir denken an das Jahrhundertwasser im Ahrtal 2021, das Hunderte Häuser zerstörte. Gerade einmal 40 % der Hausbesitzer in Rheinland-Pfalz seien gegen ein solches Starkregenereignis versichert gewesen, schreibt der *Spiegel*.[56]

Die *Haus- und Grundbesitzerhaftpflichtversicherung* schützt dich hingegen vor finanziellen Folgen, die auf dein Haus zurückzuführen sind, allen voran Personen-, aber auch Sachschäden Dritter. Starker Wind löst einen Dachziegel und schleudert ihn zu Boden, wo er einen Fußgänger trifft. Oder der Postbote rutscht auf dem Gehweg vor deinem Haus aus, weil du deiner Räumpflicht nicht nachgekommen bist. In solchen Fällen greift die Haus- und Grundbesitzerhaftpflichtversicherung. In der Bauphase können noch andere Versicherungen sinnvoll sein, unter anderem die Bauherrenhaftpflicht-, die Feuerrohbau- und die Bauhelferunfallversicherung.

Abschließende Gedanken zu Versicherungen

Eines ist klar, du kannst dich nicht gegen alles versichern. Deshalb wirst du dir wohl oder übel die Frage nach dem Worst Case stellen müssen: Was passiert im schlimmsten Fall? Bei der Existenzabsicherung geht es nicht darum, Beträge anzusparen, vielmehr erkaufen wir uns mit der Gebühr eine einmalige, zeitlich begrenzte oder lebenslange Leistung für den unwahrscheinlichen Fall der Fälle.

Deshalb lasse ich meine Kunden regelmäßig »probesterben«. Was passiert mit deiner Familie, wenn du stirbst? Wird finanziell vorgesorgt sein? Falls nein, liegt die Lösung zum Beispiel in einer Risikolebensversicherung, die bitte nicht mit der kapitalbildenden Lebensversicherung zu verwechseln ist. Im Sterbefall erhält deine Familie einen festgelegten Betrag, der ausreichend hoch gewählt sein sollte, also bitte keine Mickey-Mouse-Police abschließen. Aber vielleicht bist du es ja gar nicht, der stirbt: Was, wenn deine Frau/dein Mann ablebt? Ändert sich dadurch etwas? Oder was, wenn niemand stirbt, sondern »bloß« zum

Pflegefall wird? Gehe verschiedene Szenarien durch und triff eine Risikovorkehrung, die mit deinen persönlichen Umständen, Gegebenheiten und deiner finanziellen Situation harmoniert.

Dir diese ernsten Gedanken zu machen, kann dir niemand abnehmen. Fragst du provisionsbasierte Vermittler nach ihrer Meinung, bekommst du den Eindruck, sie seien Tausendsassa, denn sie wollen dir am liebsten gleich alle Versicherungen vermitteln, die sie im Angebot haben. Mal abgesehen davon, dass du nur die wenigsten dieser Versicherungen brauchst, drängt sich die Frage auf: Kann diese Person wirklich in jedem Versicherungsbereich fachkundig sein? Mit der Empfehlung an Kollegen hält man sich in der Branche zurück, aus Angst, ihnen würde ein Geschäft entgehen. Das ist Mangeldenken. Die meisten Vermittler sind Eichhörnchen, die sammeln, sammeln, sammeln, aber nichts abgeben. Warum nicht? Ein Urologe würde doch auch keinen Lungenfunktionstest bei dir machen, sondern dich an einen Pneumologen verweisen!

Jeder Arzt genießt eine Grundausbildung, anschließend folgt die Facharztausbildung. Bei Versicherungsleuten ist das ähnlich. Viele haben bloß eine Sachkundeprüfung in Form eines Multiple-Choice-Tests abgelegt. Selbstverständlich gibt es noch höherwertige Abschlüsse, wie beispielsweise den Versicherungskaufmann und den Versicherungsfachwirt. Die letztgenannten erfahren im Vergleich zum Versicherungsfachmann eine umfangreichere Ausbildung, ein Multiple-Choice-Test reicht da nicht aus. Frag dich daher immer: Wer sitzt mir mit welcher Qualifikation gegenüber?* Man sollte sich an jemanden wenden, der sich in seinem Bereich gut auskennt und der 100 % gibt, statt auf 50 Hochzeiten zu tanzen und jeweils 2 % Leistung zu geben. Dieses Fachwissen musst du dir bei einem Experten einkaufen, das bietet dir kein *Wald-und-Wiesen-Vermittler*, nichts für ungut. Das von den Finanzvertrieben beworbene »Allfinanz«, also alle

* Ich erlaube mir den Querverweis auf Kapitel 4 ab S. 70, genauer gesagt auf den Taschenspielertrick »Das Renditemärchen«.

Versicherungen aus einer Hand zu erhalten, wird in der Praxis auf Dauer nicht funktionieren.

Sei dir auch bewusst, dass sich ausnahmslos jede Versicherung als Investitionsrechnung kalkulieren lässt. Nur sind die allermeisten Vermittler dazu nicht imstande. Angenommen, du zahlst jeden Monat 20 Euro für ein Krankentagegeld als Beitrag ein. Der Beitrag steigt jedes Jahr um 3 % über 20 Jahre. Falls du irgendwann einmal eine Leistung ausgezahlt bekommst, lautet die Frage: Wie hoch ist der effektive Zinsfuß? Oft ist eine solche Versicherung eine sinnvolle Investition, wenn es dann zum Schadensfall kommt, nur vorrechnen können sollte es dir der Vermittler. Ein Rechenbeispiel: Du zahlst 20 Jahre in eine Krankentagegeldversicherung ein, die jährliche Beitragsanpassung beträgt 3 %. Im 21. Jahr bekommst du eine monatliche Leistung von 2.000 Euro über einen Zeitraum von zwölf Monaten. Dann beträgt der interne Zinsfuß 12,21 %. Und 6,23 %, wenn du das Krankentagegeld nur sechs Monate erhältst.

Über den Verdienst der Vermittler haben wir ja schon gesprochen. Der ist bei Sachversicherungen in aller Regel etwas fairer. Grob geschätzt erhält er zwischen 15 und 25 % (bei Kfz-Versicherungen deutlich weniger im Bereich von 3 bis 9 %) des Nettobeitrags, was als laufende Courtage bezahlt wird. Das ist legitim, solange die Person eine solide Beratung und Begleitung in Form von regelmäßigen Check-ups anbietet. Es gilt der Grundsatz: Wenn du einmal im Vertrag drin bist, bist du eingeloggt. Wechselst du zum Beispiel in eine andere private Krankenversicherung, bist du zu diesem Zeitpunkt älter, mitunter auch kränker, was den Wechsel, so er denn überhaupt abbildbar ist, für dich teurer macht. Ohne triftigen Grund solltest du nicht mehr aus dem Vertrag raus müssen. Eine Provision für den Vermittler ist kein triftiger Grund!

Lass uns den Versicherungen nun den Rücken kehren und den ersten Teil des Buchs abschließen. Ab hier beschäftigen wir uns mit deinem Vermögensaufbau und einem Beweis.

UMSETZUNGSIMPULS

- Mache eine Bestandsaufnahme deiner Versicherungen. Welche sind (mit Blick auf die Pyramide) unnötig? Und welche dringend notwendigen Versicherungen fehlen?
- Betrachte dieses Kapitel als Weckruf, verpackt in einem groben Abriss der Versicherungsbranche, nicht aber als Beratung. Mir als Autor war es wichtig, dir einen Blick hinter die Kulissen zu gewähren. Letztlich ist aber jeder Kundenfall individuell zu betrachten, eine allgemeingültige Empfehlung, welche Versicherungen du nun brauchst und welche du meiden solltest, kann ich dir daher nicht bieten.

6

KAPITEL

Warum du es dir *nicht* leisten kannst, *kein* Millionär zu werden

Ich war zu Gast bei einem Ehepaar. Die beiden hatten mich kontaktiert, um eine Strategie für ihre Altersvorsorge zu erarbeiten. Ihr aktuelles Haushaltseinkommen: 7.000 Euro netto. Auf meine Frage, welches Vermögen ihnen denn fürs Alter vorschwebe, sagte die Frau: »Gut, wir müssen ja keine Million haben.« Daraufhin ich: »Stimmt, ihr braucht eher zwei Millionen!«

Tatsächlich rechnete ich dem Paar vor, dass es 1,7 Millionen Euro benötigen würde, um sich ihren Lebensabend zu finanzieren. Das Wort »Millionär« klingt in den Ohren der meisten Menschen nach Reichtum. Nach etwas, von dem sie denken, sie seien es nicht wert, es zu erreichen. Oder zumindest erscheint ihnen diese Summe lächerlich unrealistisch. Schuld daran sind die Glaubenssätze, die sie mit »den Reichen« verbinden. Deswegen backen sie kleinere Brötchen und limitieren sich selbst. Dabei ist eine Million Euro gar nicht mal so viel. Diese Botschaft möchte ich mit dem reißerischen Buchtitel in die Welt hinausschreien. Doch jede Botschaft ist nur so überzeugend wie das argumentative Fundament, das sie stützt. Mit anderen Worten, ich bin dir noch einen Beweis schuldig. Sicher erinnerst du dich an unsere vier Protagonisten vom Anfang: Sebastian, den Durchschnittsverdiener. Rebecca, die Elite-Angestellte. Karo, die Selbstständige. Und Simon, den Unternehmer.

Diese vier haben uns neben ihrem Einkommen auch ihre Ausgaben, ihr aktuelles Vermögen, ihren Rentenbeginn, ihr Risikoprofil und ihre gewünschte Rente verraten. Basierend auf diesen Angaben habe ich errechnet, welches Kapital zum Rentenbeginn nötig wäre, um bis zum Ende ihrer Tage finanziell durchzuhalten. Obwohl »durchhalten« zu negativ klingt. Es klingt nach Verzicht, nach Sparbrötchentum. Sagen wir besser: um bis zum Ende ihrer Tage Spaß mit ihrem Geld zu haben. Überhaupt spreche ich nicht gern von der »Altersvorsorge«, sondern lieber vom »Vermögensaufbau zur freien Verwendung«. Bevor ich dir die Vermögensplanung unserer vier zukünftigen Rentner präsentiere, seien noch fünf wichtige Punkte angemerkt:

1) Vorhandene **Rentenbarwerte**, also der heutige Wert des gesetzlichen Rentenanspruchs, bleiben der Einfachheit halber unberücksichtigt. Es scheint mir ohnehin sinnvoller, nicht damit zu rechnen. So ist die spätere Freude über das Tröpfchen gesetzliche Rente umso größer.

2) Die **Lebenserwartung** habe ich wohlwollend geschätzt. Schließlich wünsche ich unseren vier Protagonisten ein langes und erfülltes Leben. Die Lebenserwartung in Deutschland steigt seit 1871 stetig, wenngleich sie jüngst (2021/2023) leicht zurückgegangen ist. »Hauptgrund hierfür waren die außergewöhnlich hohen Sterbefallzahlen in den Wellen der Pandemie«, sagt das *Statistische Bundes-*

amt.[57] Auf lange Sicht dürfen wir aber – vor allem wegen des medizinischen Fortschritts – davon ausgehen, dass wir weiterhin älter werden.

3) Ich habe eine **Inflationsrate** von 2 % angenommen, gemäß den Aussagen von EZB und Politik, dies sei die zu erwartende *Kaufpreisstabilität*. Jedoch ist die Inflationsrate individuell, da vom persönlichen Warenkorb abhängig (vgl. Kapitel 2 »Kaufkraftverlust« ab S. 31).

4) Nach dem Prinzip »Die with Zero« bin ich von einem **Endkapital** von null Euro ausgegangen. Das heißt, mit ihrem Ableben vererben unsere Protagonisten weder Vermögen noch Schulden. Ob man aber nun Erben beglücken will oder nicht: In der Realität empfiehlt es sich, einen Puffer von 10 bis 20 % einzuplanen.

5) Für die **Ansparphase** (vor Renteneintritt) und für die **Entnahmephase** (nach Renteneintritt) habe ich eine konstante Rendite prognostiziert, abhängig vom jeweiligen Risikoprofil. In der Regel fällt die Rendite in der Entnahmephase geringer aus, weil der Anleger nicht mehr dieselbe Bereitschaft hat, hohe Schwankungen zu ertragen. In der Regel fällt die Rendite in der Entnahmephase geringer aus, weil der Anleger nicht mehr dieselbe Bereitschaft hat, hohe Schwankungen zu ertragen.

Lass uns einen Blick auf die erste Tabelle werfen. Darin sind die unterschiedlichen Ausgangslagen erfasst. Irritieren könnte dich der Begriff *Kaufkraftrente*. Sie sagt aus, welche monatliche Rente Sebastian, Rebecca, Karo und Simon heute vorschwebt. Bis zu ihrem Renteneintritt werden allerdings noch jede Menge Euronoten gedruckt und dieselben an Realwert verlieren. Unsere vier benötigen eine deutlich höhere Rente, als sie denken; das ist der erste Schock, den sie verdauen müssen. So wünscht sich Rebecca heute, im Jahr 2025, eine Rente von 4.500 Euro, in

Wahrheit braucht sie im Jahr 2050 aber 7.383 Euro, will sie ihren Lebensstandard halten.

	Sebastian	**Rebecca**	**Karo**	**Simon**
Alter	30 Jahre	42 Jahre	34 Jahre	35 Jahre
Beschäftigungsart	angestellt	angestellt	selbstständig	Unternehmer
Lebenserwartung	90 Jahre	93 Jahre	91 Jahre	88 Jahre
Risikoprofil	risikoscheu	risikofreudig	risikoscheu	risikofreudig
Jährl. Brutto-einkommen	43.750,00 €	120.000,00 €	20.000,00 € - 50.000,00 €	120.000,00 €
Monatl. Netto-einkommen	2.400,00 €	5.700,00 €	1.200,00 € - 2.600,00 €	5.700,00 €
Monatl. Ausgaben	2.000,00 €	4.500,00 €	1.800,00 €	4.000,00 €
Rentenbeginn	01.06.2062	01.03.2050	01.09.2058	01.12.2057
Inflationsrate	2,00 %	2,00 %	2,00 %	2,00 %
Gewünschte monatl. Kaufkraftrente*	2.100,00 €	4.500,00 €	2.400,00 €	5.000,00 €
Notwendige Nominalrente	**4.369,00 €**	**7.383,00 €**	**4.613,00 €**	**9.423,00 €**

**(vor Steuer, Krankenversicherung etc.)*

Welche Nominalrente benötigen unsere Protagonisten?

Wieso wünscht sich Karo eine höhere Rente als Sebastian, obwohl sie mit durchschnittlich 1.900 Euro ein geringeres Nettoeinkommen und sogar niedrigere Ausgaben hat? Nun, Karo ist selbstständig und somit schlechter abgesichert als Sebastian, der wenigstens auf ein bisschen gesetzliche Rente hoffen darf.

Ähnlich sind sie sich hingegen, was ihre Risikoneigung betrifft. Karo und Sebastian bezeichnen sich als risikoscheu, Rebecca und Simon als tendenziell risikofreudig. Das führt zu unterschiedlichen Renditen auf ihrem Weg hin zu dem Kapital, das sie ab Renteneintritt aufzehren wollen. Soll ich dir was verraten? Einer der vier Protagonisten kommt mit weniger als einer Million Euro zurecht. Weißt du, wer es ist?

	Sebastian	Rebecca	Karo	Simon
Notwendiges Kapital zu Rentenbeginn	**964.689,00 €**	**1.445.232,00 €**	**1.053.331,00 €**	**1.616.960,00 €**
Angenommene Rendite	4,00 %	6,00 %	4,00 %	6,00 %
Notwendiges Einmalkapital heute	226.024,00 €	336.737,00 €	288.712,00 €	250.560,00 €
Notwendiger Sparbeitrag ohne Einmalkapital	963,00 €	2.167,00 €	1.298,00 €	1.436,00 €
Restkapital bei Tod	0,00 €	0,00 €	0,00 €	0,00 €

Welches Rentenkapital benötigen unsere Protagonisten?

Es ist Sebastian. Er benötigt mit 67 Jahren »nur« 964.689 Euro.* Davon gedenkt er als Rentner zu leben. Stell dir das anhand von zwei Zahlungsströmen vor: Sebastians Kapital wächst und wächst, erreicht bei Renteneintritt seinen Höhepunkt und wird schließlich bis zu seinem Tod aufgebraucht. Monat für Monat entnimmt sich Sebastian 4.369 Euro, der Rest entwickelt sich weiter mit einer jährlichen Rendite von 4 %. Doch was ist mit einmaligen Entnahmen höherer Summen? Will sich Sebastian etwas gönnen, zum Beispiel ein Auto oder eine Weltreise, dann wird er mit dem Betrag ebenfalls seinen Kapitaltopf erleichtern. Das birgt nicht nur die Gefahr, dass Sebastian über seine Verhältnisse lebt, er trägt auch das *Renditereihenfolgerisiko (sequence of returns risk)*. Beides könnte dazu führen, dass sein Kapital vorzeitig aufgebraucht ist.

Exkurs: Was ist das Renditereihenfolgenrisiko? Zwei Personen haben je 100.000 Euro. Über fünf Jahre hinweg entnehmen sie jedes Jahr 5.000 Euro, das Restkapital verzinst sich weiter. Im Durchschnitt erzielen beide Personen dieselbe Rendite. Allerdings hat Person A einen schlechten Start, Person B hingegen einen starken. Wie wird sich ihr Kapital entwickeln?

* Zu erwähnen ist, dass bei dieser Rechnung weder Steuern noch Kranken- und Sozialversicherungsbeiträge berücksichtigt sind.

Jahr	Rendite A	Kapital A	Rendite B	Kapital B
0	---	100.000,00 €	---	100.000,00 €
1	- 10,00 %	85.000,00 €	10,00 %	105.000,00 €
2	- 5,00 %	75.750,00 €	5,00 %	105.250,00 €
3	0,00 %	70.750,00 €	0,00 %	100.250,00 €
4	5,00 %	69.288,00 €	- 5,00 %	90.238,00 €
5	10,00 %	**71.216,00 €**	- 10,00 %	**76.214,00 €**

Renditereihenfolgerisiko zweier Personen, die 100.000 Euro besitzen und jährlich 5.000 Euro entnehmen

Obwohl die Rendite im Durchschnitt dieselbe ist, nämlich 0 %, hat Person B 4.998 Euro mehr übrig als Person A. Dieses Beispiel illustriert die mathematische Gefahr, die mit Entnahmen verbunden ist. Das Renditereihenfolgerisiko wirkt sich nicht auf Einzahlungen aus, sondern ausschließlich auf Entnahmen, und je höher die Entnahme, desto schwerer könnte es Sebastians Kapital treffen. Es empfiehlt sich demnach, auch hierfür einen Puffer einzuplanen, erst recht wenn größere Anschaffungen im Alter angedacht sind.

Doch heute ist das Sebastians kleinstes Problem. Er sieht sich mit der Frage konfrontiert: Wie komme ich zu 964.689 Euro? Zwei Szenarien schlage ich Sebastian vor: Entweder er verfügt über ein Startkapital von 226.024 Euro, das er über 37 Jahre zu 4 % Rendite anlegt. Oder Sebastian startet bei null; dann muss er ab sofort jeden Monat 963 Euro in einen Sparplan einzahlen, der ihm über die kommenden 37 Jahre ebenfalls eine Wertentwicklung von 4 % verspricht. Mit seinem derzeitigen Einkommen wird das nur zu schaffen sein, indem er seine monatlichen Ausgaben um 600 Euro reduziert. Kommt dir das unwahrscheinlich vor? Dann habe ich dich genau an dem Punkt, wo ich dich haben wollte: Sebastian ist Durchschnittsverdiener und benötigt später eine knappe Million, damit er seinen Lebensabend genießen kann, ohne Abstriche zu machen. Es ist schwer anzunehmen, dass es dir ähnlich geht. Ich wünschte ja, es wäre anders, aber das ist nun mal mathematische Realität. Anders ausgedrückt: Du kannst es dir *nicht* leisten, *kein* Millionär zu werden!

Ebenso wie Sebastian, Rebecca, Karo und Simon solltest du rechtzeitig nach Wegen suchen, wie du dieses sportliche Ziel erreichen kannst. Die Betonung liegt auf recht-*zeitig*. Was du brauchst, ist ein Finanzplan, der sich auf die beiden Größen *Zeit* und *Rendite* stützt.

UMSETZUNGSIMPULS

- Welche monatliche »Kaufkraftrente« wünschst du dir für deinen Renteneintritt?
- Berechne, welcher notwendigen »Nominalrente« dies entspricht.

Ein Rechenbeispiel:
Kaufkraftrente x $(1 + \text{Prozentsatz})^{\text{Jahre}}$
$2.500 \times 1{,}03^{30} = 2.500 \times 2{,}427 = 6.068{,}16$ €

7

KAPITEL

Dein Vermögensaufbau

Wie wirst du Millionär? Diese Frage schwebt im Raum. Doch sie bringt dich nicht weiter. Weil sie zu vage ist. Was du brauchst, ist ein konkretes finanzielles Ziel und einen Finanzplan, der auf dich und dein Leben zugeschnitten ist. Dabei hilft dir dieses Kapitel. Zuallererst sollten wir aber bei deiner Einstellung ansetzen, denn allzu oft ist sie es, die deinen Vermögensaufbau sabotiert.

Vermögensaufbau beginnt im Kopf

Um Erfolg mit Geldanlagen zu haben, gilt es ein paar Regeln zu beachten, die zwar alter Tobak sind, an die sich Anleger aber dennoch ungern halten. Dieser Umstand zwingt mich, die Regeln voranzustellen. Falls ich dich langweilen sollte, überspringe diesen kurzen Abschnitt. Andererseits schadet Wiederholung bekanntermaßen nicht.

Nr. 1: Geh positiv an die Sache heran

Ein Bekannter empfiehlt dir eine Geldanlage. Welche Frage geht dir als Erstes durch den Kopf? In 80 % meiner Beratungen lautet sie: »Wie hoch ist mein Risiko?« Verluste bereiten uns mehr Schmerzen als Gewinne Freude. Wir leiden unter einer Verlustaversion, die Nobelpreisträger Kahneman und Tversky förderten dieses Verhaltensmuster in ihren Studien zutage. Es führt dazu, dass wir Verluste meiden, um Schmerzen zu vermeiden, soll heißen, wir gehen nur höchst ungern Risiken ein. Lieber wollen wir Garantien. Beherzigen wir aber ein paar Grundsätze, kann wenig schiefgehen.

Einer davon ist, positiv an die Sache heranzugehen. Falls du mit der Haltung »Das wird nicht gut gehen!«, sagen wir 10.000 Euro an der Börse investierst, wird diese Haltung zur selbsterfüllenden Prophezeiung. Der erste Tag verläuft womöglich glücklich und dein Depotwert steigt auf 10.200 Euro. Doch am zweiten Tag sind die Anleger nicht länger in Kauflaune. Die Kurse bewegen sich nach unten und mit ihnen dein Depotwert. 9.500 Euro. Arg! Du fängst an, die Investition zu bereuen: »Habe ich es doch gewusst! Ich verliere noch mein ganzes Geld.« Tags darauf sinken die Kurse weiter. Es kommt der Punkt, an dem du verkaufst. Mit Verlust und der Hoffnung, wenigstens noch einen Teil deines Geldes zu »retten«. Von da an schwörst du dem Kapitalmarkt ab. »Dort kann man nur Geld verlieren! Außer, man ist Profi.« Mit dieser Einstellung wirst du unter Garantie Geld verlieren.

Beurteilst du deine Entscheidung hingegen als positiven Schritt in Richtung Vermögensaufbau, ändert sich die Sache. Du investierst 10.000 Euro mit der festen Absicht, das Geld zwanzig Jahre lang nicht anzurühren, egal ob dein Depot für einige Monate (oder gar Jahre) mal im Minus steht. »Das juckt mich nicht«, denkst du, »mein Nachbar verkauft sein Haus schließlich auch nicht, nur weil die Immobilienpreise kurzzeitig fallen.« Und sollten dich doch mal Ängste plagen, gib ihnen Kontur und schreib sie auf: Was passiert schlimmstenfalls, wenn die 10.000 Euro weg wären? Wie wahrscheinlich ist das? Durch das Aufschreiben ordnest du deine Gedanken und mit ihnen deine Gefühlswelt. Deine Ängste flachen ab.

Nr. 2: Widerstehe der Gamification
Dank Smartphones gelangen wir in Sekundenschnelle an Finanzdaten. Eine Internetverbindung vorausgesetzt, können wir überall und jederzeit unser Depot einsehen und uns freuen oder ärgern, wo unser Aktienfonds kursiert. Diese raffinierten Appentwickler führen uns in Versuchung. Die Bedienung ist kinderleicht und blinkende Kurse erzeugen Bewegung, auf die wir reagieren wollen.

Mit diesen visuellen Reizen sprechen sie das Urtier in uns an. Am schlimmsten sind Push-Benachrichtigungen! Wie wir ihnen am besten widerstehen? Indem wir gar nicht erst in Versuchung geraten. Lösche die App von deinem Smartphone und logge dich nur noch am Laptop ein. Ja, wie ein Höhlenmensch. Damit erhöhst du die Barriere; das schont nicht nur die Nerven, sondern es spart auch Lebenszeit. Falls dir das zu rückschrittig erscheint, limitiere zumindest die Zeit, die du in der App verbringst. Denn eine blinkende rote Zahl verleitet dich vielleicht dazu, eine Entscheidung zu treffen, die du später bereust.

Nr. 3: Ignoriere die Medien, insbesondere die Börsenberichte
Den Medienkonzernen geht es vorrangig um eines: Aufmerksamkeit. Mit ihr verdienen sie Geld. Negative Schlagzeilen erzeugen nachweislich mehr Aufmerksamkeit als positive. Auf jedes Flugzeug, das abstürzt, kommen tausende, die sicher landen. Nur interessiert das keine Sau, es ist Standard. Bei Börsennachrichten kommt hinzu, dass die Journalisten wilde Theorien aufstellen, warum der Kurs denn nun gefallen ist. Das Resümee ist fast immer dasselbe: Die Anleger sind von den Geschäftsergebnissen enttäuscht oder sie befürchten eine Krise, daher verkaufen sie. Natürlich stehen uns die Journalisten mit Rat zur Seite, wie wir uns als Anleger verhalten sollten. Reißerische Schlagzeilen dienen als Lockmittel:

»Panik an den Börsen: Anleger, was tun?«, *Tagesschau*[58]

»Börsen-Sturz: Wie reagieren?«, *ZDF*[59]

»Absturz in der Wall Street: Als Kleinanleger in der Börsenkrise«, *FAZ*[60]

»Börsen im politischen Sturm: Wer jetzt profitiert – und wer verliert«, *DER AKTIONÄR*[61]

»Krise an der Börse: Ich brauche das Geld. Soll ich meine Aktien jetzt verkaufen?«, *ZEIT ONLINE*[62]

Ich will gar nicht abstreiten, dass der eine oder andere sinnvolle Tipp dabei ist. Häufiger aber verleiten solche Artikel zu voreiligen Handlungen. Wir stoßen die eine Aktie ab und kaufen dafür eine andere. Wir verkaufen Aktien, die im freien Fall sind. Um dann beim nächsten Hoch wieder einzusteigen. Diesen Irrsinn beflügeln die Medien. Daher lautet mein Rat: Setz dich auf News-Diät. Damit bewahrst du dich vor Dummheiten – und du schläfst besser.

Nr. 4: Setze dir einen langfristigen Anlagehorizont

Die Börsenlegende André Kostolany sagte einst: »Kaufen Sie Aktien, nehmen Sie Schlaftabletten, und schauen Sie die Papiere nicht mehr an. Nach vielen Jahren werden Sie sehen: Sie sind reich.« Nicht unerwähnt bleiben sollte, dass dieser Satz aus dem letzten Jahrhundert stammt, wie seine Formulierung »Papiere« beweist. Wie hat man früher Aktien erworben? Man kontaktierte den Bankmitarbeiter oder Broker seines Vertrauens und erteilte ihm einen schriftlichen Auftrag. Dieser wurde dann an das Aktienunternehmen gefaxt. Oder noch klassischer: per Post zugestellt. Nach einigen Tagen folgte der Eintrag ins Aktionärsbuch. Tada! Jetzt durfte man sich offiziell Aktionär nennen. Gekrönt wurde das Ganze dadurch, dass die Aktie mit der Post nach Hause kam. Diese Prozedur klingt fast so aufwändig wie der Kauf einer Immobilie. Zum Glück leben wir in moderneren Zeit, was? Na ja, es ging zwar Zeit ins Land. Aber diese Wartezeit bewahrte uns vor Fehlern.

Heute läuft der Aktienhandel weitgehend über Online- oder Neo-Broker. Wenige Klicks und die Aktie ist gekauft. Zusätzlich bringen Werbeversprechen wie »Jeder Trade für einen Euro!« Geschwindigkeit in einen Markt, der für langweilige Anleger besser geeignet ist. Kurzfristiges Denken ist an der Börse, ja allgemein beim Investieren, zum Scheitern verurteilt. Zu den Gewinnern zählt, wer langfristig denkt. Denn bei einem ausreichend langen Anlagezeitraum konvergiert das Risiko, ein Minus zu verzeichnen, gegen null, vorausgesetzt, das Portfolio ist breit gestreut und besteht nicht nur aus ein paar Einzelwerten.

Doch unsere Sinne sind getrübt von kurzfristigen Börsenrückschlägen, die uns besser im Gedächtnis bleiben, nicht zuletzt, weil Existenzen daran zugrunde gegangen sind. Allein im 20. und 21. Jahrhundert gab es etliche Krisen. Den Ersten Weltkrieg. Die Weltwirtschaftskrise 1929. Den Zweiten Weltkrieg. Die Ölpreiskrise in den 1970ern. Die Dotcom-Blase zur Jahrtausendwende. 9/11. Die Subprime-Krise nach der Pleite der *Lehmann Brothers*. Den Irak-Krieg. Eine britische Glanzleistung, genannt Brexit. Den Ukraine-Krieg. Krisen über Krisen, die die Börsen nach unten rauschen ließen, langfristig kennen diese jedoch nur eine Richtung – nach oben.

Denken wir nur einmal daran, wie sich der *Dow Jones* von 1928 bis 2025 entwickelt hat. Hätte dein Urgroßvater im Jahr 1928 bloß einen Dollar in den gesamten *Dow Jones* investiert, wären daraus knapp ein Jahrhundert später 15.585 Dollar geworden. Aus einem Dollar!

»Langfristig« bedeutet also nicht, in Jahren zu denken, sondern in Jahrzehnten. Und diese Sicht beruhigt ungemein. Mal angenommen, du bist heute 30, zahlst die nächsten 37 Jahre und verfolgst eine breit gestreute Anlagestrategie. Was müsste passieren, damit du am Ende dieses Zeitraums einen Verlust verbuchst? Es gibt keine 100-%-Garantien, aber die Wahrscheinlichkeit ist ausgesprochen niedrig. Außerdem ist dein Leben mit 67 ja hoffentlich noch nicht vorbei. Dir bleiben weitere Jahrzehnte, um die Börsenentwicklung mitzunehmen.

Nr. 5: Rechne deine Geldanlage bis zum Tod
Wenn ein Berater zu dir sagt »Du investierst bis zur Rente, danach genießt du«, so stimmt das nur zur Hälfte. Denn was machst du mit 67 mit deinem Geld? Wird dein erster Tag als Rentner zu einem Verkaufsmarathon, an dem du dein gesamtes Depot liquidierst? Wahrscheinlich nicht. Weil dein Kapital dann auf einem oder mehreren Bankkonten brachläge. Besser du lässt das Geld weiter für dich arbeiten und entnimmst jeden Monat nur einen Bruchteil, manchmal auch etwas mehr, wenn du dir einen Traum verwirklichen willst.*

Auf diese Weise zehrst du dein Kapital nach und nach auf. Das bedarf einer Anlagestrategie, bei der du dein Kapital nicht bei Renteneintritt umschichten musst, weil das Kosten verursachen würde. Cleverer ist es, vom *Einzahlungs-* in den *Auszahlungsmodus* umzuschalten. Wie das funktioniert? Indem du einen Auszahlungsplan erstellst, sozusagen einen rückwärts laufenden Sparplan. Doch so weit bist du vermutlich noch nicht. Zunächst wirst du dich mit deinem Ziel beschäftigen.

Dein finanzielles Ziel und sein Konfliktpotenzial

Wo möchtest du bei Renteneintritt stehen? Hast du eine konkrete Summe im Sinn? Die Basis deiner Überlegung bildet in aller Regel dein heutiges Einkommen. Willst du dieses Einkommen auch als Rente beziehen? Oder mehr? »Woher soll ich das jetzt schon wissen?«, denkst du vielleicht. Zweifellos ist eine solche Schätzung nicht einfach. Aber jedes geschätzte Ziel

* Beachte hierbei das Renditereihenfolgerisiko, das ich in Kapitel 6 auf S. 109 erklärt habe.

ist besser als kein Ziel. Falls dir später die doppelte, vierfache oder achtfache Kaufkraft von heute vorschwebt, rechne damit. Denn ohne diese Zahl bist du außerstande, auf jenes Vermögen hinzuarbeiten, das du für deinen Ruhestand benötigst. Um es frech zu formulieren: Deine heutige Ignoranz kostet dich deine morgige Sorglosigkeit.

In Kapitel 6 auf S. 108 habe ich dir gezeigt, wie hoch das notwendige Kapital zu Rentenbeginn für unsere vier Protagonisten ausfallen muss. Bitte verzeih, dass ich dir keine auf dich zugeschnittene Rechnung präsentieren kann. Ohne deine persönliche Situation zu kennen, ist das nicht möglich. Was ich dir aber bieten kann, ist ein Zeitspiel. Die zugrundeliegende Frage lautet: Welchen Betrag musst du bei welcher Rendite über welchen Zeitraum anlegen, um eine Million Euro zu erzielen?

Es ist offensichtlich, dass es weder *den* Zeitraum noch die Rendite gibt, da diese Variablen voneinander abhängen. Daher gibt es auch verschiedene Möglichkeiten, das Ziel zu erreichen. Die folgenden Tabellen verdeutlichen das Wechselspiel zwischen Zeitraum und Sparrate bei drei unterschiedlichen Renditen: 6, 7 und 8 % pro Jahr. Ist es nicht bemerkenswert, wie drastisch die monatliche Sparrate steigt, je kürzer der Anlagezeitraum ausfällt?

Durchschnittliche Rendite: **6 %**			
Anlagezeitraum	**Monatliche Sparrate**	**Einzahlungssumme**	**Wertzuwachs**
50 Jahre	278,07 €	166.842,00 €	833.158,00 €
45 Jahre	379,48 €	204.919,20 €	795.080,80 €
40 Jahre	521,66 €	250.396,80 €	749.603,20 €
35 Jahre	724,49 €	304.285,80 €	695.714,20 €
30 Jahre	1.021,18 €	367.624,80 €	632.375,20 €
25 Jahre	1.471,50 €	441.450,00 €	558.550,00 €
20 Jahre	2.194,69 €	526.725,60 €	473.274,40 €
15 Jahre	3.468,51 €	624.331,80 €	375.668,20 €
10 Jahre	6.125,04 €	735.004,80 €	264.995,20 €

Durchschnittliche Rendite: **7 %**			
Anlagezeitraum	**Monatliche Sparrate**	**Einzahlungssumme**	**Wertzuwachs**
50 Jahre	197,57 €	118.542,00 €	881.458,00 €
45 Jahre	281,08 €	151.783,20 €	848.216,80 €
40 Jahre	402,33 €	193.118,40 €	806.881,60 €
35 Jahre	581,03 €	244.032,60 €	755.967,40 €
30 Jahre	850,29 €	306.104,40 €	693.895,60 €
25 Jahre	1.269,89 €	380.967,00 €	619.033,00 €
20 Jahre	1.959,22 €	470.212,80 €	529.787,20 €
15 Jahre	3.196,28 €	575.330,40 €	424.669,60 €
10 Jahre	5.813,32 €	697.598,40 €	302.401,60 €

Durchschnittliche Rendite: **8 %**			
Anlagezeitraum	**Monatliche Sparrate**	**Einzahlungssumme**	**Wertzuwachs**
50 Jahre	139,27 €	83.562,00 €	916.438,00 €
45 Jahre	206,75 €	111.645,00 €	888.355,00 €
40 Jahre	308,47 €	148.065,60 €	851.934,40 €
35 Jahre	463,75 €	194.775,00 €	805.225,00 €
30 Jahre	705,41 €	253.947,60 €	746.052,40 €
25 Jahre	1.093,09 €	327.927,00 €	672.073,00 €
20 Jahre	1.746,24 €	419.097,60 €	580.902,40 €
15 Jahre	2.943,09 €	529.756,20 €	470.243,80 €
10 Jahre	5.516,23 €	661.947,60 €	338.052,40 €

Verhältnis von Sparrate zu Anlagezeitraum bei einer jährlichen Rendite von 6, 7 und 8 %. Das Sparziel: 1 Million Euro.

Würde ein 17-Jähriger jeden Monat nur 139,27 Euro zu einer durchschnittlichen Rendite von 8 % anlegen, so hätte er bei Renteneintritt sein Ziel erreicht und eine Million Euro im Depot. Eine 57-Jährige kann dieses Ziel zwar auch noch erreichen, allerdings müsste sie dafür pro Monat 5.516,23 Euro zu 8 % investieren. Was sagt uns das? Wir können gar nicht früh genug anfangen, unser Geld gewinnbringend anzulegen, wenn wir um die Gunst des Zinseszinses werben wollen. Je länger unser Geld für uns arbeitet, desto höher ist die Wahrscheinlichkeit, dass wir unser Wunschvermögen erzielen.

Sich ein Ziel zu setzen, ist wichtig, doch getan ist es damit noch lange nicht. Bei meinen Kunden beobachte ich immer wieder, dass sie über die Jahre vom Kurs abkommen. Schuld daran sind *Zielkonflikte*, wie ich sie nenne. In den ersten Zielkonflikt geraten sie gleich zu Anfang, kurz nachdem sie sich ihr Ziel gesetzt haben. Die meisten Investmentpläne scheitern am Budget. Vielleicht hast du monatlich nach Abzug aller Kosten 300 Euro zum Investieren übrig.

Was aber, wenn du 500 Euro benötigst, um dein Ziel zu erreichen? Es ergeben sich mehrere Möglichkeiten: Erstens, du erhöhst dein Einkommen um 200 Euro. Zweitens, du erklärst dich bereit, ein höheres Risiko einzugehen, mit dem sich auch deine Renditechance für deine 300 Euro erhöht. Drittens, du gibst dich mit einem kleineren Ziel zufrieden, was bedeutet, dass du länger arbeiten und erst nach 67 in Rente gehen wirst. Oder viertens, du gibst dich später mit einem niedrigeren Lebensstandard zufrieden. Die letzte Möglichkeit ist unsexy, da sie Verzicht bedeutet, und gerade den willst du ja vermeiden. Am sinnvollsten scheint es, heute ein höheres Einkommen anzustreben, deinen Lebensstandard aber nicht an den Einkommenszuwachs anzupassen, sondern die Differenz zu investieren.

Ein weiterer Konflikt resultiert aus dem Vermögensziel als solchem. Die meisten setzen sich keins, und die wenigen, die sich eins setzen, versteifen sich darauf. Stell dir vor, du willst das Matterhorn besteigen. Du übernachtest in Zermatt und brichst frühmorgens auf. Dein Fokus richtet sich auf den Gipfel, da willst du schließlich hin. Wird das gut gehen? Jedenfalls nicht ohne Etappenplanung. Weil du nicht lebensmüde bist, hast du den Aufstieg minutiös geplant. Du hast dir dutzende Videos angesehen und die Streckenabschnitte studiert. Außerdem steht dir ein Profi zur Seite, ein erfahrener Bergsteiger, der das Matterhorn schon mehrmals bestiegen hat und seine Tücken kennt. Auf dein Vermögensziel übertragen bedeutet das: Es ist irrsinnig, nur das Ziel vor Augen zu haben. Du solltest es in Etappenziele herunterbrechen. Kommen wir erneut auf Sebastian zu sprechen. Er ist heute 30 Jahre jung und kennt das notwendige Kapital, das er zu Rentenbeginn besitzen will. 37 Jahre liegen nun vor ihm, sein Ziel zu erreichen. Ich empfehle Sebastian, das erste Etappenziel recht früh zu setzen, etwa nach drei oder fünf Jahren. Das nächste Etappenziel liegt bei zehn Jahren und so geht es im Fünf-Jahres-Takt weiter. Zu sehen, dass er mit seinem angesparten Vermögen auf Kurs ist, wird Sebastian motivieren, dranzubleiben. Außerdem kann er sich besser auf Unvorhersehbarkeiten vorbereiten.

Häufig wird die Liquidität vernachlässigt. Bei selbstkritischer Betrachtung müssen wir uns eingestehen: Die meisten »Unvorhersehbarkeiten« sind nur scheinbar unvorhersehbar. Es ist ein Sammelbegriff für Ereignisse, die garantiert irgendwann eintreten, an die wir heute aber keinen Gedanken verschwenden *wollen*. Zum Beispiel, dass unsere Waschmaschine früher oder später schrottreif ist. Oder wir unseren Pkw gegen einen neueren eintauschen. Wenn du heute ahnst, dass du in vier Jahren 20.000 Euro für ein Auto benötigen wirst, solltest du auch schon heute Rücklagen dafür bilden. 20.000 Euro geteilt durch 48 Monate ergibt 417 Euro pro Monat. Solche Sonderausgaben zerschießen dir schnell dein Vermögensziel, denn wo zwackst du zuerst Geld ab, wenn es knapp wird? Richtig, bei deinem angelegten Vermögen.

Gerade deshalb ist es wichtig, zu wissen, mit welchen Sonderausgaben wann in welcher Höhe zu rechnen ist. Hierfür eine Liste anzufertigen, bewahrt dich davor, von unvermeidlichen Ereignissen finanziell überrollt zu werden oder auf dein langfristig angelegtes Kapital zugreifen zu müssen. Im nächsten Schritt eröffnest du ein separates Konto und legst für diese planbaren Sonderausgaben – zum Beispiel die Ausbildung deiner Kinder – regelmäßig Geld beiseite. Darüber hinaus brauchst du einen Puffer, ein Rücklagenkonto mit sechs, besser zwölf Monatsgehältern für echte Unvorhersehbarkeiten.* Kleiner Tipp am Rande: Häufig fällt in diesem Zusammenhang das Wort »Notgroschen«. Hast du dir mal überlegt, was du deinem Unterbewusstsein und dem Universum damit mitteilst? Richtig, du wünschst dir die »Not« herbei. So wie geäußert, so bestellt, so geliefert! Wähle deine Worte mit Bedacht, denn deine Sprache könnte dir beim Vermögensaufbau im Weg stehen. Was du in jedem Fall benötigst, ist ein konkreter und spezifischer Finanzplan, denn ohne bist du ein einfaches Ziel für windige Finanzberater, die es nicht gut mit dir und deinem Geld meinen. Wie wir im vorherigen Kapitel gesehen haben, locken sie dich mit aufgemöbelten Hochrechnungen und Scheinrenditen; und ehe du dich versiehst, kommst du vom Kurs ab und nimmst auf dem Weg zu deinem Ziel einen Umweg, der dich Tausende, wenn nicht gar Zehntausende Euro kostet.

Dein Finanzplan

Wie lange möchtest du leben? Sorry, dass ich so unverhohlen frage, aber für deinen Finanzplan wirst du eine Annahme treffen müssen. Mein Vorschlag: Gehe von der durchschnittlichen Lebenserwartung aus und addiere zehn bis fünfzehn Jahre hinzu. Das zwingt dich, bei deiner Vermögensplanung größer zu denken.* Dadurch senkst du die finanzielle Gefahr, die damit einhergeht, dass du länger lebst als geplant. Schließlich willst du auch mit 90 noch liquide sein, um dich und deine Lieben zu verwöhnen. Das bringt uns zur nächsten Frage: Stellst du deinen Finanzplan nur für dich auf oder für die ganze Familie? Was die Endsumme betrifft, macht das einen enormen Unterschied. Erfahrungsgemäß verlassen sich viele Frauen immer

* Infrage kommt auch ein Rücklagendepot mit geringen Schwankungen, denn auf dem Konto wird das Geld aufgrund der Inflation garantiert weniger.

* Und falls du im Alter zu viel Kapital auf der Seite hast, freue ich mich über eine entsprechende Mitteilung. Wir beide finden sicher eine Lösung für dein Problem. Vielleicht eine Rechnung als Dankeschön?

noch auf ihren Mann. Ich rüttle sie gern wach und ermutige sie, einen eigenen Finanzplan aufzustellen oder zumindest ihren Vermögensanteil aktiv einzufordern. In diesem Sinne widme ich die folgenden Zeilen explizit meinen Leserinnen:

Bitte verlasse dich nicht auf deinen Mann, wenn es um die Altersvorsorge geht. Ich kenne Fälle, bei denen die Männer kurz vor Rentenbeginn verstarben und die Frauen mit der Witwenrente auskommen mussten. Aufgrund des Verlustes und der finanziellen Herausforderungen erschien ihnen das Leben plötzlich nicht mehr lebenswert. Einen geliebten Menschen zu verlieren, ist das eine, deswegen in der Armut zu enden, das andere. Du als Frau solltest danach streben, allein überlebensfähig zu sein. Das bedeutet, dass ihr bei der Finanzplanung Abhängigkeiten vermeidet. Liquides Vermögen wie Geld auf dem Girokonto, Tagesgeldkonto oder im Depot ist meist nicht das Problem, denn es lässt sich schnell »verflüssigen«. Vorsicht ist bei nicht liquiden Vermögensgegenständen wie Immobilien oder Unternehmensbeteiligungen geboten. Trage Sorge, dass du beteiligt bist, und überlege mit deinem Mann, was mit den Verbindlichkeiten geschieht, die im Falle des Falls bestehen bleiben. Kannst du sie bedienen? Wie viel Geld bleibt dir monatlich, wenn das Einkommen deines Mannes wegbricht? Sind die Kinder versorgt? Das Mindeste sollte eine ausreichend hohe Risikolebensversicherung sein; schließlich geht es darum, dass alle Hinterbliebenen sorgenfrei weiterleben können. Die Kinder wollen vielleicht studieren oder eine Zeit ins Ausland gehen – soll dieser Traum platzen, nur weil du finanziell von deinem Mann abhängig warst?

An dieser Stelle möchte ich erneut darauf hinweisen, dass eine Risikolebensversicherung über läppische 50.000 Euro bei Weitem nicht ausreichen wird. In Beratungen muss ich meinen Kunden immer wieder mitteilen, dass sie nur einen Bruchteil der notwendigen Summe abgedeckt haben. Sie sind schockiert und fragen, warum der bisherige Versicherungsvermittler, Makler oder Vertreter dazu nicht ausführlich beraten habe. Das liegt daran, dass die Herrschaften nicht weit genug oder nur bis zum nächsten Abschluss gedacht haben. Ich möchte hier niemanden persönlich angreifen. Aber wer mit der Existenz seiner Kunden spielt und diese riskiert, hat in der Branche nichts zu suchen.

Neben der Lebenserwartung spielt bei der Finanzplanung die Risikoneigung eine Rolle. Sowohl für die Ansparphase als auch die Entnahmephase nimmst du eine Rendite an. Renditen lassen sich nur schwer planen, aber ein ungefährer Wert gibt dir eine Richtlinie. Ein Beispiel: Du weißt, dass du 6 % pro Jahr Rendite benötigst, um dein Ziel zu erreichen, investierst aber in ein Produkt, das bei 2 % Wertentwicklung pro Jahr gedeckelt ist, nach oben wie nach unten. Das wird für deinen Finanzplan nicht funktionieren. Deine erwartete Rendite ist wie eine unsichtbare Schranke, die du nicht unterschreiten darfst, willst du dein Ziel erreichen. Erzielst du fünf Jahre infolge nur 3 %, ist das als Signal zum Gegensteuern zu verstehen. Genauso würde ich aber von utopischen Renditevorstellungen absehen, die dir jemand in den Kopf gesetzt hat: »Mit meinem Portfolio erreiche ich 15 % pro Jahr«. Das mag die Person in einem guten Jahr mal erreichen, als langfristiger Durchschnittswert klingt es unrealistisch. Realistischer ist eine durchschnittliche Performance von 6 bis 8 %, unter Akzeptanz von Schwankungen (Volatilität) erzielbar, beispielsweise mit einem breit gestreuten Weltaktienfonds. Sei dir im Klaren darüber: Rendite und Risiko gehen Hand in Hand. Einmal lag mir ein Fall vor, bei dem jemandem eine Rendite von 0,5 % pro Tag versprochen wurde. Ja, pro Tag! Wer jetzt seinen gesunden Menschenverstand einschaltet, wird feststellen, dass diese Rendite entweder völlig utopisch oder mit einem eklatanten Risiko verbunden ist. Bereits nach einem Jahr hätte der Anleger 100 Euro in über 600 Euro verwandelt, sein Geld also mehr als versechsfacht. Wie seriös kann ein solches Geschäft sein?

Sicher hast du schon vom magischen Dreieck gehört, das die drei Bereiche Rendite, Liquidität (Verfügbarkeit) und Sicherheit umspannt. Magisch ist das Dreieck insofern, als wir unseren Wunsch nach diesen drei Größen nie gleichermaßen befriedigen können. Eine hohe Rendite erzielen zu wollen, beißt sich mit dem Wunsch nach Sicherheit. Eine hohe Liquidität (Verfügbarkeit) wiederum – beispielsweise Geld auf einem Tagesgeldkonto – verspricht keine hohe Rendite.

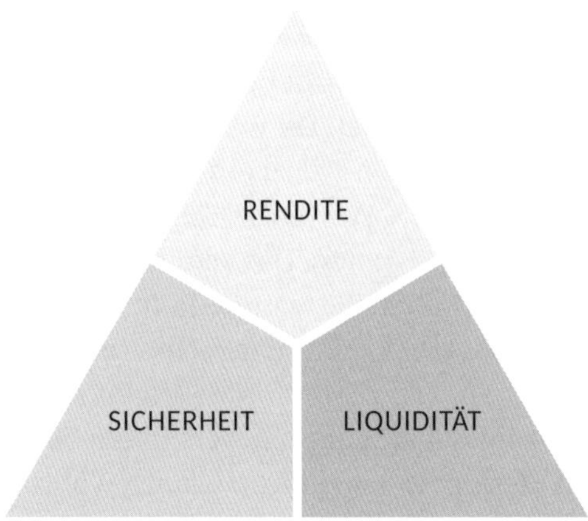

Das magische Dreieck

Wenn es um den Vermögensaufbau geht, spreche ich gern vom magischen Viereck. Es ergibt sich aus dem Zusammenspiel der vier Größen *Zeit*, *Ziel*, *Budget* und *Risikoneigung*. Um die Größen für dich einzuordnen, beantworte die folgenden Fragen.

Zeit: Wie alt bist du heute? Wann willst du in Rente gehen? Mit welcher Lebenserwartung rechnest du? Das Ergebnis ist die Zeit, die dir für Investitionen bleibt.

Ziel: Welches Vermögen strebst du an? Es ergibt sich aus deiner gewünschten Kaufkraftrente und deiner Lebenserwartung.

Budget: Welches Budget steht dir monatlich und/oder einmalig zum Investieren zur Verfügung? Genügt es, um dein Vermögensziel zu erreichen? Falls nein: Welche Möglichkeiten hast du, dein Einkommen zu erhöhen oder deine Kosten zu reduzieren?

Risikoneigung: Wie risikobereit bist du? Wie reagierst du auf Risiken? Bewerte deine Risikoneigung auf einer Skala von 1 bis 5 (1 = sehr risikoavers, 5 = sehr risikofreudig). Welche Rendite benötigst du, um dein Ziel zu erreichen?

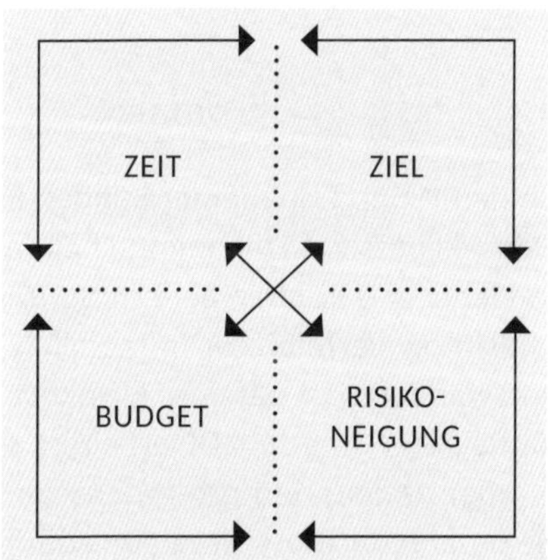

Das magische Viereck

Zusätzlich planst du in deinen Finanzplan sämtliche Versorgungen ein: gesetzliche Rente, Pension, berufsständische Versorgungswerke, Versicherungen et cetera. Je mehr du berücksichtigst, desto besser kannst du an Stellschrauben drehen: Was ist, wenn dieses oder jenes eintritt? Doch Achtung: Am wichtigsten ist, was am Ende wirklich als Nettozahlung herauskommt. Soll heißen, nach Steuern und Sozialversicherungsabgaben. Gerade bei der betrieblichen Altersvorsorge werden oft scheinbar lukrative Summen in Aussicht gestellt, bei denen es sich jedoch um Bruttozahlungen handelt, wovon also noch ein erheblicher Teil an Steuern, Kranken- und Pflegeversicherungsbeiträgen abgeht. Der Abzug gilt, das muss der Vollständigkeit halber erwähnt sein, nicht für die Personen, die eine private Krankheitsvollkostenversicherung haben. Ich nutze Tools, bei denen ich anhand von Schiebereglern darstellen kann, wie sich welcher Faktor auswirkt. Falls du Interesse an dieser Dienstleistung hast, kontaktiere mich.

Zum Abschluss des Kapitels will ich noch zwei Themen anbringen, die so gut wie jeden meiner Kunden beschäftigen. Sie träumen von etwas, das nur selten in Erfüllung geht.

Passives Einkommen

Wenn ich nach den Wünschen meiner Kunden frage, höre ich fast immer: »Ich will passives Einkommen haben! Am liebsten komplett davon leben.« Daraufhin äußern sie Träume wie vom monatlichen Cashflow vermieteter Immobilien zu leben. Ich entgegne: »Und was daran ist passiv?« Ein aktives Einkommen beziehst du für deinen 9-to-5-Job. Du arbeitest 40, womöglich auch nur 37,5 oder 35 Stunden pro Woche, und erhältst im Gegenzug eine Bezahlung. Diese Bezahlung dürfen wir getrost als aktives Einkommen bezeichnen.

An dieser Stelle widersprechen mir nur die wenigsten. Sobald es aber um Investitionen wie eben eine vermietete Immobilie geht, schaltet ihr Gehirn um und sie nehmen an, nach minimaler anfänglicher Arbeit würde das Ding auf Lebzeit selbst laufen. Schon den Aufwand der Immobiliensuche unterschätzen sie massiv. Vielleicht ist die damit verbundene Arbeit weniger gut planbar und nicht so standardisiert wie die eines regulären Berufs, trotzdem ist sie weit entfernt von der Bezeichnung »passiv«.

Der Mieter ruft an, weil das Fenster undicht ist. Du organisierst einen Handwerker und denkst, damit ist es getan. Doch er meldet sich bei dir, weil die Reparatur teurer wird als zunächst vermutet. Eine Immobilie zu bewirtschaften bedeutet, Entscheidungen zu treffen. Und die kosten Zeit. Es gibt Investoren, die sich eine Organisation aus Handwerkern und Hausverwaltungen um sich herum aufgebaut haben, damit sie verschont bleiben, jedoch hat sie dieser Aufbau zunächst Zeit gekostet. Sie waren zunächst aktiv, um später ein (mehr oder weniger) passives Einkommen zu erhalten. Wir könnten auch sagen: Sie erhalten das Gehalt für ihre Arbeit mit deutlicher Verzögerung, so wie es für Unternehmer und Investoren üblich ist.

Meiner Ansicht nach ist kein Einkommen vollständig passiv. Sobald du darüber nachdenkst, und seien es auch nur täglich ein paar Sekunden, ist die Geldanlage aktiv. Oder willst du mir wirklich weismachen, dass du jahrelang in etwas investierst, ohne einen Gedanken an die Geldanlage zu verschwenden? Vor allem aber mag ich die Formulierung *passives Einkommen* nicht, weil sie impliziert, wir würden durchs Nichtstun vermögend. Das ist verführerischer Nonsens. Deswegen spreche ich lieber von aktivem und *passiverem* Einkommen.

Warum finanzielle Freiheit nicht immer frei macht

Falls meine Kunden nicht von passivem Einkommen träumen, dann zumindest von *finanzieller Freiheit*. Noch so eine Modeerscheinung. Meistens scheitern wir schon an der Definition: Was heißt es, finanziell frei zu sein? Frei von Abhängigkeiten wie einem Arbeitgeber zu sein? Nicht (mehr) arbeiten zu *müssen*? Seiner Leidenschaft folgen zu können? Viele sehnen sich nach dieser finanziellen Freiheit, was das in Zahlen ausgedrückt bedeuten soll, können sie jedoch nicht beziffern. Es ist ein unscharfer Gedanke, aufgeschnappt von irgendwem, der ihrer Ansicht nach diesen Traum lebt. Ich habe mal einen millionenschweren

Unternehmer kennengelernt. In seiner Garage parkten zwei rote Italiener und zwei schwarze Stuttgarter. Finanziell hatte dieser Mann alles erreicht. Aber er war von seinen Ängsten getrieben. Kaum zu glauben, oder? »Was, wenn ich mein Vermögen verliere? Was, wenn ich eine falsche Entscheidung treffe und wie ein Idiot dastehe?« Reich war er, frei wirkte er nicht.

Bevor du nach finanzieller Freiheit strebst, frage dich: Warum willst du finanziell frei werden? Missfällt dir dein Job? Willst du frei von den Entscheidungen anderer sein? Sehnst du dich nach einem anderen Lifestyle? Oder wünschst du dir mehr Anerkennung? Vorausgesetzt, du bist dir im Klaren, spricht nichts dagegen, ein Vermögen anzustreben, von dem du ab Tag X lebst. Streng genommen ist es ja nichts anders als Frührente. Da mir die Frührente aber zu negativ konnotiert und finanzielle Freiheit zu unscharf ist, spreche ich lieber von: finanzieller Gelassenheit.

UMSETZUNGSIMPULS

- Hast du bereits die Fragen zu den Größen des magischen Vierecks (Zeit, Ziel, Budget, Risikoneigung) beantwortet? Falls nein, dann ist jetzt ein guter Zeitpunkt, es nachzuholen.
- Mit welchem Konfliktpotenzial rechnest du auf dem Weg zu deinem finanziellen Ziel?

8

KAPITEL

Anlageklassen und -strategien

In diesem Kapitel erwartet dich keine »So musst du es machen, um reich zu werden«-Pauschalanleitung. Das wäre unrealistisch und unseriös, insbesondere da die für dich passende Anlagestrategie von deinem Typ samt Risikoprofil abhängt. Der Vermögensaufbau muss sich gut anfühlen, andernfalls ist er nicht langfristig umsetzbar. Und genau darum geht es schließlich: langfristig durchzuhalten.

Meine Aufgabe sehe ich darin, dir die gängigsten Anlageklassen vorzustellen, ihre Vor- und Nachteile aufzuzeigen und dir den einen oder anderen Gedanken mitzugeben, den du wahrscheinlich noch nicht gehört hast. Oder du hast ihn bislang *überhört*, weil die Wahrheit schmerzen kann. Bei einer »Anlageklasse« schalten wir Deutschen besonders gern auf Durchzug.

Das geliebte Eigenheim

Es ist nahezu unmöglich, die Wörter *Vermögensaufbau* oder *Altersvorsorge* auszusprechen, ohne dass den meisten Menschen sofort das selbstgenutzte Eigentum (Einfamilienhaus oder Eigentumswohnung) in den Sinn kommt. Ich habe nicht vor, das geliebte Eigenheim in allen Einzelheiten zu beleuchten, dafür bietet dieses Buch nicht genügend Raum. Außerdem will ich das auch gar nicht, denn ich halte es für keine gute Geldanlage. Aber ich bin Realist und weiß, wie viele Deutsche gern ihren Traum vom Eigentum verwirklichen würden. Im Folgenden will ich dich zumindest dafür sensibilisieren, worauf du dich einlässt. Abschließend nenne ich dir vier Fälle, in denen die selbstgenutzte Immobilie zugegeben nicht die schlechteste Geldanlage ist.

Im Jahr 2023 lag die Wohneigentumsquote in Deutschland bei rund 47 %.[63] Wie schon in Kapitel 3 auf Seite 39 erwähnt, ist das im Europäischen Vergleich zwar ein eher geringer Wert, trotzdem ist die Wohneigentumsquote gestiegen. Denn 1990 lag sie noch bei 37 %.[64] Sind Häuser heute also erschwinglicher als früher? Tatsächlich ja, auch wenn du jetzt vermutlich den Kopf schüttelst.

Die *OECD* (Organisation für wirtschaftliche Zusammenarbeit und Entwicklung) ermittelt auf Basis von Immobilienpreisen und Einkommen regelmäßig den sogenannten Erschwinglichkeitsindex, und der sinkt. In einem Artikel der *Tagesschau* heißt es, die Immobilienpreise hätten seit 1980 zwar um 160 % zugelegt, inflationsbereinigt entspreche das jedoch bloß einer Preissteigerung von 15,5 %. Im selben Zeitraum hätten sich die Realeinkommen aber um 41 % erhöht. Noch dazu seien die Kredite damals teurer gewesen, Hauskäufer hätten mit Bauzinsen in Höhe von 9,5 % zu kämpfen gehabt.[65] Eigentlich müsste sich der Hauskauf heute also günstiger anfühlen. Wieso bitte meckern so viele, sie könnten sich die eigenen vier Wände nicht leisten? Das hat mindestens drei Gründe.

Erstens wollen heute wesentlich mehr Menschen in Ballungsräumen wohnen, jobbedingt oder weil sie sich dort eine höhere Lebensqualität versprechen. Und wo Wohnraum rar ist, steigen eben auch die Immobilienpreise überdurchschnittlich. Das Fazit vieler Paare lautet: *In unserer Wunschstadt können wir uns kein Eigentum leisten.*

Zweitens sind die Kaufnebenkosten gestiegen, allen voran die Grunderwerbsteuer. In Nordrhein-Westfalen lag sie bis 1997 noch bei 2 %, heute im Jahr 2025 müssen Käufer 6,5 % an das Finanzamt abführen.[66] Bei einem Immobilienpreis von 500.000 Euro entspricht das einer Teuerung von 22.500 Euro. Das betrifft aber nicht nur Käufer in Nordrhein-Westfalen. Die Grunderwerbsteuer hat sich seit den 90ern in allen Bundesländern erhöht; derzeit liegt sie zwischen 3,5 % (Bayern) und 6,5 % (Brandenburg, Nordrhein-Westfalen, Saarland und Schleswig-Holstein).

Die gestiegenen Kaufnebenkosten und die hohen Kaufpreise am Wunschstandort führen zu drittens: Es mangelt den Kaufinteressenten allzu oft an Eigenkapital. Laut dem Baufinanzierungsberater *Dr. Klein* würden Deutsche ihr Eigenheim mit immer weniger Eigenkapital finanzieren. Im April 2024 habe der Beleihungswert bei gut 87,12 % gelegen, zwei Jahre zuvor noch bei 79,89 %.[67] Das ist zwar nur ein kurzer Zeitraum, spricht aber für die Entwicklung, dass Eigenheimkäufer zunehmend weniger Eigenkapital zur Verfügung haben. Entweder weil sie ihren Konsum nicht einschränken wollen oder weil sie sich für eine Immobilie interessieren, die sie sich – auch in Anbetracht wieder steigender Zinsen – eigentlich gar nicht leisten können. Bei der Wunschimmobilie macht man eben ungern Abstriche, oder? Hierzu eine Geschichte.

Ein gut verdienendes DINKS-Paar (das steht für *Double Income, No Kids*) kam mit einem Eigenheimwunsch auf mich zu, um sich eine Drittmeinung einzuholen. Sie waren begeistert von der Architektur, der Raumaufteilung und der Lage; das Ganze zu einem Preis, der ihnen fair schien. Offensichtlich erhofften sie sich eine ähnliche Begeisterung von mir. Ich verstand durchaus, wie emotional diese Angelegenheit war, trotzdem kürzte ich die Emotionalität aus der Gleichung heraus und rechnete mit kühlem Kopf. »Das Haus ist nicht zu finanzieren. Ihr rechnet mit zwei Einkommen, das geht auf Dauer nicht gut.« Ich stieß auf Unverständnis. Ein Kind sei aktuell nicht geplant, und falls sie eines Tages schwanger werde, verdiene sie ja nur kurzzeitig weniger, so die Frau.

Enttäuscht von den Simulationsberechnungen haben sich unsere Wege getrennt, stattdessen hat sich das Paar von ihrer Hausbank beraten lassen, die schließlich einer Finanzierung zustimmte. Das erste Kind kam dann doch früher als geplant. Die Frau ging in Elternzeit, ein großer Teil des Einkommens fiel weg. Noch bevor sie wieder zurück an ihren Arbeitsplatz kehren konnte, wurde sie erneut schwanger. Die Rücklagen waren langsam erschöpft, plötzlich war richtig Druck auf dem Kessel. Sie mussten mit der Bank verhandeln, um übergangsweise die Rate zu reduzieren. In einer Katastrophe endete der Fall nicht, trotzdem erlaube ich mir die Anmerkung: Der Hauskauf war fahrlässig!

Als Honorar-Finanzanlagenberater und Ansprechpartner für alle Geldfragen meiner Kunden ist es meine Aufgabe, ehrliches und ungeschöntes Feedback zu geben und in teils unangenehmen Szenarien zu denken. In den meisten Fällen, schätzungsweise in 90 %, musste ich den Traum vom Eigenheim zum Platzen bringen. Weißt du, ein Eigenheim zu kaufen, ist ein bisschen, wie bei *Geh aufs Ganze!* mitzuspielen. Du kennst die Gameshow aus den 90ern mit Jörg Draeger? Hinter Tor 1 kann das Traumhaus warten, top in Schuss, in einer Lage, die sich positiv entwickelt, idealerweise mit dem Einkommen der Eigentümer. Oder es winkt der Zonk: die Privatinsolvenz.

Der Vergleich mit *Geh aufs Ganze!* ist insofern zutreffend, als Eigenheimbesitzer ein Klumpenrisiko eingehen, und das in aller Regel ganz bewusst. Sie betrachten ihr Eigenheim als die Altersvorsorge, alternative Investitionen tätigen sie nicht. Wie auch? Dafür bleibt ja kaum Geld übrig. Denn Tatsache ist, immer mehr Haushalte sind auf zwei Gehälter angewiesen, erst recht nach dem Kauf eines Hauses. Die Finanzierung ist aus den zuvor genannten Gründen auf Kante genäht; die Eigentümer strampeln sich ab, um die Kreditrate zu tilgen. Und falls sich doch Geld ansammelt, fließt es in ein neues Bad, in die Küche oder in den Garten. Damit schaffen sich Eigenheimbesitzer einen Individualtraum, der sicherlich einen ideellen, aber selten einen reellen Wert hat. Das zeigt sich spätestens im Verkaufsgespräch, wo man vom Design der Einbauküche schwärmt, die Kaufinteressenten aber wenig Begeisterung zeigen wollen, da Geschmäcker nun einmal verschieden sind.

Überzeugte Hauseigentümer entgegnen an dieser Stelle gern: »Aber wenigstens spare ich mir die Miete!« Das stimmt. Ob das Einsparen der Miete allerdings zu einem höheren Vermögen führt, bleibt fraglich. So hat im Dezember 2022 ein Team um Gerd Kommer einen Blogbeitrag mit dem Titel *Kaufen oder mieten? – Eigenheim vs. Weltportfolio* veröffentlicht.[68] Kern ihrer Überlegung ist ein »Renditeduell«. Das heißt, dem Eigenheimkäufer steht ein Mieter gegenüber, der das gleiche Kapital, das der Eigenheimkäufer in seine Immobilie steckt, in ein Weltportfolio bestehend aus 60 % Aktien und 40 % Anleihen anlegt.* Betrachtet wurden zehn Fälle, denen unterschiedliche Anlagehorizonte zugrunde lagen. Fünf betrugen 30 Jahre (z. B. 1970 bis 1999 oder 1990 bis 2019), weitere fünf waren kürzer gewählt (z. B. 2000 bis 2020 oder 2010 bis 2020). Wer hatte mit seinem Vermögen die Nase vorn – Eigenheimbesitzer oder Mieter?

In sechs von zehn Fällen dominierte das Vermögen des Mieters das des Eigenheimbesitzers, und zwar deutlich. Für den Zeitraum 1990 bis 2019 beispielsweise häufte der Mieter einen

* Die 60/40-Aufteilung schien den Autoren gut als Vergleich zum Risiko eines Immobilienkaufs geeignet.

Vermögensendwert von 385.000 Euro an, der Eigenheimbesitzer nur einen von 200.000 Euro. Im siebten Fall waren Mieter und Eigenheimbesitzer gleichauf. In den Fällen acht, neun und zehn lag der Eigenheimbesitzer vorn. Nun darf allerdings nicht unerwähnt bleiben, dass sich diese drei letzten Fälle, in denen der Eigenheimbesitzer »gewann«, auf jüngere und kürzere Zeiträume zwischen 2005 und 2020 bezogen. Und was lag da an der Tagesordnung? Ungewöhnlich hohe Wertsteigerungen, gepaart mit einem niedrigen Zinsniveau. Wollte uns also jemand weismachen, Eigenheimbesitzer seien aus Vermögenssicht generell besser gestellt als Mieter, so ist das bei einem fairen Vergleich erst einmal mathematischer Unsinn. Zumal noch ein Aspekt hinzukommt, der oft vernachlässigt wird: Das Eigenheim zeigt früher oder später Alterserscheinungen.

Nach dreißig Jahren, wenn das Eigenheim hoffentlich endlich abbezahlt ist, häufen sich die technischen Probleme. Das Dach ist in die Jahre gekommen und reparaturbedürftig. Die Heizung fällt gelegentlich aus. Und das Badezimmer erstrahlt nicht mehr im selben Glanz wie einst. Wer eine Immobilie über Jahrzehnte bewohnt, wird bestätigen: Sie nutzt sich ab. Es muss nicht mal Jahrzehnte dauern, Reparaturen können jederzeit nötig sein. Die Mieter haben's da leicht, sie rufen ihren Vermieter an, der regelt das. Doch Hauseigentümer müssen alles selbst zahlen, das birgt ein Liquiditätsrisiko. Während Käufer einer Eigentumswohnung über die Wohneigentümergemeinschaft (WEG) per Gesetz verpflichtet sind, eine Instandhaltungsrücklage zu bilden, sind Eigentümer eines Einfamilienhauses auf sich gestellt. Und so fehlen mitunter Rücklagen, die eigens für solche Fälle vorgesehen sind.

Genau das ist fast immer der Fall, wenn ich mit Eigenheimbesitzern spreche; Rücklagen sind entweder gar nicht oder nur spärlich vorhanden. Ein erneuter Besuch bei der Bank ist nötig, um die Immobilie neu zu beleihen. »Liebe Bank, ich brauche einen Kredit, weil ich mein Haus sanieren oder reparieren muss.«

Und selbst wenn das Haus schuldenfrei ist, verweigert die Bank eventuell den Kredit. Grund dafür ist die *Kapitaldienstfähigkeit (KDF)*, wie es im Bankenjargon heißt, die wegen der geringen gesetzlichen Rente überschaubar sein könnte; wir unterstellen an dieser Stelle, dass keine anderweitige private Vorsorge getroffen wurde. Unter Umständen sitzen die gealterten Bewohner also in einem Eigenheim, deren dringend notwendige Sanierung sie sich nicht leisten können.

Einen geldwerten Vorteil hat das Eigenheim dann aber doch: Es zwingt seine Besitzer zum Sparen, da die Bank jeden Monat auf die Kreditrate (Zinsen plus Tilgung) besteht. Der vorherige Vergleich hinkt ja insofern, als die meisten Mieter eben nicht das Äquivalent eines Eigenheims am Aktien- und Anleihenmarkt investieren. Der Umstand, dass sich viele Mieter zu wenig Gedanken über ihre Finanzen machen und schlimmstenfalls von der Hand in den Mund leben, hat womöglich zu dem verzerrten Gesellschaftsbild geführt, sie stünden schlechter da als Eigenheimbesitzer. Deswegen ist die Rechnung aber nicht falsch oder anders ausgedrückt: Mieter können mindestens so vermögend werden wie Eigenheimbesitzer.

Ein weiteres Argument, mit dem sich Eigenheimbesitzer im Recht sehen, sind die staatlichen »Vergünstigungen«, genannt *Bausparvertrag* und *Wohn-Riester*. Lass uns kurz einen Blick darauf werfen, bevor wir zu einem abschließenden Urteil zum Eigenheim kommen.

Bausparvertrag

Das Interesse der Deutschen an Bausparverträgen ist gesunken. Ende 2024 belief sich der Bestand auf »nur noch« 20,9 Millionen, das sind 36 % weniger als zur Jahrtausendwende.[69] Trotzdem eine irre Zahl, bedeutet sie doch, dass ungefähr jeder zweite Haushalt einen Bausparvertrag bespart oder ihn bereits zur Zuteilungsreife gebracht hat. Erklären lässt sich der Rückgang mit dem in jüngster Zeit niedrigen Zinsniveau; bewegen sich die Zinsen wieder nach oben, dürfte auch der

Bausparvertrag eine Renaissance erleben. Das wäre schlecht, denn er ist nichts weiter als ein lukratives Versprechen. Hierzu ein Rechenexempel.

Du schließt einen Bausparvertrag für eine Bausparsumme von 100.000 Euro ab. Die Bedingungen besagen, dass du 50 % der Bausparsumme einzahlen musst, damit der Bausparvertrag zuteilungsreif wird. Wie viel Geld möchtest du monatlich einzahlen? Sagen wir, 250 Euro. Diese Rate führst du über 16,66 Jahre an die Bausparkasse ab, erst dann kannst du etwas mit deinem Bausparvertrag anfangen: Du erhältst ein zinsvergünstigtes Darlehen in Höhe von 50.000 Euro zuzüglich deines Guthabens bestehend aus Einzahlungen und Zinsen. Das ist nicht die Welt, denken wir an die heutigen Immobilienpreise. Hinzu kommt die fehlende Flexibilität. Willst du mit 37 ein Haus finanzieren, musst du (nach obiger Rechnung) bereits mit 20 den Bausparvertrag abgeschlossen haben. Wie wahrscheinlich ist es, dass du da schon exakt weißt, wann du ein Haus finanzieren willst? Vielleicht benötigst du das Darlehen ja schon mit Anfang 30, wer weiß. Sich sieben Jahre zu gedulden, nur weil der Bausparvertrag noch nicht zuteilungsreif ist, schränkt ein. Und falls du erst mit 40 dein Traumhaus findest, dümpelt der zuteilungsreife Bausparvertrag vor sich hin und kostet dich Geld. Bei Abschluss eines Bausparvertrags wird eine Gebühr zwischen 1 und 1,6 % der Bausparsumme fällig, ebenso wie laufende Kontoführungsgebühren; bis zu 30 Euro jährlich fordern die Bausparkassen.[70]

Das aber entscheidendste Argument gegen den Bausparvertrag sind die Opportunitätskosten. Bleiben wir bei unserem Beispiel, wettest du mit monatlich 250 Euro auf ein in ferner Zukunft liegendes, zinsvergünstigtes Darlehen? Wäre es nicht sinnvoller, lieber auf die Zinsvergünstigung zu pfeifen und das Geld bis dahin gewinnbringend am Aktien- und Anleihenmarkt anzulegen? Mit dieser Strategie würdest du höchstwahrscheinlich einen höheren Wertzuwachs verbuchen und könntest mehr Eigenkapital für dein Haus aufbringen. Der Fremdkapitalanteil würde sinken und mit ihm deine Zinslast. Was außerdem oft vergessen wird: Die Bausparkassen legen schon bei Abschluss fest, zu welchen Konditionen du das Darlehen zurückzahlen musst. Dir bleibt nur ein verhältnismäßig kurzer Zeitraum, nämlich zwischen sieben und dreizehn Jahren. Je niedriger der Zins, desto höher die Tilgung. Bei einer ohnehin auf Kante genähten Hauptfinanzierung könnte die Rückführung der Bausparsumme zum Liquiditätsproblem werden.

Fazit: Bausparkassen sind keine wohltätigen Organisationen, es sind Wirtschaftsunternehmen, die in erster Linie Geld mit dir verdienen wollen. Und genau wie Geschäftsbanken können Bausparkassen in Schieflage geraten. Dass ihre Geldreserven, angelegt in Notfallfonds, knapper geworden sind, ist längst kein Geheimnis mehr.[71]

Hinweis: Ein Bausparvertrag kann gegebenenfalls sinnvoll und/oder notwendig sein im Rahmen der Finanzierung. Das hängt von vielen Faktoren ab. Hier ist eine detaillierte Beratung und Betrachtung unerlässlich.

Wohn-Riester

Wohn-Riester kennen wir auch als »Eigenheimrente«. Auf der Webseite der Deutschen Rentenversicherung heißt es, wir könnten die Eigenheimrente nutzen, »um eine Immobilie zu kaufen oder zu bauen, ein Darlehen zu tilgen oder Genossenschaftsanteile zu erwerben.« Auch eine energetische Sanierung oder ein barrierearmer Umbau sei mit Wohn-Riester möglich.[72] Dafür müssten einige Kriterien erfüllt sein, als da wären:

- Wir bewohnen die Immobilie selbst.
- Wir sind Eigen- oder Miteigentümer.
- Die Immobilie befindet sich in der EU oder im Europäischen Wirtschaftsraum.
- Die Auszahlung des Riester-Vertrags erfolgt innerhalb der Ansparphase.

Mit welchen Zulagen der Staat einen Riester-Vertrag fördert, liest du in Kapitel 3, S. 49. Die angesparte Summe darfst du entweder komplett oder nur zu einem Teil entnehmen, um sie für die Tilgung deines Darlehens zu nutzen. Allerdings nicht jeden beliebigen Betrag. Die Teilentnahme muss mindestens 3.000 Euro betragen, gleichzeitig müssen aber 3.000 Euro im Riester-Vertrag verbleiben. Die Verbraucherzentrale hat hierzu ein schönes Rechenbeispiel: Beläuft sich das Kapital im Riester-Vertrag auf 10.000 Euro, darfst du es komplett entnehmen, entscheidest du dich aber für eine Teilentnahme, muss der Betrag zwischen 3.000 und 7.000 Euro liegen. Bei einem Kapital von 5.000 Euro kommt hingegen nur eine Komplettentnahme in Betracht, da bei einer Teilentnahme von mindestens 3.000 Euro nur 2.000 Euro übrig blieben, was zu wenig wäre.[73]

Wir können uns weitere Details sparen, denn du ahnst es bestimmt schon: Ich rate dir vom Wohn-Riestern ab. Grundlage hierfür ist ein Riester-Vertrag mit seinen viel zu hohen und undurchsichtigen Kosten. Das macht auch das Wohn-Riestern zu teuer. Außerdem legst du dir mit dem unflexiblen Konstrukt eine Kette ans Bein. Denn falls du das Haus zwischenzeitlich verkaufen willst, hast du eine Steuerlast zu tragen; der Gesetzgeber spricht hier von einer *förderschädlichen* Verwendung. Und auch ohne Verkauf hast du in der Rentenphase eine fiktive Leistung zu versteuern, das wird in Beratungsgesprächen oft verschwiegen. Daher: Lass das Wohn-Riestern bleiben!

***

Wer das Eigenheim als »Anlageklasse« zu Ende denkt, kommt zu dem ernüchternden Ergebnis: Aus finanzieller Sicht gibt es Besseres. Das Klumpenrisiko und die Zinslast sind hoch, der Steuervorteil gering. Das Eigenheim ist teurer Luxus, den wir uns bewusst leisten müssen und wollen, mit allen Konsequenzen. Mal abgesehen davon, dass es uns an einen Standort bindet – es ist eben *immobil*. Eine selbstgenutzte Immobilie raubt uns die Freiheit, ein neues Jobangebot in einer anderen Region anzunehmen; zumindest sind damit Schwierigkeiten verbunden, etwa der Verkauf in einer ungünstigen Marktphase. Auch Immobilienpreise schwanken, wenn auch geringer als Aktienkurse, das wird oft vergessen. Und leider müssen Eigenheimbesitzer das von der Bank geliehene Geld aus eigener Tasche zurückzahlen. Bei einer vermieteten Immobilie zahlt der Mieter den Kredit ab, dadurch ergibt sich für Vermieter ein Liquiditätsvorteil.

Die Vorteile des Eigenheims dürften auf der Hand liegen. Wir haben mehr Gestaltungsfreiraum als ein Mieter und genießen, selbst wenn das Haus noch der Bank gehört, ein breites Ansehen. Eben weil viele davon träumen, in der eigenen Immobilie zu wohnen, bewundert man uns dafür, diesen Traum realisiert zu haben. Aus diesen Gründen fühlt sich Eigenheimbesitz wunderbar an, solange er uns nicht zu Protagonisten einer finanziellen Tragödie macht. Kurzum: Es ist der Lifestyle, der uns lockt. Außerdem sollten wir den »sozialen Druck« nicht unterschätzen. Wenn alle in deinem Umfeld Eigentum kaufen oder bauen, fragst du dich zwangsläufig: Läuft bei mir etwas falsch oder bei den anderen? Schauen wir uns deshalb die vier Fälle an, in denen dieser Lifestyle aus finanzieller Sicht in Ordnung ist.

1) Deine Eltern verkaufen dir ihr Eigenheim zu einem adäquaten Kaufpreis, weil sie sich »verkleinern« wollen. Das kannst du durchaus in Betracht ziehen. Hier kenne ich einige Fälle, bei denen sich der Kauf gelohnt hat.
2) Du bist kein Kosmopolit, sondern felsenfest mit deiner Heimat verbunden und sicher, dass sich daran nichts ändern wird. Idealerweise bevorzugst du das Hinterland, wo die Preise im Keller sind und du ein Haus für 100.000 bis 200.000 Euro erwerben kannst. Das finanzielle Risiko ist vergleichsweise gering, nur die anstehenden Sanierungskosten solltest du nicht unterschätzen. Falls du dich hier angesprochen fühlst, bist du aber wahrscheinlich

integraler Bestandteil deiner Gemeinde und kennst Hinz und Kunz, die dir mit ihrem Handwerk zu Freundschaftspreisen zur Verfügung stehen.

3) Du hast früh Kinder bekommen und bist derzeit circa 50 Jahre alt. Dein Job ist sicher, dein Einkommen stattlich. Du wirst in den kommenden zwei Jahrzehnten noch richtig was leisten und ordentlich Geld sparen können. Jetzt ein Eigenheim zu einem fairen Preis zu kaufen, kann funktionieren.

4) Du bist ein Schisser. Im Leben würdest du nicht in Aktien investieren, der Kapitalmarkt scheint dir viel zu unsicher! Für dich kommen nur das Sparbuch und ein Tagesgeldkonto infrage. Ist dem so? Dann sage ich ganz ehrlich: Bevor du das Geld auf der Bank liegen lässt und die Inflation ihren Tribut zollt, kaufe dir lieber ein Eigenheim.

Sich in ein Haus zu verlieben, ist gefährlich. Besser die rosarote Brille ab- und die Investorenbrille aufsetzen, bevor man ein Eigenheim kauft. Dadurch vermeidet man einen Schnellschuss. Woran niemand vorbeikommt: sich mit den Zahlen und Fakten zu beschäftigen. Wo liegen die Schwachstellen des Hauses? Was kann man sich wirklich leisten? Man muss die Zahlen nur lang genug quälen, irgendwann sagen sie die Wahrheit. Es hilft, in »Was wäre, wenn?«-Szenarien zu denken. Auch ist es ratsam, sich eine neutrale Meinung einzuholen. Von jemandem, den man für seine Zeit und sein Know-how bezahlt und der Impulse gibt. PS: Das ist weder ein Bankberater noch ein Finanzierungsvermittler.

Mieten und trotzdem vermieten

Ich erinnere mich an ein Gespräch mit einem Investor, der 25 Wohnungen und einige Mehrfamilienhäuser besaß. Führte er ein luxuriöses Leben? Überhaupt nicht. Er fuhr einen Golf und wohnte in einer Mietwohnung von 85 Quadratmetern. Ja, ohne Witz. Obwohl er Multimillionär war, zog er es vor, Mieter zu sein, noch dazu einer, der sich mit vergleichsweise wenig Wohnraum zufrieden gab. Eine Frage brannte mir gewaltig auf den Nägeln: »Warum lebst du bei deiner Vermögenssituation zur Miete?« Sinngemäß war seine Antwort: »Ich wäre doch schön blöd, wenn ich Eigentum selbst bewohnen würde. Weißt du, welchen steuerlichen Vorteil ich mir dadurch entgehen ließe?« Nun mögen Kritiker einwenden, dass der Investor ja mit seinen vermieteten Immobilien bereits einige Steuervorteile genießt. Was juckt ihn da das eine Haus mehr, das er selbst bewohnt und das eben nicht steueroptimiert ist? Ein bisschen Luxus könnte er sich ruhig gönnen, oder? Bestimmt könnte er das. Das ist hier aber nicht der springende Punkt. Bemerkenswert fand ich seine Einstellung, eine Immobilie bloß als Investment zu betrachten, ohne Wenn und Aber.

Mieter zu sein, schließt nicht aus, Vermieter zu sein. An diesem Gedanken scheitern wohl die meisten. Die landläufige Meinung lautet: *Bevor ich mir eine Immobilie zur Vermietung kaufe, kaufe ich erst mal eine, die ich selbst bewohne*. Und dabei bleibt es meistens. Wenn überhaupt, wird das Eigenheim mit einer Einliegerwohnung ausgestattet; doch nicht unbedingt, um sie zu vermieten, sondern eher geleitet von der romantischen Idee, dort einzuziehen, sobald die Kinder das Haus übernommen haben. Ja, solche Mehrgenerationenhäuser gibt es, aber sie sind eher die Seltenheit, will ich meinen.

Welche Vorteile bietet das Vermieterdasein? Allen voran lockt die im Vergleich zu anderen Anlageklassen lukrative Eigenkapitalrendite. In der Regel bringen Vermieter nur einen Bruchteil – vielleicht 10 bis 20 % – des Kaufpreises aus eigenen Mitteln auf, den Rest leihen sie. Eine gute Bonität vorausgesetzt, verlangt die Bank eventuell überhaupt keinen Eigenkapitalanteil (ich kenne sogar Fälle einer 110-%-Finanzierung). Das beweist: Banken vertrauen der Anlageklasse Immobilie, weil sie ihnen mehr Sicherheiten bietet als beispielsweise Aktien. Wer sein Aktiendepot mit Fremdkapital hebeln will, wird bei einem seriösen Kreditinstitut auf Granit beißen. Der Aktienmarkt ist der Bank zu volatil und zu liquide, soll meinen, ein Anleger kann sein Depot binnen Minuten in Geld umwandeln, zu einem guten wie schlechten Kurs. Das erscheint der Bank zu risikoreich, deswegen lehnt sie Darlehen für Aktien ab oder gewährt sie nur zu horrenden Zinssätzen, die auf das bei der Bank geführte Depot anfallen. Bei einer Immobilie lässt sich die Bank hingegen mit ins Grundbuch eintragen. Wirst du als Kreditnehmer säumig, ist das für die Bank zwar ärgerlich, aber sie hat bei diesem Vertragsbruch das Recht, deine Immobilie zu versteigern, um ihr Darlehen zurückzuerhalten. Und auch wenn du nicht in finanzielle Schieflage gerätst, sondern deine Immobilie einfach so verkaufen möchtest, musst du vom Kaufpreis als Erstes die Bank bedienen. Insofern ist es recht simpel, eine Immobilienfinanzierung zu bekommen – eine solide Bonität vorausgesetzt.

Jetzt hast du Schulden. Eine rote sechs- oder siebenstellige Zahl grinst dir jedes Mal entgegen, sobald du dich in dein Bankkonto einloggst. Schulden sind schlecht, oder? Konsumschulden schon. Etwa für ein Auto, eine Reise oder ein Sofa. Bei Immobilienschulden ist das anders. Während du den Konsumkredit für den Thailandurlaub noch monatelang später an der Backe hast, obwohl du den »Wert« längst verkonsumiert hast, steht einem Immobiliendarlehen ein substanzieller Wert gegenüber, der in soliden Lagen langfristig zumindest mit der Inflation steigt. Auf der anderen Seite tilgst du – oder besser gesagt dein Mieter – jeden Monat einen Teil, sodass die Schulden sinken. Das entstehende Delta ist dein Vermögenszuwachs. Ich erinnere mich an einen Termin mit einem Kunden, der früher einmal 6,4 Millionen Euro Immobilienschulden hatte. Manche mögen die Hände über dem Kopf zusammenschlagen. Seine Restschuld beträgt heute aber nur noch 1,3 Millionen Euro. Jedes Jahr freut er sich über 400.000 Euro Mieteinnahmen. Noch dazu erweist ihm die Inflation einen Freundschaftsdienst, indem sie am Realwert seiner Schulden nagt. Denn was für positive Guthaben gilt, gilt logischerweise auch für »negative Guthaben«, nur mit umgekehrtem Vorzeichen.

Einen anderen Vorteil von vermieteten Immobilien hat der eingangs erwähnte Investor genannt: Vermieter sparen Steuern. Wie machen sie das? Indem sie sämtliche Kosten steuerlich geltend machen. Das fängt schon mit den Zinsen an. Während Eigenheimbesitzer diese Option nicht haben, geben Vermieter ihre Zinskosten als Ausgabe in der Einkommensteuererklärung an. Deswegen verstehe ich auch nicht, wieso manche Investoren mit der Bank um das letzte Zehntelprozent schachern. Das Finanzamt beteiligt sich doch an den Zinsen! Nehmen wir an, die Bank gewährt dir ein Darlehen zu 4 % und dein Steuersatz beträgt 25 %. Dann übernimmt das Finanzamt 1 % des Zinssatzes. Fast 2 % sind es, falls bei dir der Höchststeuersatz von 47 % greift. Außerdem zahlt streng genommen der Mieter die Zinsen. Zumindest, wenn sich die Immobilie »selbst trägt«, das heißt die Miete die Kreditrate und die nicht umlagefähigen Kosten deckt, ihr Cashflow also mindestens null ist.

Demnach: Anstatt nach einer Bank zu suchen, die dir den günstigsten Zinssatz bietet, würde ich lieber nach einem verlässlichen Partner Ausschau halten, der dich bei deinen Immobilienprojekten begleitet. Wie gut die Partnerschaft ist, stellt sich zum Beispiel heraus, sollte der Tag X kommen und du ein zusätzliches Darlehen für eine größere Sanierung benötigen. Ein Leitsatz in meiner Beratung lautet: *Konzept schlägt Kondition*. Ein auf den ersten Blick teureres Darlehen kann bei richtiger Gestaltung sogar günstiger sein.

Neben den Zinsen senken auch *Abschreibungen* die Steuerlast. Wieder ein Vorteil, den Vermieter gegenüber Eigenheimbesitzern genießen. Abschreibungen, genauer gesagt *Absetzung für Abnutzung (AfA)*, betreffen das Gebäude selbst, nicht aber das Grundstück. Somit unterstellt das Finanzamt, ein Grundstück nutze sich nicht ab, sondern nur das Gebäude, das darauf steht. Wie hoch der Gebäudeanteil einer Immobilie ist, ist Ermessenssache. Grundsätzlich gilt: Je größer das Grundstück und je kleiner das darauf befindliche Gebäude, desto niedriger der Gebäudeanteil. Wirst du nicht vorher aktiv, schätzt das Finanzamt den Gebäudeanteil im Rahmen jener Steuererklärung, in der die Immobilie erstmals auftaucht. Die Finanzbehörden haben ihre eigenen Vorgaben. Nur werden diese zu deinen Gunsten ausfallen? Die Frage kannst du dir sicherlich selbst beantworten. Am besten ist, du kommst dem Finanzamt zuvor und trägst Sorge, dass der Kaufpreis im Kaufvertrag in einen Grundstücks- und einen Gebäudeanteil aufgeteilt wird.

Unterstellen wir ein Verhältnis von 80 zu 20: Welche Steuerersparnis ergäbe sich daraus? Bei einer Immobilie mit einem Kaufpreis von 500.000 Euro entfielen 100.000 Euro auf das Grundstück, 400.000 Euro auf das Gebäude. Diese 400.000 Euro darfst du über 50 Jahre* abschreiben, was einer jährlichen Abschreibung von 8.000 Euro entspricht, die dir von deinen steuerpflichtigen Einkünften abgezogen werden. Bei einem Steuersatz von 42 % ergibt das eine Steuerersparnis von 3.360 Euro. Ganz nett, aber das geht noch besser. Zwar sparen alle Immobilieninvestoren Steuern, doch nur die wenigsten reizen ihre Möglichkeiten aus. Ihr Fehler ist, dass sie sich mit einer Restnutzungsdauer von 50 Jahren zufriedengeben.

Vor einiger Zeit habe ich eine Eigentumswohnung in einem alten Objekt gekauft, das die letzten Jahrzehnte wenig saniert wurde. 50 Jahre Restnutzungsdauer erschienen mir wesentlich zu lang. »Das lasse ich so nicht stehen«, sagte ich und gab ein *Restnutzungsgutachten* für 1.300 Euro in Auftrag. Der Sachverständige

* Gebäude, die vor 1925 errichtet wurden, werden über 40 Jahre abgeschrieben.

kam zu dem Schluss, das Haus sei in 13 Jahren abgenutzt. Das sind 37 Jahre weniger als im Normalfall (Denkmalschutzimmobilien ausgeklammert). Das Finanzamt lehnte den Antrag auf Verringerung der Restnutzungsdauer ab. Ich legte Einspruch ein. Das Finanzamt akzeptierte. Damit habe ich meine jährlichen Abschreibungen fast vervierfacht!

Dennoch sollten wir nicht in Versuchung geraten, uns die Immobilie schönzurechnen. Eine Investmentimmobilie muss sich auch ohne Steuerersparnis rechnen. Steuern zu sparen, ist nur die Kirsche auf der Torte, aber nicht annähernd die Torte selbst. Was bringt dir die saftigste Steuerrückerstattung, wenn du für die Immobilie einen viel zu hohen Kaufpreis gezahlt hast? Vorsicht gilt insbesondere bei sogenannten *Vertriebsimmobilien*, neuerdings auch *Kapitalanlageimmobilien* genannt, weil dieser Begriff harmloser klingt. Vertriebsimmobilien hören sich im ersten Moment lukrativ an. Die Anbieter vermitteln dir eine Eigentumswohnung und nehmen dir alles ab: die Finanzierung, die Vermietung, ja sogar die spätere Verwaltung inklusive Renovierungen. »Passives Einkommen« lautet das gängige Verkaufsversprechen. Das stimmt in diesem Fall annähernd, allerdings zahlst du dafür im wahrsten Sinne des Wortes einen Preis. Der Fairness halber sei gesagt, dass es auch seriöse Anbieter im Markt gibt. Diese Anbieter sind jedoch sehr sehr rar gesäht. Nicht selten sind Vertriebsimmobilien 20 bis 30 % teurer als marktübliche Objekte. Vorsichtig solltest du vor allem in den sozialen Medien sein, wo dich Immobilien-Influencer zu Investoren machen wollen.

Formt sich bei dir der Gedanke, eine Immobilie zur Vermietung zu kaufen, wirst du nicht umhinkommen, dich eingehend mit der Anlageklasse und dem Markt zu befassen, Objekte zu besichtigen sowie Kontakte zu Maklern und Bankern zu knüpfen. Was es dabei zu beachten gilt, dazu gibt es haufenweise Bücher auf dem Markt. An dieser Stelle möchte ich dir nur raten: Stelle sicher, dass die Probleme beherrschbar bleiben. Und was ist die häufigste Ursache für Probleme? Geld. Als Investor musst du dir die Darlehensrate immer noch leisten können, falls der Mieter mal nicht zahlt oder du einen Leerstand hast. Oder wenn du von einer Sonderumlage überrascht wirst, so wie ich. Ich besitze fünf Wohnungen in einem Komplex, der gerade ein paar Herausforderungen hat. Die Geschäftsführung der Hausverwaltung hatte Gelder des Rücklagenkontos in eine Anleihe investiert, obwohl sie dazu nicht bevollmächtigt war. Die Anleihe fiel aus, woraufhin die Eigentümergemeinschaft den Verlust erlitt. Nun fehlte es an Geld, um laufende Kosten zu decken und einen Teil der laufenden Reparaturen und Instandhaltungen zu bezahlen. Konkret heißt das: Es führte zu einer Sonderumlage von 8.000 Euro. Diese Summe musste ich mal eben aus Eigenkapital nachschießen. Hätte ich das Geld nicht gehabt, wäre das zu einem Problem geworden.

Nun kann man 8.000 Euro wohl in vielen Fällen noch irgendwo auftreiben, doch dabei bleibt es ja nicht. Bei der Einbauküche, die du mit dem Kauf übernommen hast, funktioniert plötzlich der Backofen nicht mehr. Der Schlauch an der Duscharmatur ist porös. Der FI-Schalter fällt aus und muss getauscht werden. Solche Arbeiten kosten nicht die Welt, sie summieren sich aber schnell auf, erst recht, wenn du nicht nur eine, sondern mehrere Immobilien besitzt. Aber vor allem kosten dich Immobilien Verwaltungsaufwand (abgesehen von Vertriebsimmobilien). Diese Abstriche gehören eben zum Investment. Ich würde mir immer die Frage stellen: Willst du besitzen oder verwalten? Die meisten wollen besitzen, also *haben*, aber sie wollen eigentlich nicht verwalten.

Deswegen lautet mein Fazit: Eine vermietete Immobilie kann sinnvoll sein, aber sie ist aus meiner Sicht nicht alternativlos, wie es vielerorts behauptet wird. Ich denke, du hast herausgelesen, dass ich grundsätzlich ein Fürsprecher von vermieteten Immobilien bin. Genauso wie die Risiken werden auch die Chancen dieser Anlageklasse unterschätzt. Der Hebeleffekt ist phänomenal, und derzeit besteht immer noch die Möglichkeit, sie nach zehn Jahren steuerfrei zu veräußern. Das kann nach ein paar Jahrzehnten zu einem hübschen Vermögen führen. Doch was, wenn das Konzept Immobilie einfach nicht zu deinem Typ passt? Wenn du dich gar nicht um die Verwaltung kümmern möchtest? Oder wenn du von Natur aus der »Ich muss schnell aus den Schulden raus!«-Typ bist, dem jede rote Zahl Bauchschmerzen bereitet und der deshalb die größtmögliche Tilgung wählt, die ihm seiner Liquidität beraubt? Dann sind Immobilien eben nicht das Richtige für dich, und das ist okay, es gibt schließlich Alternativen.

Aktien, Anleihen oder Fonds?

Im Jahr 2024 gab es hierzulande 12,1 Millionen Aktionäre. Sie legten ihr Geld entweder direkt in Einzelwerte oder indirekt in Aktienfonds oder ETFs an, ergab eine Erhebung des *Deutschen Aktieninstituts (DAI)*.[74] Blenden wir die Aktienfonds und ETFs in der Betrachtung jedoch aus, bleiben noch 4,18 Millionen »echte« Aktionäre übrig.[75] Offensichtlich ziehen wir Fonds den Einzelwerten vor. Warum ist das so? Nur die wenigsten befassen sich eingehend mit ihrer Geldanlage, die meisten vertrauen auf die Empfehlung ihres Finanzberaters. Und was empfiehlt der? Fonds. In der Regel wird er seine Kunden nicht dazu ermutigen, einzelne Aktien zu kaufen, allein schon deshalb, weil dafür eine entsprechende Zulassung nötig wäre, über die der Finanzberater meistens nicht verfügt. Ist das jetzt eine gute oder schlechte Nachricht? Das können wir so und so sehen.

Auf der einen Seite wäre es natürlich schön, würden sich mehr Menschen persönlich mit ihren Finanzen beschäftigen und nicht blindlings ihrem Finanzberater vertrauen – und ich hoffe, dass dieses Werk seinen Beitrag dazu leistet. Auf der anderen Seite haben Fonds durchaus ihre Vorzüge. Von daher befürworte ich zwar, dass die Aktionärsquote insgesamt steigt, das Verhältnis zwischen Einzelwerten und Fonds darf aber gern so bleiben. Warum ich das so sehe, will ich gern erläutern.

Einzelaktien

Was wäre der Gau für jeden Anleger? Ein Totalverlust. Und der kann bei Einzelaktien schneller eintreten, als uns lieb ist. Am prominentesten in Deutschland ist wohl der Fall *Wirecard*, hat er uns doch gezeigt, wie Aktionäre auf einen Schlag ihr Geld verlieren können. An sich wäre das ja zu verschmerzen, nur neigen wir leider dazu, zu viel Kapital in zu wenige Aktien zu investieren. Unsere Streuung ist grausig. Wie sollte es auch anders sein? Um nach dem Totalverlust eines Einzelwertes keinen herben Renditeeinbruch zu erfahren, müssten wir schon mindestens 100, besser 200 oder 300 Aktien in unserem Depot haben, wohlgemerkt aus unterschiedlichen Ländern und Branchen. Sie herauszupicken bedeutet Arbeit. Und Zeit. Zeit, die ein Amateur-Anleger vermutlich nicht aufbringen will oder kann.

Dass wir uns richtig verstehen: Ich kenne durchaus einige Investoren, die Erfolg mit Einzelaktien haben. Sie sind allerdings weit davon entfernt, Amateure zu sein. Laufend bewerten sie die Unternehmen, führen Fundamentalanalysen durch und stellen sich die Fragen: Wie hat sich der Gewinn in den vergangenen Jahren entwickelt? Der Umsatz? Der Cashflow? Ist das Management solide? Hat das Unternehmen eine Perspektive? Verfügt es über Patente, die ihm einen Wettbewerbsvorteil verschaffen? Basierend darauf entscheiden die Investoren, ob sie einsteigen, halten, nachkaufen oder aussteigen.

Solche Überlegungen kosten Zeit. Eine Bilanzfälschung, wie sie bei *Wirecard* der Fall war, ist natürlich nahezu unmöglich vorherzusagen, aber zumindest hilft ihnen die sorgfältige Recherche dabei, frühzeitig Trends zu erkennen. *Blackberry* verschwand nicht von jetzt auf gleich vom Markt. Wachsamen Anlegern entging nicht der Fehler, bei der Tastatur zu bleiben, mit der sich hervorragend E-Mails schreiben ließen. Das Management nahm an, ihre Zielgruppe – die »Businesskunden« – würde die

Tastatur weiterhin zu schätzen wissen und den Touchscreen des Konkurrenten mit dem angebissenen Apfel schmähen. Was haben sie sich doch geirrt!

Mit meiner Lizenz darf ich zu offenen Investmentfonds beraten und sie vermitteln, Einzelaktien aber nicht. Und das ist mir recht. Denn wie möchte ich sicherstellen, dass ich alle Informationen verarbeitet habe, um eine belastbare Anlageempfehlung für oder gegen ein Unternehmen geben zu können? Außerdem verleiten Einzelaktien wegen ihrer meist größeren Schwankungen eher zum Kauf oder Verkauf, und wir sind anfälliger für »Gamification«, zu der uns insbesondere Neobroker animieren.

Trotzdem will ich diese Anlagestrategie nicht verteufeln. Zwar bergen Einzelwerte ein hohes Risiko, und doch kann es vernünftig sein, in sie zu investieren. Wie passt das zusammen? Morgan Housel, Autor des *New-York-Times*-Bestsellers *Über die Psychologie des Geldes*, drückt es wie folgt aus: »Daytrading und Stockpicking sind für die meisten Anleger nicht rational – wahrscheinlich zahlen sie dabei drauf. Wenn diese Tätigkeiten aber ein Bedürfnis des Investors so weit befriedigen, dass er den Rest seines diversifizierteren Portfolios in Ruhe lässt, sind sie (in kleinen Dosen) vernünftig.«[76] Anders formuliert: Die Anlagestrategie muss zu unserem Typ passen, und irrationale Handlungen gehören für uns menschliche Wesen nun einmal dazu. Allerdings hat es Housel auf den Punkt gebracht: Die Dosis entscheidet. Das Wichtigste für einen soliden Vermögensaufbau ist eine breite Streuung. Je breiter, desto besser, lautet meine Devise. Und dafür eignen sich Fonds besser als Einzelwerte, erst recht für Anleger mit wenig Erfahrung.

Aktienfonds

Du willst 10.000 Euro in 100 verschiedene Aktienunternehmen investieren. Wäre das machbar? Theoretisch ja. Unter der Annahme, dass der durchschnittliche Börsenkurs bei 50 Euro liegt, kannst du von den 100 Aktienunternehmen jeweils 2 Aktien kaufen. Doch so wird es in der Praxis nicht laufen. Die Börsenkurse der 100 Aktien werden unterschiedlich sein, sagen wir, sie liegen zwischen 20 und 500 Euro. Das heißt, bereits eine Aktie zu 500 Euro macht ein Zwanzigstel (500/10.000), also 5 % deines Kapitals aus. In deiner geplanten Streuung sollte sie aber 1 % ausmachen, genau wie jede andere der 100 Aktien. Mit 10.000 Euro ist das unmöglich umsetzbar. Zudem sind die Kosten bei kleinen Volumina verhältnismäßig hoch. Oftmals fällt eine pauschale Ordergebühr von ein paar Euro an, die umso stärker ins Gewicht fällt, je niedriger das Ordervolumen ist. Kaufst du nur eine Aktie zu 20 Euro, macht beispielsweise eine Ordergebühr von 5 Euro 25 % des Aktienkurses aus. Ergo: Diese 25 % muss die Aktie erst steigen (zuzüglich der Verkaufskosten), ehe du in die schwarzen Zahlen kommst.

Die Lösung dafür ist ein Aktienfonds. In einen Aktienfonds zahlen viele Menschen ihr Geld ein, das von einer zentralen Lagerstelle, der Fondsgesellschaft, treuhänderisch verwaltet wird. Sie setzt den Fonds auf und entscheidet, auf welche Aktien der Gesamtbetrag verteilt wird. Eine individuelle Zusammenstellung von Aktien kommt dabei ebenso infrage wie das »Nachbilden« eines ganzen Index, zum Beispiel des *DAX* oder *Dow Jones*. Im Gegensatz zu Einzelaktien kaufst du keine Anteile des Aktienunternehmens, sondern Anteile des Fonds. Die Vorteile liegen auf der Hand: Schon mit 10.000 Euro ist eine breite Streuung über zig Sektoren und viele Länder möglich, häufig investierst du in Hunderte, manchmal auch Tausende Aktienunternehmen gleichzeitig. Dadurch sinkt das Risiko, mit deinem Geld Schiffbruch zu erleiden. Außerdem spricht für Fonds, dass du Veränderungen effektiv mitnimmst. Das Fondsmanagement gewichtet die Verteilung der Aktien regelmäßig neu, um beispielsweise einer Bündelung auf einem Markt entgegenzuwirken. Welche Nachteile dieses »Rebalancing« mit sich bringt, dazu mehr im Abschnitt »Was bei ETFs übersehen wird«.

Immer wieder werde ich gefragt, was denn passiere, sollte die Fondsgesellschaft oder die Depotbank pleitegehen. Ob das Geld dann weg sei. Stell dir ein riesiges Hochregallager vor, randgefüllt mit »Schuhkartons«, die Tausenden von Kunden gehören. Einer davon gehört dir. Im Falle einer Insolvenz ist dein Schuhkarton geschützt, und zwar, weil er *Sondervermögen* darstellt. Heißt im Klartext, die Fondsgesellschaft arbeitet mit einem Zweikontenmodell: Ein Konto besitzt sie selbst, dort verbucht sie ihre Gewinne, zahlt Gehälter und sonstige Kosten. Das zweite Konto ist nur für ihre Kunden gedacht. Geht die Fondsgesellschaft pleite, stellst du beim Insolvenzverwalter einen sogenannten *Aussonderungsantrag*, dem er zustimmen muss. Danach erfolgt ein Depotübertrag von Konto A zu Konto B. Da Insolvenzen Chaos verursachen, kann das eine Weile dauern, aber ich versichere dir, du wirst keinen einzigen Anteil verlieren. Ärgerlich ist der Fall natürlich trotzdem, denn nun musst du dein Geld anderweitig investieren, schließlich soll es für dich arbeiten.

Heutzutage sind Aktien und Aktienfonds in aller Munde. Eine weitere Anlageklasse scheint jedoch mehr und mehr in Vergessenheit zu geraten.

Anleihen

Als Aktionär bist du direkt am Sachwert eines Unternehmens beteiligt – an Produkten, Patenten, Maschinen, ja selbst am Grundstück. Dir gehört ein Teil des Aktienunternehmens. Warum geben Unternehmen Aktien aus? Weil sie einst Eigenkapital benötigten. Dasselbe Unternehmen kann aber ebenso gut mithilfe einer Anleihe (Schuldverschreibung) Geld einsammeln, nur handelt es sich dabei nicht um Eigen-, sondern Fremdkapital. Als Käufer einer Unternehmensanleihe bist du Kreditgeber wie eine Bank, im Gegenzug gewährt dir das Unternehmen einen festen Zins (Coupon). Die Laufzeit (Duration) ist unterschiedlich und bewegt sich zwischen einem und dutzenden Jahren. Über diese Laufzeit garantiert dir das Unternehmen den Zins, egal, wie gut oder schlecht es ihm geht. Das ist ein Vorteil gegenüber Aktien, da Aktionäre kein Anrecht auf eine Gewinnausschüttung haben. Wird Gewinn ausgeschüttet, erhalten sie natürlich ihren Anteil, aber niemand garantiert ihnen, dass ausgeschüttet wird, da es eben von der wirtschaftlichen Situation des Unternehmens abhängt. Das Ziel dabei ist, die Geldmenge im Markt zu steuern. In der Regel sprechen wir hier eher von „steuern" als von „kontrollieren", da es um eine gezielte Steuerung der Geldmenge geht, und nicht um eine komplette Kontrolle.

Hierzu ein Beispiel: Der 30-jährige Sebastian kauft eine Anleihe mit einer Restlaufzeit von 15 Jahren. Mit 45 erhält er sein Kapital zurück, weit vor seinem Rentenbeginn. Er hat nun die Möglichkeit, das zurückerhaltene Geld neu zu investieren. Was aber, falls Sebastian im Alter von 55 Jahren eine Anleihe mit einer Restlaufzeit von 15 Jahren kaufen würde? Das wäre ein Problem, falls Sebastian bei Renteneintritt Zugriff auf sein Kapital haben wollte. Es ist zwar unüblich, dass Privatpersonen einzelne Anleihen kaufen, solltest du es dennoch erwägen, sei dir über folgende Punkte im Klaren:

1) Eine Anleihe ist zinsanfällig. Steigt der Zins, fällt ihr Kurs und umgekehrt. Stelle es dir wie eine Wippe vor: Links sitzt der Zins, rechts der Kurs – gleichzeitig können sie niemals oben sein.
2) Je länger die Restlaufzeit, desto sensibler reagiert die Anleihe auf Zinsveränderungen am Markt.
3) Vorsicht bei Schrottanleihen, auch Junk Bonds oder Hochzinsanleihen genannt. Jede Anleihe hat ein Rating (AAA, AA, A, BBB, BB usw.) Je niedriger dieses Rating ist, desto höher ist ihr Kreditausfallrisiko. Meide alles unter BBB.

Grundsätzlich gehören Anleihen in ein gut diversifiziertes Portfolio. Im Vergleich zu Aktien sind sie weniger schwankungsanfällig, doch das hat seinen Preis: eine geringere Rendite. Durch das Mischen von Aktien und Anleihen büßt du an Gesamtrendite ein. Dafür sicherst du allerdings deine volatileren Aktien ab. Entscheidend ist letztlich die Balance. Sie hängt von deinem

Renditeziel und deiner Risikobereitschaft ab. Bei Junganlegern beobachte ich, dass Anleihen völlig aus ihrem Fokus geraten sind. Später wollen sie vielleicht in einen sichereren Hafen steuern, das heißt, Aktiengewinne realisieren und in Anleihen umschichten. Einfacher wäre es, von vornherein Anleihen in der Vermögensplanung zu berücksichtigen. Am einfachsten geht das mit Mischfonds.

Mischfonds

Ein Privatanleger kauft üblicherweise keine einzelnen Anleihen, sondern eher Anteile an einem Mischfonds. Der funktioniert nach demselben Prinzip wie ein Aktienfonds, nur dass die Fondsgesellschaft hier das von den Anlegern eingesammelte Geld auf Aktien und Anleihen aufteilt (gegebenenfalls noch auf weitere Anlageklassen wie Rohstoffe oder Immobilien). Der große Vorteil gegenüber einzelnen Anleihen: Die Fondsgesellschaft sortiert regelmäßig »schlechte« Anleihen mit niedrigem Zins aus, indem sie sie durch »gute« Anleihen mit höherem Zins tauscht. Somit wirkt sie Zinsschwankungen entgegen.

Ich persönlich finde Mischfonds sinnvoll im Portfolio, solange man weiß, worauf man sich einlässt. Auf den »inneren Wert« kommt es an, und der ist gar nicht leicht zu erkennen. Da die Auswahl von Mischfonds sich nicht sonderlich von der Auswahl von Aktienfonds unterscheidet, nenne ich die Kriterien bei der Fondsauswahl erst im nächsten Abschnitt.

Vorsicht bei der Fondsauswahl

2013 erhielten die Ökonomen Eugene Fama, Robert J. Shiller und Lars Peter Hansen den Wirtschaftsnobelpreis für ihre Arbeiten zur empirischen Analyse der Märkte. Der *Markteffizienzhypothese* (*Efficient Market Hypothesis – EMH*) zufolge sind in einem Aktienkurs bereits alle Informationen eingepreist, die dem Markt zum aktuellen Zeitpunkt vorliegen.[77] So etwas wie einen Informationsvorteil gibt es folglich nicht. Zumindest nicht, solange die Informationen öffentlich zugänglich sind, sei es nun aufgrund von Medienberichten, Veröffentlichungen des Vorstands oder Mundpropaganda. Der »strengen« Markteffizienzhypothese liegt sogar die Annahme zugrunde, dass selbst Insiderwissen eingepreist sei. Nach ebensolchen Informationen suchen aber aktive Fondsmanager – haben sie überhaupt eine Chance, den Markt zu schlagen?

Die Datenlage ist da recht eindeutig. So misst die Ratingagentur *Standard & Poor's* im Rahmen ihrer *SPIVA*-Forschung (*SPIVA* steht für: S&P Indices Versus Active) seit mehr als 20 Jahren, ob aktiv gemanagte Fonds ihren Vergleichsindex, den *S&P 500* schlagen.[78] Bei einem Betrachtungszeitraum von einem Jahr gelingt das immerhin 34,76 %, also grob einem Drittel. Je länger jedoch der Betrachtungszeitraum, desto schlechter die Aussichten für die aktiven Fonds. Nach 15 Jahren unterliegen 89,5 % ihrem Vergleichsindex. Handelt es sich dabei um ein lokales Phänomen? Wie sieht es in Europa aus? Noch schlechter. Nach einem Jahr bleiben schon 84,41 % hinter ihrem Vergleichsindex *S&P Europe 350* zurück, nach zehn Jahren sogar 92,07 %.

Zu einem etwas besseren Ergebnis gelangt das Finanzinformations- und Analyseunternehmen *Morningstar*. Laut ihres European Active/Passive Barometer 2023 – der 26.000 aktive und passive Fonds umfasst – seien nur 29 % der aktiven Fondsmanager imstande gewesen, »zu überleben und ihre passiven Konkurrenten im Kalenderjahr 2022 zu übertreffen.«[79] Und das ausgerechnet im Jahr 2022, das von steigender Inflation und dem Beginn des Ukrainekrieges geprägt war; eine Extremsituation, von der oft behauptet wird, das aktive Fondsmanagement fände sich darin besser zurecht. Mit Fokus auf Aktienkategorien sah es ähnlich aus. Im Schnitt hätten lediglich 30,5 % der aktiven Fonds in den 43 analysierten Aktienkategorien eine bessere Performance abgeliefert als ihre passiven Konkurrenten. Die beste Erfolgsquote lag bei 50 %, festgestellt in lediglich drei Aktienkategorien.

Das ist eine bittere Bilanz und ein Beleg für das Zutreffen der Markteffizienzhypothese. Es scheint, als grübe das »Researchteam« des aktiv gemanagten Fonds nach tief verborgenen Informationen, die jedoch längst an die Oberfläche gelangt sind, einsehbar für die breite Masse. Und diesen sinnlosen, aber nicht weniger aufwändigen Prozess lassen sich die Fondsgesellschaften selbstverständlich bezahlen. 4 bis 6 % beträgt allein der sogenannte *Ausgabeaufschlag*, der beim Kauf eines Aktienfonds anfällt.

Die rechnerische Basis bildet fast immer die Nettomethode, hierzu ein Beispiel: Ein Fondsanteil steht zu einem *Ausgabepreis* von 100 Euro zum Erwerb. Beträgt der Ausgabeaufschlag nun 5 %, erhalte ich Fondsanteile in Höhe von 95,24 Euro (100/1,05). Wofür die Kosten anfallen? Hiervon bezahlt der Finanzvertrieb oder die Bank ihren Vertriebsmitarbeiter für die erfolgreiche Vermittlung des Fonds. Entscheidest du dich, 100.000 Euro in den Fonds anzulegen, erhält der Vertriebsmitarbeiter somit eine Provision von 4.761,90 Euro, das heißt, 95.238,10 Euro werden investiert.

Doch bei diesen Kosten bleibt es nicht. Als Käufer eines aktiven Fonds hast du mit laufenden Gesamtkosten – auch *Total Expense Ratio (TER)* – von durchschnittlich 1,5 %, in manchen Fällen sogar mit 2,5 % jährlich zu rechnen. Hiermit abgegolten ist in erster Linie die Verwaltung. Einen beträchtlichen Teil kann jedoch auch die sogenannte *Kickbackprovision* ausmachen. Was ist das nun wieder? Nachdem der Vertriebsmitarbeiter zunächst den Ausgabeaufschlag erhalten hat, darf er sich über eine weitere Vergütung freuen: die Kickbackprovision. Für mich kommt sie Schmiergeld gleich, das die Bank oder der Finanzvertrieb seinem Vertriebsmitarbeiter in Aussicht stellt und wonach er schmachten soll. Die Höhe der Kickbackprovision variiert zwischen 0,3 und 1 % des Depotvolumens, jährlich wohlgemerkt. Ausgezahlt bekommt sie der Vertriebsmitarbeiter meist quartalsweise, wobei sich die Auszahlung am Quartalsergebnis orientiert und tagesgenau berechnet wird; entscheidend ist das Depotvolumen zu den Stichtagen 31.03., 30.06., 30.09. und 31.12. Am Rande bemerkt darf ich als Honorar-Finanzanlagenberater nach § 34h GewO solche Renditeminderungen nicht vereinnahmen, erhielte ich sie, müsste ich sie umgehend und ungemindert an meine Kunden auszahlen.

Logischerweise wecken diese hohen Kosten ebenso hohe Erwartungen bei ihren Anlegern, die nur leider selten erfüllt werden, wie eingangs erläutert. Die meisten Anleger bekommen nicht das, was sie sich vorstellen oder was man ihnen verkauft hat. Ich persönlich meide aktiv gemanagte Fonds strikt, sie passen nicht zu meiner Anlagestrategie. Trotzdem gestehe ich mir ein, dass sie in manchen Fällen sinnvoll sein können.

Zum Beispiel habe ich Kunden, die noch in aktive Fonds investiert sind. Warum ich ihnen nicht dazu geraten habe, sie abzustoßen? Weil sie die Fonds noch vor der Steuerreform 2008 gekauft haben, das heißt, die Erträge sind steuerfrei. In seltenen Fällen ist ein aktiv gemanagter Fonds aber auch heute noch sinnvoll. Je geringer die Marktkapitalisierung der Aktienunternehmen, desto eher lohnt sich anscheinend ein aktiver Fonds. Die Erfolgsquote der Fondsmanager ist bei den »Small Caps« vergleichsweise hoch; immerhin 59 % der US-amerikanischen Small-Cap-Value-Fonds erreichten ihre Benchmark oder übertrafen sie. Den Grund für die bessere Erfolgsquote sehen Branchenkenner in der höheren Marktineffizienz, was zugegebenermaßen ein Stück weit der Markteffizienzhypothese widerspricht.[80]

Mit anderen Worten: Auf einem »nischigen« Markt lohnt sich eher das Graben nach Informationen, die noch nicht an die Oberfläche gelangt sind. Zudem sollte uns klar sein, dass je kleiner und illiquider ein Markt ist, desto geringer ist auch die Chance, einen passiven Fonds zu finden, der sich mit unserem Investmentvorhaben deckt. Wollen wir einen kleinen Teil unseres Vermögens dort investieren, sind wir gezwungen, auf einen aktiven Fonds auszuweichen. Ja, das Risiko ist höher, aber die

Renditeaussichten eben auch, und die könnten die Kosten wettmachen. Trotzdem würde ich nur einen kleinen Vermögensteil einem solchen Risiko aussetzen, maximal 5 %. Ebenfalls erwähnenswert ist, dass aktive Anleihenfonds besser abschnitten als aktive Aktienfonds. »In einem Umfeld steigender Zinsen konnten aktive Anleihemanager Wertpapiere mit kürzerer Duration kaufen und konnten so das Zinsrisiko verringern«, schreibt Morningstar. Was uns wieder zu den im vorherigen Abschnitt erwähnten Mischfonds zurückführt. Kommen wir nun zu den Kriterien der Fondsauswahl:

Kriterien zur Fondsauswahl

1) Ist der Fonds aktiv oder passiv? Behalte die TER (Total Expense Ratio) im Auge, insbesondere wenn du dich für einen aktiven Fonds entscheidest. Für einen passiven Fonds ist alles unter 0,5 % in Ordnung.
2) Hat sich der Fonds bewährt? Viele Fonds verschwinden mit der Zeit vom Markt, entweder weil sie sich nicht als rentabel erwiesen oder das von der Fondsgesellschaft erwartete Volumen nicht erfüllt haben. Je länger der Fonds existiert, desto besser. Zehn Jahre sind ein solider Wert.
3) Wie hoch ist das Fondsvolumen? Für Aktienfonds, die ich Kunden empfehle, liegt die Untergrenze bei 500 Millionen Euro.
4) Ausschüttend oder thesaurierend? »Ausschüttend« ist selbsterklärend, »thesaurierend« bedeutet, dass alle laufenden Erträge und Dividenden reinvestiert werden, was zu einer Kurssteigerung führt. Wie die Fondsgesellschaft es handhabt, ist an der Endung des Fonds ersichtlich. Acc = thesaurierend. Dist = ausschüttend.

Bei deiner Wahl gibt es auch steuerliche Aspekte zu berücksichtigen, mehr dazu im Abschnitt »Der Mythos vom Cost-Average-Effect« ab S. 166.

5) Birgt der Fonds ein Klumpenrisiko? Manche Fonds konzentrieren sich auf Branchen, Sektoren oder Länder. Vereinzelt kann das sinnvoll sein, insgesamt achtest du aber auf ein breit gestreutes Portfolio.

6) Speziell für Mischfonds: In welchem Verhältnis ist der Fonds in Aktien und Anleihen investiert? (Welches Verhältnis das für dich passende ist, hängt von deiner Risikoneigung ab. Manche meiner Kunden setzen auf 40 % Aktien und 60 % Anleihen, andere auf 80 % Aktien und 20 % Anleihen). Schau dir auch die Liste der Aktien und Anleihen genau an. Investiert der Fonds nur in Aktien und Anleihen oder auch in Gold, Platin und andere Edelmetalle? Gold gehört meines Erachtens nicht in einen Fonds, sondern nur physisch in die Hände des Anlegers.

7) Tappe nicht in die Marketingfalle. Manche Fonds werden in den Medien gehypt, andere totgesagt. Triff deine Entscheidung nie aufgrund von (Anti-)Werbung, sondern bilde dir ein eigenes Urteil. Jeder »Renner« wurde irgendwann einmal zum »Penner«.

8) Vorsicht vor dem »Robo-Advisor«. Das ist ein Algorithmus-basiertes System, das automatische Anlagestrategien liefert. Ein weiterer Marketing-Gag, auf den du nicht hereinfallen solltest. Angeblich betreibt der Robo-Advisor für dich aktives Trading und erwirtschaftet die besten Renditen. Mal ehrlich, wie soll das funktionieren? Nachgewiesenermaßen ist der Robo-Advisor nur auf eines programmiert: seinen »Schöpfern« in die Tasche zu wirtschaften.

Was bei ETFs übersehen wird

Der amerikanische Unternehmer John C. Bogle leistete im Jahr 1976 Pionierarbeit. Kurz nachdem er die *Vanguard Group* gegründet hatte, legte er den ersten Indexfonds für Privatanleger auf, den *First Index Investment Trust.*[*] Bogles Idee, seinen Anlegern geringere Kosten und eine breite Diversifikation zu bescheren, stieß nicht überall auf Anklang. Kritiker betitelten sein Verhalten als »unamerikanisch« und als »sicheren Weg in die Mittelmäßigkeit«.[81] Dabei war seine Idee nicht grundsätzlich neu, sondern nur der nächste logische Schritt. Denn bereits 1971 hatten die Herren William Sharpe und Bill Fouse den *Samsonite Pension Fund* ins Leben gerufen, ein Vehikel, das die damals rund 1.500 an der New Yorker Börse gehandelten Aktientitel abzubilden versuchte.

Wenngleich dieser Fonds institutionellen Anlegern vorbehalten war, zeichneten Sharpe und Fouse damit die Blaupause für den heutigen ETF (Exchange Trade Fund), den börsengehandelten Indexfonds.[82] Moment mal. Indexfonds? ETF? Der wesentliche Unterschied zwischen Indexfonds und ETFs wird deutlich, sobald wir sie kaufen wollen. ETFs sind an der Börse frei handelbar, was bedeutet, dass ein Kauf während der Handelszeiten jederzeit möglich ist. Indexfonds hingegen werden außerhalb der Börse gehandelt, und um Anteile zu kaufen, müssen wir uns direkt an den Fondsanbieter wenden. Der Kauf erfolgt dann zum einmal täglich festgestellten Preis (NAV), wie auf der Plattform justETF beschrieben. Beide Fondsarten teilen sich jedoch ihren größten Vorteil: die überschaubaren Kosten, die in der Regel zwischen 0,1 und 0,5 % jährlich liegen.

Das Prinzip dieser beiden passiven Fondsarten ist dasselbe: Sie versuchen einen Aktienindex, zum Beispiel den *S&P 500*, den *Dow Jones* oder den *DAX*, möglichst exakt abzubilden. Damit unterscheiden sie sich von Aktienfonds, die sich nicht starr

[*] Heute heißt der Indexfonds *Vanguard 500 Index Fund*.

an einem Index orientieren, soll heißen, die Fondsgesellschaft trifft nach eigenem Gutdünken eine Aktienauswahl, entweder einmalig oder laufend. Der wesentliche Unterschied zwischen Indexfonds und ETFs wird deutlich, sobald wir versuchen, sie zu kaufen.

ETFs sind an der Börse frei handelbar; während der Handelszeiten ist uns ein Kauf jederzeit möglich. Indexfonds hingegen werden außerbörslich gehandelt, mit unserem Kaufinteresse müssen wir uns direkt an den Fondsanbieter wenden, wo wir den Indexfonds »zum einmal am Tag festgestellten Preis des Vortages« erwerben und zurückgeben dürfen, heißt es auf der Plattform *justETF*.[83] Ihren größten Vorteil teilen sich ETFs und Indexfonds wiederum: die überschaubaren Kosten. Sie liegen irgendwo zwischen 0,1 und 0,5 % jährlich, Kickbacks fallen meines Wissens ebenfalls nirgends an. Und doch lauert in diesem »Indexkuscheln« eine Gefahr, die Finanzautoren, Finfluencer und Podcaster komischerweise selten erwähnen. Lass uns drei der beliebtesten ETFs unter die Lupe nehmen (Stand: Juni 2025):

- Der *iShares Core MSCI World UCITS ETF* hat ein Fondsvolumen von 91,8 Milliarden Euro und enthält 1.352 Aktien aus 23 Industrieländern.[84]
- Der *iShares Core S&P 500 UCITS ETF* hat ein Fondsvolumen von 100,6 Milliarden Euro und besteht aus den 504 (keine Ahnung, warum es 504 und nicht 500 sind!) größten Unternehmen der USA.[85]
- Der *Vanguard FTSE All-World UCITS ETF* hat ein Fondsvolumen von 19,1 Milliarden Euro und setzt sich aus 3.597 Aktien von Industrie- und Schwellenländern zusammen.[86]

Ohne Zweifel zählen diese drei ETFs zu den Flaggschiffen, das wird allein schon an ihrem Fondsvolumen deutlich.* Wer in

* Zum Vergleich: Der größte ETF auf den deutschen Aktienindex, der *iShares Core*

sie investiert, darf von einer breiten Streuung ausgehen, oder? Wie breit diese ETFs wirklich gestreut sind, zeigt die folgende Tabelle. Ich habe mir erlaubt, die jeweils zehn größten Positionen herauszupicken.

Core MSCI World		Core S&P 500		FTSE All-World	
Apple	5,06 %	Apple	7,21 %	Apple	4,25 %
NVIDIA	4,14 %	NVIDIA	5,92 %	Microsoft	3,63 %
Microsoft	3,89 %	Microsoft	5,87 %	NVIDIA	3,59 %
Amazon.com	2,77 %	Amazon.com	3,93 %	Amazon.com	2,45 %
Meta Platforms	2,02 %	Meta Platforms	2,88 %	Meta Platforms	1,80 %
Alphabet, Inc. A	1,39 %	Alphabet, Inc. A	1,98 %	Alphabet, Inc. A	1,23 %
Broadcom	1,23 %	Broadcom	1,86 %	Broadcom	1,12 %
Alphabet, Inc. C	1,20 %	Berkshire Hathaway	1,85 %	Alphabet, Inc. C	1,03 %
Tesla	1,14 %	Alphabet, Inc. C	1,63 %	Tesla	1,00 %
JPMorgan Chase	1,03 %	Tesla	1,58 %	Taiwan Semicon Mfg	0,94 %
Top 10 Anteil:	**23,87 %**	**Top 10 Anteil:**	**34,71 %**	**Top 10 Anteil:**	**21,04 %**

Die zehn größten Positionen dreier beliebter ETFs und ihre Anteile am Fondsvolumen

Dass der *S&P 500* USA-lastig ist, davon war auszugehen, dass es aber bei den beiden anderen vermeintlich breitgestreuten ETFs ebenso ist, überrascht dann doch ein wenig. Damit du die Zahlen einzuordnen weißt: Die zehn größten Positionen des *MSCI World* haben ihren Firmensitz allesamt in den USA und machen 23,87 % des gesamten Fondsvolumens aus (Stand Mai 2025). Investierst du 100.000 Euro in diesen Fonds, kaufst du streng genommen allein für 5.060 Euro Anteile an *Apple*. Zugegeben, der *FTSE All-World* ist breiter gestreut, hier fallen nur 21,04 % des Fondsvolumens auf die zehn größten Positionen, wovon allerdings nur eine nicht in den USA ansässig ist: *Taiwan Semicon Mfg*, der weltweit größte Auftragsfertiger für Halbleiterprodukte.

DAX® UCITS ETF, hat bloß ein Fondsvolumen von 8,3 Milliarden Euro.

Das Klumpenrisiko ist auch hier offensichtlich. Solange die Wirtschaft in den USA floriert, florieren auch die ETFs. Und selbst ungeachtet dieser amerikanischen Überlast sollten wir nicht ignorieren, dass der *MSCI World* eben nicht die Welt, sondern mit seinen 1.398 Positionen gerade einmal 2,9 % der weltweit 47.900 an der Börse gelisteten Unternehmen abbildet.[87] Beim FTSE All-World sind es immerhin 7,6 %.

»Mir doch egal«, magst du denken, »ich will eh nur an den leistungsstärksten Unternehmen beteiligt sein – und die bildet der *MSCI World* doch ab!« Derzeit schon. Aber woher nimmst du die Gewissheit, dass das so bleibt? In der Umsetzung allerdings keine einfache Sache. Denn am Tag des Rebalancings muss die Fondsgesellschaft alle Aktien der Unternehmen verkaufen, die aus dem ETF ausscheiden oder »ausgedünnt« werden sollen. Ebenso muss sie die Aktien der Unternehmen kaufen, die neu in den Index aufgenommen werden sollen. Diese Transaktionen müssen zum aktuellen Marktpreis durchgeführt werden, und es ist nicht zulässig, die Käufe oder Verkäufe über mehrere Tage oder Wochen zu verteilen. Der Grund hierfür liegt in der Macht, die ein milliardenschwerer ETF auf den Markt ausüben kann. Große Käufe und Verkäufe führen zu sogenannten *Market Impact Costs*, zusätzlichen Kosten, die entstehen, weil der ETF durch seine wuchtigen Transaktionen die Kurse beeinflusst.

Das aber wohl am meisten unterschätzte Risiko eines ETF sind die entgangenen Chancen. Dazu muss man wissen: Bevor ein Unternehmen in einen ETF aufgenommen wird, muss es gewisse Kriterien erfüllen. Schauen wir uns ein Beispiel an.

Am 31. Januar 2020 lag der Aktienkurs von *Tesla* bei 43 USD, gemessen an der Marktkapitalisierung war es auf der Liste der größten Unternehmen auf Platz 60. Jedoch erfüllte *Tesla* zu diesem Zeitpunkt nicht die Kriterien, um in den *S&P 500* aufgenommen zu werden. Dafür hätte *Tesla* in vier aufeinanderfolgenden Quartalen Gewinne vorweisen müssen, was nicht der Fall gewesen war. Am 16. November war es dann aber so weit.

Tesla erfüllte die Kriterien, es folgte eine öffentliche Bekanntgabe, das Unternehmen werde künftig im *S&P 500* gelistet sein. Als die Aufnahme vier Wochen später vollzogen wurde, lag der Kurs bereits bei 222 USD – ja, *Tesla* legte in der Zwischenzeit eine enorme Steigerung hin von über 500 %. Inwieweit haben Anleger des *S&P 500* davon profitiert? Gar nicht. Sie haben die Performance verpasst. Einerseits darf man glücklich sein, dass die Zusammenstellung eines ETF nach strengen Regeln erfolgt, andererseits zeigt das Beispiel eben auch die Reaktionsstarre, wegen der wir Rendite liegen lassen.

Jetzt bist du sicher neugierig, was die Alternative ist? Ich werde dir hier leider nicht offenlegen, in welche Aktienfonds ich mit meinen Kunden investiere; die Offenlegung würde dir ohnehin nichts bringen, da die Fonds für Privatinvestoren nicht zugänglich sind. Zudem müsstest du zunächst auch das Anlageprodukt im Detail verstehen, denn es wäre schließlich nicht ratsam, blind meinem Rat zu folgen. Damit würdest du einen der üblichen Anlagefehler begehen, wie in vorherigen Kapiteln beschrieben. Verraten kann ich dir jedoch die grundsätzliche Philosophie.

Der Investmentfonds kommt aus dem institutionellen Bereich und umfasst, je nach Zusammenstellung, 11.500 und mehr Titel – damit wäre dein Portfolio fast viermal so breit gestreut wie der *FTSE All-World*. Substanzwerte sind ebenso berücksichtigt wie unbekannte kleine Unternehmen mit Wachstumspotenzial. Denn wo spielt meistens die Musik? Da, wo es am leisesten ist. Auf die Frage meiner Kunden, welche Rendite sie denn erwarten könnten, lautet meine Antwort: »Die Rendite macht der Markt.« Gäbe ich eine Prognose ab, verspräche ich etwas, was ich weder garantieren könnte noch wollte. Und zöge ich vergangene Renditen als Basis heran, würde ich einen häufigen Fehler machen: die Vergangenheit als Basis für die Zukunft betrachten. Was ich garantieren kann, ist eine kluge Anlagestrategie inklusive eines *Emotionsmanagements*, soll meinen, ich bewahre meine Anleger vor Kurzschlussreaktionen. Aber niemals würde ich konkrete Renditen garantieren. Sie sollte dir auch niemand garantieren, falls es doch passiert, wirst du bitte hellhörig.

Der Mythos vom Cost-Average-Effect

Heute ist dein Glückstag, denn du kommst überraschend an eine größere Menge Geld. Durch Erbschaft oder weil du im Lotto gewinnst. Der Grund ist egal. Viel wichtiger ist: Dein Kontostand ist jetzt sechsstellig. Was fängst du damit an? Ich nehme an, du erfüllst dir zunächst den einen oder anderen Wunsch. Übrig bleiben glatte 100.000 Euro, sagen wir. Die willst du investieren. Doch wie? Alles auf einmal oder nach und nach?

Dein Bankberater, dem dein plötzlicher Geldsegen nicht entgangen ist, hat eine Idee. Er rät, die 100.000 Euro in 36 Monatsraten zu splitten, den Gesamtbetrag also sukzessive zu investieren, und zwar in einen Aktienfonds. Während der drei Jahre werden sich die Kurse sicherlich nicht starr seitwärts bewegen, sondern – wie es auf dem Kapitalmarkt üblich ist – nach oben und unten schwanken. Da die Rate konstant bleibt, kaufst du demnach bei höheren Kursen weniger und bei niedrigen Kursen mehr Fondsanteile. Dieses Prinzip nennt sich *Cost-Average-Effect*, angeblich wirkt es sich förderlich auf die Rendite aus. Doch ist das wirklich so?

Das wollte ich hinterfragen und nachrechnen. Ich habe einen Aktienfonds meines Kunden herangezogen und zwei Zeiträume der Vergangenheit betrachtet (zukünftige Zeiträume kann ich leider nicht einsehen). Die zugrunde liegende Frage: Welche Strategie wird nach drei Jahren den höheren Wertzuwachs versprechen – die Einmalanlage oder der Sparplan?

1) **15.05.2013 – 15.05.2016**
   100.000 Euro verteilt auf 36 Raten ergibt einen monatlichen Betrag von 2.778 Euro. Mit diesem Sparplan hätte man nach drei Jahren einen Wertzuwachs von 7.166 Euro

verzeichnet. Das entspricht einer durchschnittlichen Jahresrendite von 4,84 %. Nicht schlecht. Und was hätte die Einmalanlage eingebracht? Mehr als den dreifachen Wertzuwachs, nämlich 22.529 Euro. Die durchschnittliche Jahresrendite hätte 7,12 % betragen. Zufall? Möglicherweise, spulen wir daher in der Zeit etwas vor.

2) **15.07.2018 – 15.07.2021**
Ein spannender Zeitraum. Du erinnerst dich, wie die Börsen auf die Coronapandemie reagierten? Der *DAX* brach zwischen Februar und März 2020 um 30 %, der *Dow Jones* sogar um 34 % ein. Indem sie das Kapital nach und nach investierten, hätten Anleger also vom Kurssturz profitieren müssen, richtig? Schließlich kauften sie zu dem Zeitpunkt mehr preiswerte Anteile.

Bei einer durchschnittlichen Jahresrendite von 9,03 % hätte der Sparplan einen Wertzuwachs von 30.768 Euro versprochen. Das ist ordentlich. Doch auch hier wäre die Einmalanlage lohnenswerter gewesen, wir hätten mit einem Wertzuwachs von 35.843 Euro rechnen dürfen, also einer durchschnittlichen Jahresrendite von 10,86 %. In beiden Zeiträumen stellte sich die Einmalanlage als klarer Sieger gegenüber dem Sparplan heraus.

Natürlich ist bei solchen Analysen die Wahl des Zeitraums entscheidend. Die Einmalanlage hat bei diesen beiden Beispielen vor allem wegen ihrer »Kapitalmasse« und des relativ kurzen Anlagezeitraums zu einem besseren Ergebnis geführt. Sind die 100.000 Euro erst einmal angelegt, arbeiten sie für dich. Falls du sie nicht auf einmal investierst, bezahlst du für dein Zurückhalten mit Opportunitätskosten; denn nachdem die erste Rate von 2.778 Euro investiert ist, bleiben von deinen 100.000 Euro immer noch 97.222 Euro übrig, die brachliegen. Aber wie sieht es aus, wenn wir die Anlagedauer auf fünf, sieben oder zehn Jahre verlängern? Schauen wir doch mal.

3) **01.04.2015 bis 01.04.2020**

Sparplan: 1.666 €/Monat	Einmalanlage: 100.000 €
Wertverlust: -8.413 €	Wertverlust: -3.526 €
Jahresrendite: -3,48 %	Jahresrendite: -0,72 %

4) **01.04.2015 bis 01.04.2022**

Sparplan: 1.190 €/Monat	Einmalanlage: 100.000 €
Wertzuwachs: 50.768 €	Wertzuwachs: 69.862 €
Jahresrendite: 11,60 %	Jahresrendite: 7,90 %

5) **01.04.2015 bis 01.04.2025**

Sparplan: 833 €/Monat	Einmalanlage: 100.000 €
Wertzuwachs: 58.199 €	Wertzuwachs: 99.890 €
Jahresrendite: 8,91 %	Jahresrendite: 7,19 %

Auch in diesen drei Zeiträumen wäre es wesentlich besser gelaufen, hättest du die 100.000 Euro sofort investierst. Obwohl die Jahresrendite der Einmalanlage in den Fällen 4) und 5) geringer ist als die des Sparplans war, fiel der Wertzuwachs höher aus. Das liegt daran, dass du mit den investierten 100.000 Euro von 2015 bis 2020 die Kraft des Marktes mitgenommen hättest; im selben Zeitraum hätte im Sparplan eine geringere »Kapitalmasse« für dich gearbeitet. Demnach: Wenn du eine größere Summe Geld hast, die zum Investieren gedacht ist, dann solltest du sie auch investieren. Umgehend. Das ist die Kernbotschaft, die uns die Beispiele vermitteln.

Einen großen Beitrag auf einmal zu investieren, fällt uns jedoch oftmals schwer. Zu groß ist die Angst vor Kursschwankungen, das merke ich immer wieder in meinen Seminaren. Auf meine Frage »Wie stark dürften eure angelegten 10.000 Euro maximal schwanken, sodass ihr nicht in Panik verfallt?« lautet die Antwort meist »20 bis 30 %«. Ich bohre nach: »Und bei einem Depotvolumen von 100.000 Euro? Oder einer Million Euro?« Nachdenkliches Schweigen. »Vielleicht 5 %«, sagt dann einer. Soso, große Depotvolumina sollen also weniger schwanken. Wieso die Teilnehmer zaghaft werden, ist offensichtlich: Sie wollen nicht zusehen, wie ihr fiktives 1-Million-Depot um 200.000 Euro nach unten rauscht. 2.000 Euro (20 % von 10.000 Euro) sind hingegen akzeptabel. Merke: Ob der Kurseinbruch nun 2.000 oder 200.000 Euro beträgt, spielt keine Rolle, entscheidend ist allein die prozentuale Veränderung. Und mit dem Gedanken, dass unser Depot zeitweise mal 20, 30, wenn nicht gar 40 oder 50 % an Wert einbüßen wird, müssen wir uns wohl anfreunden.

Im Übrigen ist die Frage »Sparplan oder Einmalanlage?« schon vom Grundsatz her falsch. Wir sollten das *Entweder-oder* gegen ein *Sowohl-als-auch* tauschen. Eine größere Summe investieren wir sofort, parallel lassen wir einen Sparplan laufen, der von unserem Einkommen gespeist wird. Das ist eine starke Kombination. Nur kommt in diesen Genuss leider nicht jeder. Manchen von uns steht keine (größere) Summe zum unmittelbaren Investieren zur Verfügung. Ihnen bleibt nichts anderes, als alles auf den Sparplan zu setzen. Das kann genauso gut funktionieren, solange die Sparrate hoch genug gewählt ist, um das Vermögensziel zu erreichen. Wie du siehst, führt so oder so kein Weg am Sparplan vorbei. Lass uns deshalb noch auf ein paar abschließende Fragen zu sprechen kommen, die mir meine Kunden immer wieder stellen.

Kann ich den Sparplan aussetzen?

Klar geht das. Dennoch solltest du es nicht tun. Die Frage ist doch, was dich veranlassen könnte, ihn auszusetzen. Bitte komme nicht auf die Idee, bei fallenden Kursen mehr zu investieren und bei steigenden weniger. Das wäre nichts weiter als eine Spekulation auf die Zukunft und eine Abweichung von deiner seinerzeit (hoffentlich) ausgewählten Strategie. Selbst inmitten einer Krise würde ich dir mindestens aus drei Gründen davon abraten, etwas am Sparplan zu ändern:

1) Du glaubst, einen Informationsvorsprung zu haben und zu wissen, wie sich Kurse entwickeln werden.
2) Erlebt der Markt einen Aufschwung, lässt du womöglich Potenzial liegen, weil du es nicht rechtzeitig erkennst.

3) Setzt du den Sparplan aus, ist das Kapital für andere Sachen verfügbar. Schlimmstenfalls konsumierst du mehr, statt zu sparen. Du brichst mit deiner Routine.

Zieh den Sparplan durch, komme, was wolle! Allenfalls reduzierst du ihn in Zeiten finanzieller Dürre auf einen niedrigeren Betrag, ganz aussetzen würde ich ihn nie.

Wie hoch sollten die Gebühren sein?
Im Idealfall ist dein Sparplan kostenfrei oder er hat geringe Transaktionsgebühren von 0,2 bis 0,3 %.

Was ist besser: ausschüttend oder thesaurierend?
Zur Erinnerung: Wie die Fondsgesellschaft es handhabt, erkennst du an der Endung des Fonds: »Acc« für thesaurierend. »Dist« für ausschüttend. Wie du dich entscheidest, ist eine Typfrage, es gibt aber ein paar Dinge, über die du dir vorab im Klaren sein solltest. »Thesaurierend« bedeutet, dass alle Erträge und Dividenden fortlaufend in den Fonds reinvestiert werden; entsprechend steigt der Kurs.

Ausschüttungen unterliegen immer der Abgeltungssteuer. 25 % zuzüglich Solidaritätszuschlag und Kirchensteuer macht in Summe etwa 27 %. Die Ausschüttung landet auf dem Verrechnungskonto, das du bei deiner Depotbank hast. Gerade bei kleineren Beträgen ergibt die ausschüttende Variante wenig Sinn. Denn du brauchst die 30 Euro im Quartal nicht wirklich. Es ist zu wenig, um damit größere Anschaffungen zu tätigen, zum Reinvestieren reicht es ebenfalls nicht, denn einige Depotbanken haben eine Mindestgröße für einen Orderauftrag. 95 % meiner Kunden thesaurieren. Bei jenen 5 %, die sich ihre Erträge ausschütten lassen, ist das Vermögen hoch genug, dass sich die Ausschüttung lohnt. Sie finanzieren damit ihre Lebenshaltung, ihren Urlaub oder sonst einen Spaß. Das hat seine Vorteile, wird aber nur auf die wenigsten Anleger zutreffen. Insofern bin ich ein Befürworter des Thesaurierens.

Wie werden Fondsanteile beim Verkauf besteuert?

Allen voran solltest du wissen, dass auch ein thesaurierender Fonds ausschüttend sein kann, nämlich indem du die Ausschüttung selbst in die Hand nimmst, also von Zeit zu Zeit Anteile verkaufst. Einziger Haken an der Sache: Das FiFo-Prinzip (First in First out). Heißt im Klartext, die ältesten Anteile werden zuerst verkauft, und das hat steuerliche Auswirkungen. Zahlst du laufend in einen Fonds-Sparplan ein, kaufst du die Fondsanteile zu unterschiedlichen Kursen. Irgendwann wird dir das kaum noch auffallen. In deinem Depot siehst du den Gesamtwert und den Durchschnittspreis (Buy in), zu dem du die Anteile erworben hast. Verkaufst du nun Anteile, gehst du womöglich davon aus, die Besteuerung ergäbe sich aus dem aktuellen Kurs abzüglich des Durchschnittspreises. Doch das ist nicht der Fall. Entscheidend ist der exakte Kurs, zu dem du den jeweiligen Anteil gekauft hast. Da die Kurse sich langfristig (hoffentlich) nach oben bewegen, du die ältesten Anteile aber zuerst verkaufen musst, entsteht eine unschöne Differenz, auf die Abgeltungssteuer anfällt. Hierzu ein Rechenbeispiel:

Am 01.01.2025 kaufst du 100 Fondsanteile zu 30 Euro (3.000 Euro). Am 01.06.2025 kaufst weitere 100 Anteile, dieses Mal zu 50 Euro (5.000 Euro). Der Durchschnittspreis beträgt 40 Euro. Du hast Glück, ein halbes Jahr später liegt der Kurs bei 100 Euro pro Fondsanteil. Du stößt 100 Fondsanteile ab. Wie hoch ist der Gewinn pro Fondsanteil, auf den Steuern anfallen? 100–30 (nicht 40) = 70 Euro. Bei Einmalanlagen ist die Besteuerung einfacher zu rechnen, wohl aber mindestens so kritisch wie bei einem Sparplan. Denn Grundlage für die Besteuerung bildet immer der Verkaufspreis, abzüglich des Einstiegspreises.

Ist ein Depotübertrag möglich?

Grundsätzlich ja, vorausgesetzt, die neue Depotbank deiner Wahl ist imstande, deine gehaltenen Fondsanteile zu verwahren. Nicht jeder Fonds ist bei jeder Lagerstelle (Depotbank) handelbar. Bei Depotbanken mit einer Börsenanbindung gibt es dieses Problem in der Regel nicht. Wozu ein Depotübertrag sinnvoll sein könnte?

1) Du bist es leid, dich ständig in mehrere Konten einzuloggen. Die Lösung: Du fragst einen Depotauszug bei jeder Depotbank an, bei der Anteile lagern, und erstellst einen Antrag auf Übertrag.
2) Du hast aktive Investmentfonds, auf die hohe Kosten und/oder Kickbacks anfallen. Bevor du einen Verkauf erwägst, bewerte den Fonds auf fondsweb.com.
3) Du planst, Fondsanteile zu vererben oder zu verschenken, der Begünstigte nutzt aber eine andere Depotbank.

Was ist mit Gold oder anderen Edelmetallen?

Es heißt, vor 2.000 Jahren bekam man für eine Unze Gold eine maßgeschneiderte Tunika und ein Paar »Jesuslatschen«. Eine Tunika schneidert man uns auch heute noch für eine Unze Gold auf Maß, und ich bin mir sicher, mit dieser Anfrage würden wir den Schneider so glücklich machen, dass er uns die Latschen dazu schenkte. Denn im Jahr 2025 hat eine Unze Gold einen Wert von etwa 2.900 Euro. In der Edelmetallbranche sagt man: *Eine Unze Gold ist eine Unze Gold. Der innere Wert eines Edelmetalls bleibt immer gleich. Der äußere Wert aber schwankt je nach Angebot und Nachfrage sowie wegen anderer wirtschaftlicher Faktoren wie der Inflation oder geopolitischer Ereignisse.* Bei einem Unternehmen ist das anders, da steigt und fällt auch der innere Wert. Aufgrund von Produkten, Mitarbeitern, Maschinen und der Marke, die nie starr bleiben. Doch Gold bleibt Gold.

Gold wirkt seit jeher anziehend auf die Menschen. In erster Linie, weil das Edelmetall selten ist. Würde man alles Gold der Welt einschmelzen und in eine kubische Form gießen, wie groß wäre wohl der Würfel, der dabei herauskäme? Seine Kantenlänge betrüge 21,7 Meter![88] Allein auf die Seltenheit lässt sich die

Beliebtheit von Gold aber nicht zurückführen. Es ist dieser betörend schimmernde Glanz, der den Reiz des Goldes ausmacht. Er steht für Reichtum. Für Erfolg. Für Krisensicherheit. Gold ist die härteste Währung aller Zeiten, alle anderen Währungen hat es überlebt. Ja, dieser Tatsache verdankt Gold wohl zu großen Teilen seine Wertsteigerung. Die Menschheit glaubt an Gold! Daran, dass sich sein äußerer Wert zumindest mit der Inflation erhöhen werde. Spiegelt dieser Glaube denn die Wirklichkeit wider? Durchaus. Zwischen 1970 und 2020 erzielte Gold im Schnitt einen nominalen Wertzuwachs von 6,45 % und damit nur 0,5 % weniger als der *MSCI World* Index.* Nach Abzug der Inflation entspricht das einem jährlichen realen Wertzuwachs von 3,8 %, der sich – da Gold nun einmal Gold bleibt – nur auf Spekulation zurückführen lässt.[89]

Laut allgemeiner Schätzung sind die irdischen Goldvorkommen etwa 17-mal geringer als die Silbervorkommen.[90] Dennoch erhält man für eine Feinunze Gold mehr als 100 Feinunzen Silber. Ist Silber unterbewertet? Darüber lässt sich streiten. Fakt hingegen ist: Wer Silber, Platin oder Palladium kauft, zahlt 19 % Mehrwertsteuer. Gold hingegen ist das einzige mehrwertsteuerfreie Edelmetall. Steuerliche Vorteile sind natürlich immer ein Pro-Argument. Hinzu kommt, dass du nach einem Jahr Haltedauer den Erlös aus einem Veräußerungsgeschäft von Edelmetallen im Allgemeinen steuerfrei einheimsen darfst. Die Steuerfreiheit gilt jedoch nur, sofern du die Edelmetalle nicht gewerblich oder über eine Firma (z. B. eine GmbH) verkaufst.

Neben all diesen Pros sollten wir aber die Contras nicht vernachlässigen. Allen voran die Lagerung. Willst du Gold zu Hause lagern, solltest du dich unbedingt mit deiner Hausratversicherung abstimmen. Ab einer gewissen Größenordnung verlangt die Versicherung, dass du dein Gold in einem Wertschutzschrank lagerst. Solche Schränke wiegen schnell 250 Kilogramm und kos-

* Zwar konnte man 1970 noch nicht direkt in den *MSCI World Index* investieren, dennoch lassen sich die Kurse rückwirkend ermitteln.

ten so viel wie eine Feinunze Gold. Deshalb ziehen die meisten Goldkäufer eine Fremdlagerung vor, wie ein Bankschließfach. Die Bank rät dir womöglich sogar zum Goldkauf, damit du dich gegen Krisen absicherst und eine zahlungskräftige Währung in petto hast. Blöd nur, wenn dich die Bank, falls es wirklich so kommt, nicht mehr hereinlässt – wie es während der Finanzkrise in Zypern 2013 geschah, als Bankeinlagen eingefroren und Banken vorübergehend geschlossen wurden.

Auch in den USA gab es historische Fälle, in denen Schließfächer von Banken konfisziert wurden, etwa während der Goldbannung 1933, als alle Bürger ihr Gold auf staatliche Anordnung abgeben mussten. Die Goldbestände wurden damals gegen Papierwährung eingetauscht, was zu Inflationsverlusten führte. Handelshäuser wie Pro Aurum bieten heute den Service der Goldlagerung an, ebenso wie Zollfreilager in der Schweiz oder Hongkong. Was du dabei beachten solltest, sind die laufenden Lagerkosten, die deine Rendite schmälern können. Am wichtigsten bleibt jedoch: Wenn du auf Gold als krisensichere Währung setzt, stelle sicher, dass du auch in einer Krise Zugang dazu hast. Und bitte, vergrabe es nicht im Garten!

Ein weiterer Contra-Punkt betrifft die Anonymität, nach der sich ja einige sehnen. In einem Handelshaus darfst du Gold bis zu einem Betrag von 1.999 Euro anonym kaufen. Du erhältst eine Barverkaufsrechnung ohne Namen, ausweisen musst du dich auch nicht. Das nennt man ein *anonymes Tafelgeschäft*. Ab 2.000 Euro wirst du als Käufer mit Namen auf der Rechnung erfasst. Willst du also eine beträchtliche Menge Gold anhäufen, dabei aber unter dem Radar schweben, so musst du etliche Handelshäuser abklappern. Ob das überhaupt legal wäre, will ich hier nicht bewerten. Außerdem berücksichtigen solltest du das »Vermögensregister«, das derzeit zur politischen Diskussion steht und dich zur Offenlegung zwingen könnte. Spätestens, wenn wir nur noch digitale Währungen haben, wird das zum Problem. Ein Goldverkauf würde dann schnell auffliegen, es sei denn, du lässt dich in Naturalien bezahlen. Honig und Hähnchen gegen vier Silbermünzen und Kaminholz gegen Gold? Deiner Fantasie sind keine Grenzen gesetzt.

Überhaupt ist der Goldkauf dieser Tage nicht ungefährlich. Im Internet gibt es zig Anbieter, die günstige Preise versprechen, teilweise deutlich unterhalb des Marktdurchschnitts. Natürlich kann ein Händler zu einem günstigen Zeitpunkt eingekauft und so die Möglichkeit haben, seine Goldvorräte zu einem attraktiven Preis weiterzuverkaufen. Dennoch ist Wachsamkeit geboten. Vielleicht ist es ja nur ein Einstiegsgeschäft, das dich zum Kauf überteuerter Zweitprodukte verleiten soll? Vorsicht gilt auch bei sogenannten *Exchange Trade Commodities (ETCs)*. Dabei handelt es sich um Zertifikate, mit denen du indirekt in Gold investierst. Auch wenn es physisch besicherte ETCs gibt, bei denen das Gold hinterlegt wird, hast du im Notfall keinen direkten Zugriff auf das physische Produkt – gerade der krisensicheren Physis wegen investierst du doch aber in Gold.

Die Gefahr lauert aber nicht nur im Internet. Zum Beispiel bieten Vertriebsunternehmen Goldsparpläne an. Angeblich sammeln sie Geld, um größere Mengen Gold anzukaufen, es einzuschmelzen und daraus letztlich eigene Münzen zu prägen. Wie das betriebswirtschaftlich funktionieren soll, ist mir ein Rätsel. Diese Goldsparpläne verlangen dir ein Agio ab, sprich ein Aufgeld, das es beim Gold normalerweise nicht gibt. Seriöses Gold kaufst du immer zum Materialpreis, allenfalls zuzüglich eines kleinen Aufschlags für Versicherung, Prägung und Lagerkosten. Wenn du glaubst, solche dubiosen Machenschaften entspringen meiner Fantasie, irrst du dich.

Im März 2013 kam ein Herr auf mich zu und schlug vor, ich solle doch meinen Kunden Goldprodukte samt Sparplänen anbieten. Seine Vorgehensweise sei absolut seriös. Es ist immer verdächtig, wenn Menschen ihre Seriosität betonen, denn jemand Seriöses hat das eigentlich nicht nötig. Meine Kunden würden zu großen Stückzahlen einkaufen, fuhr er fort, und bekämen somit bessere Preise. Nachdem ich ein paar Fragen gestellt hatte, befand ich das Ganze für suspekt und meldete den Fall der BaFin (Bundesanstalt für Finanzdienstleistungsaufsicht). Die unternahm jedoch nichts.

Knapp zwei Jahre später gab es einen Skandal mit etwa 6.000 betroffenen Anlegern. Der Schaden belief sich auf rund 50 Millionen Euro. Die *BWF Stiftung* hatte von August 2011 bis Januar 2015 Gelder eingesammelt, wovon vier Tonnen »Gold« erworben wurden. Von diesen scheinbar vier Tonnen waren jedoch nur 324 Kilo echtes Gold. Der Rest war Blech, überzogen mit einer dünnen Goldlegierung.

Einen nicht minder schweren Betrug beging die *PIM Gold GmbH*, die fast drei Tonnen Gold im Wert von über 150 Millionen Euro »verschwinden« ließ. Im *Handelsblatt* hieß es: »Das Edelmetall hätte eigentlich im Auftrag seiner Eigentümer sicher hinter verschlossenen Tresortüren bei der *PIM Gold GmbH* in Heusenstamm bei Frankfurt liegen sollen. Doch als die Polizei im Herbst 2019 nachschaute, war nichts zu finden. Zurück bleiben über 7.500 betrogene Privatanleger.«[91]

Zu diesem Fall interviewten mich das *ZDF* und der *NDR* vor laufender Kamera. Wie es dazu kam? Ich hatte der BaFin über einen längeren Zeitraum Hinweise gegeben, dass hier etwas nicht mit rechten Dingen zuging. Leider schlief die Behörde zu lange. Wären ich und meine Hinweise früher für voll genommen worden, hätten viele Privatanleger verschont bleiben können. Diese Fälle zeigen, Goldanleger sollten wachsam bleiben und sich meine abschließenden Tipps zu Herzen nehmen:

- Kaufe Gold nur in einem renommierten Handelshaus.
- Bei Edelmetallen sollte es kein Agio geben.
- Investiere maximal 5 bis 10 % deines Gesamtvermögens in Gold oder andere Edelmetalle.
- Spekuliere nicht mit Gold, sondern investiere langfristig.

Oft unterschätzt: der Freistellungsauftrag

Der Freistellungsauftrag wird von vielen Kapitalanlegern unterschätzt. Was ist der Sinn und Zweck eines Freistellungsauftrags? Er soll dich von der Abgeltungssteuer (in kleinem Rahmen) befreien. Angenommen, du hättest einen Kapitalertrag von 1.000 Euro, so fielen auf diesen Betrag keine Steuern an. Du würdest also rund 280 Euro sparen. Ehepaare dürfen sogar die doppelte Summe, also 2.000 Euro, freistellen. Vielleicht fragst du dich: *Passiert die Freistellung nicht automatisch, wenn ich meine Steuererklärung einreiche?* Ja, schon. Das Finanzamt prüft, ob deine Kapitalerträge unter dem Grenzbetrag liegen, und erstattet dir die zu viel gezahlte Steuer. Jetzt kommt das Aber.

Was ist denn, wenn du deine Steuererklärung erst zwei Jahre später machst? Oder wenn du zu der Gattung Mensch gehörst, die gar keine Steuererklärung macht? Dann wartest du auf deine Rückzahlung oder bekommst gar keine. Und in der Wirtschaft gilt immer: Zukünftiges Geld ist weniger wert als heutiges. Deswegen empfehle ich dir, einen Freistellungsauftrag zu stellen. Wie du dabei vorgehst, verrate ich dir in diesem kurzen Abschnitt.

Dafür loggst du dich zunächst bei deiner Depotbank ein und bringst in Erfahrung, auf welche Art du den Freistellungsauftrag erstellen und einreichen musst, damit er wirksam wird. Jede Depotbank hat da ihr eigenes Formular, einfach ein formloses Schreiben aufzusetzen, wird also nicht genügen.

Kannst du mehrere Freistellungsaufträge erstellen, wenn du Konten bei verschiedenen Depotbanken hast? Ja, aber es gibt ein paar Spielregeln zu beachten. Erstens ist die Aufteilung der freigestellten Beträge nicht so simpel, wie oft vermutet. Sagen wir, du hast jeweils ein Konto bei Depotbank A und der Depotbank B. Weil du nicht weißt, welche Kapitalerträge du mit welchem Depot erwirtschaften wirst, erstellst du jeweils einen Freistellungsauftrag über 1.000 Euro. Keine gute Idee. In Summe müssen deine Freistellungsaufträge genau 1.000 Euro ergeben.

Am besten du teilst es zum Beispiel so auf: 500 Euro hier, 500 Euro dort. Ein steuerlicher Vorteil kann dir ohnehin nicht entstehen, da du die Rückzahlung vom Finanzamt erhältst. Erstellst du aber zwei Freistellungsaufträge à 1.000 Euro, wirft dir das Finanzamt schlimmstenfalls Steuerhinterziehung vor. Nicht lustig.

Welche Frist gilt? Am 29. Dezember fällt dir ein: »Mist, ich habe noch keinen Freistellungsauftrag erstellt! Wird er noch bis zum Jahresende von der Bank anerkannt, wenn ich ihn jetzt noch schnell stelle?« Das wird knapp. Erstelle den Freistellungsauftrag spätestens Mitte Dezember, zum einen kannst du zu diesem Zeitpunkt die Erträge einschätzen, zum anderen bist du auf der sicheren Seite, dass der Auftrag noch durchgeht.

Welche Art von Freistellungsauftrag solltest du stellen? Die erste Variante: der *Dauerfreistellungsauftrag*. Er gilt auf unbestimmte Zeit und mindestens so lange, bis du der Depotbank einen anderen Auftrag erteilst. Oder du wählst die zweite Variante, den *befristeten Freistellungsauftrag*, der zum Beispiel für ein Jahr gilt. Wann die Befristung sinnvoll sein kann? Zum Beispiel, wenn du den Ertrag dort nur zeitlich befristet bekommst. Das kann der Fall sein, wenn Banken Neukunden ein besonders attraktives Angebot für einen festen Zeitraum anbieten, wie einen höheren Zinssatz beim Tagesgeld bis zum Jahresende.

Wann Aktualisierungen nötig werden, dazu sind verschiedene Szenarien denkbar. Denken wir erneut an die Eheleute. Die Frau hat ein Investment-Depot, der Mann aber nicht. Kann er seine 1.000 Euro auf das Depot der Frau übertragen? Ja, das geht. Und was passiert nach einer Scheidung? Dem Mann steht die Hälfte des Investmentdepots der Frau zu. Es wird ein Depotübertrag auf zwei verschiedene Konten vollzogen, die jeweils einen eigenen Freistellungsauftrag benötigen. Nun wollen wir den Teufel aber nicht an die Wand malen und hoffen, dass die beiden glücklich und »zusammen veranlagt« bleiben.

Abschließend noch meine Meinung zum Freistellungsbetrag. Die 1.000 Euro sind eine Lachnummer! Hier müsste mehr vom Gesetzgeber kommen, wollte man die Bürger wirklich dazu animieren, in die Wirtschaft und in den eigenen Vermögensaufbau zu investieren. Ein höherer Freistellungsbetrag würde den Vermögensaufbau beschleunigen und der Altersarmut ein Stück weit entgegenwirken.

Doch mutmaßlich will der Gesetzgeber gar nicht, dass wir in den freien Kapitalmarkt investieren, sondern lieber, dass wir Versicherungen abschließen. Frech gefragt: Will der Staat überhaupt, dass wir vermögend werden? Sorgten seine Bürger vermehrt eigenmächtig vor, gingen ihm Einnahmen verloren, und schlechter lenken ließen sich die eigenverantwortlichen Bürger obendrein. Wozu sie also zur Eigenverantwortung motivieren?

Vermeide diese schweren Investmentfehler

Das Wichtigste beim Vermögensaufbau ist nicht, die höchstmögliche Rendite zu erzielen, sondern die Schadensminimierung. Alles, was du über Jahre an Vermögen angehäuft hast, könnte auf einen Schlag weg sein. Ein schwerer Fehler genügt, um dein Vermögen zunichte zu machen. Da bringt dir auch eine erwirtschaftete Rendite von 10 % pro Jahr nichts. Damit es nicht so kommt, bereitest du dich auf »Katastrophen« vor.

1) **Ein faules Ei genügt**
   Es war einmal ein erfolgreicher Immobilieninvestor. Ein Teil seines Immobiliengeschäftes machte das sogenannte Fix-und-Flip aus, das bedeutet, er kaufte renovierungsbedürftige Objekte, wertete sie auf und verkaufte sie mit Gewinn. Gängige Praxis unter Immobilieninvestoren, besonders um

Eigenkapital aufzubauen. Eine Zeit lang klappte alles gut, so gut, dass er parallel in einen Aktienfonds investierte. Sein Vermögen wuchs und bewegte sich im sechsstelligen Bereich. Doch das Wachstum war ihm nicht schnell genug. Der Investor hielt nach größeren Objekten Ausschau.

Aus Sicht der Bank übernahm er sich, sie forderte mehr Sicherheiten. Kein Problem, er hatte ja sein Aktiendepot, das er liquidierte, um den Immobiliendeal zu finanzieren. Dabei zahlte er eine nicht unerhebliche Summe Kapitalertragssteuern, wir erinnern uns an das FiFo-Prinzip. Es tat weh. Zudem entwickelte sich der Immobiliendeal nicht nach seinen Vorstellungen. Es wollten sich keine Käufer finden lassen und die laufenden Kosten waren hoch. Dieser eine Deal brach ihm bald das Genick. In einer Katastrophe endete er nicht, aber er verlor einen Großteil seines Vermögens. Was lernen wir daraus? Ein faules Ei genügt, um deinen Investmentkorb zu verderben.

2) **Du streust zu wenig**
Alles in eine Assetklasse zu investieren, ist fahrlässig. Ein gutes Beispiel sind Kryptowährungen, die von manchen als der heilige Gral angesehen werden. Sie pumpen all ihr Geld in irgendeinen Coin, weil sie ihn als den Trend der Zukunft sehen und in dem festen Glauben, das Geld werde sich in Kürze vervielfachen. Überhaupt ist der Wunsch, *schnelles* Geld zu machen, der beste Weg in die finanzielle Katastrophe. Einige meiner Kunden investieren nur in *einen* breit gestreuten Aktienfonds in Kombination mit der von mir empfohlenen Anlagestrategie. Das ist in Ordnung, denn im besten Fall haben sie dadurch 15.000 und mehr Unternehmen in ihrem Portfolio.

3) **Euphorie**
Die Börse lebt von der Euphorie. Wir erinnern uns an die Dotcom-Blase, in der Zehnmann-Klitschen plötzlich Millionen wert waren, weil Anleger glaubten, wir stünden

vor einem Tor in ein neues Zeitalter. Der Taxifahrer riet zum Aktienkauf, die Friseurin ebenso. Das Ergebnis kennen wir. Gegen ein bisschen Zocken spricht ja nichts. Aber das Haus zu beleihen, nur weil jetzt alle in KI-Aktien investieren, könnte in einer Katastrophe enden. Natürlich klingen diese Zeilen lächerlich, doch wenn es wirklich so unwahrscheinlich ist, warum verfallen Anleger dann immer wieder in blinde Euphorie? Auch wenn es dir schwerfällt: Bleib möglichst rational und lass dich nicht von der Euphorie deiner Mitmenschen anstecken; zumindest nicht in Sachen Geldanlagen.

4) **Dieses Mal ist alles anders!**
Manche Sätze am Kapitalmarkt werden nie alt. Weit oben auf der Liste rangiert: *Dieses Mal ist alles anders!* Trotz oder gerade wegen seiner Schwammigkeit entfaltet dieser Satz eine gewaltige Wirkung, vermag er uns doch zu den kühnsten Dummheiten zu verleiten. Wir kaufen mit Geld auf Pump zu Spitzenkursen. Wir verkaufen alles zu Tiefstkursen. Oder leben in Saus und Braus, weil die Welt ja morgen untergeht. Ausgelöst von »Experten«, die warnen, dieses Mal sei alles anders. Doch wenn uns die Geschichte eines gelehrt hat, dann, dass Kapitalmärkte ein ständiges Auf und Ab sind. Das zu begreifen, widerstrebt unserer Natur, wir wollen eben Planbarkeit.

Der Kapitalmarkt ist nicht planbar. Zumindest nicht kurzfristig. Auf lange Sicht hat er sich aber nach jeder Krise wieder berappelt. Zwar ist das keine Garantie für die Zukunft, aber ein ernstzunehmender Wink, wir sollten unserer Anlagestrategie treu bleiben und uns nicht zu Dummheiten verleiten lassen. Das bedeutet keineswegs, unseren Anlagemix nie zu verändern. Nur gibt es einen Unterschied zwischen reiflich überlegten Änderungen, die auf einer veränderten Lebenssituation beruhen, oder übereilten Entscheidungen, zu denen uns Schlagzeilen, Werbeanzeigen oder »Experten« verleitet haben. Vorsicht ist heutzutage besonders in den sozialen Medien geboten, wo man uns an jeder Ecke Anlagetipps gibt. Oftmals geht es ihnen jedoch nur darum, das schnelle Geld mit uns zu machen. Schlimmstenfalls sitzt du einem Betrug auf. Dein Geld ist weg und du um eine Erfahrung reicher.

5) **Versuche nicht besser zu sein als der Markt**
Wer spekuliert, den Markt zu schlagen? Zum Beispiel aktive Fondsmanager. Sie meinen, klüger zu sein als der Markt, wie oft das der Fall ist, haben wir bereits in früheren Kapiteln beleuchtet. Spare die Mühe. Investiere dein Geld ohne Prognose und Erwartung langfristig und gib dich mit der Marktrendite zufrieden. Das genügt, um dir ein hübsches Vermögen aufzubauen.

6) **Zu kurz gedacht**
Einige Anleger verwechseln Marktschwankungen mit Risiko und reagieren panisch. Aber wieso nur? Das EKG eines gesunden Menschen zeigt doch auch Ausschläge, denn eine gerade Linie bedeutet den Tod. Diese Betrachtung empfehle ich auch für dein Depot: Ein schwankender Kurs steht für Lebendigkeit. Nicht die Schwankungen sind das Risiko, sondern sie nicht zu haben, denn das würde bedeuten, dass dein Vermögen stagniert.

7) **Steuern sparen ist kein guter Grund zum Investieren**
Ich habe schon an anderer Stelle ausgeführt, wie geil wir Deutschen aufs Steuersparen sind. Lass dich nicht in windige Produkte hineinlocken, nur um deine Steuerlast zu senken. Es könnte dich teuer zu stehen kommen. Einmal erzählte ein Influencer in einem Reel, ETFs ließen sich von der Steuer absetzen. Vielleicht weiß er mehr als ich, aber nach meinem Stand ist das aktuell nicht möglich. Und so kam ich zu dem Schluss, dass es sich vermutlich um eine Masche handelt, dir in Wahrheit eine Basisrente verkaufen

zu wollen. Im zehnten Kapitel werde ich dir einige Tipps geben, wie du deine Steuerlast senken kannst, deine Risiken dabei aber im Blick behältst.

***

In diesem langen Kapitel entstand womöglich der Eindruck, du solltest dich auf eine Anlageklasse konzentrieren. Es kann durchaus sinnvoll sein, in einen Aktienfonds zu investieren, trotzdem Immobilien zu vermieten und obendrein eine Goldreserve aufzubauen. Die Mischung macht's. Wie du mischst, hängt von deinen Vorlieben, deiner Lebenssituation, deinen Rahmenbedingungen und deinem Risikoprofil ab. Lass uns nun eine Anlagestrategie beleuchten, die uns als Nation in Zukunft wieder stärken könnte.

UMSETZUNGSIMPULS

- Rufe dir nochmals deine Risikoneigung ins Gedächtnis.
- Welche Anlageklassen kommen für dich infrage?
- Nach welcher Anlagestrategie gedenkst du zu investieren?

9

KAPITEL

Die betriebliche Altersvorsorge (bAV)

Meine Mission ist es, die Altersvorsorge in Deutschland zu revolutionieren. Dabei setze ich auf die betriebliche Altersvorsorge, im Volksmund auch »Betriebsrente« genannt. *Das ist doch ein alter Schuh!*, magst du einwerfen. Absolut. Die Revolution liegt nicht in der Erfindung eines neuen Produkts, sondern in der konsequenten Nutzung einer bewährten Lösung – der pauschaldotierten Unterstützungskasse. Sie ist der älteste Durchführungsweg der betrieblichen Altersvorsorge (ab hier bAV), wir erinnern uns an die von mir auf Seite 46 erwähnten Pionierunternehmen »Gute Hoffnungshütte«, *Krupp*, *Siemens* und die *Farbwerke Hoechst*, die dieses bAV-Modell bereits Mitte des 19. Jahrhunderts einführten.

Nur ist leider ein anderes bAV-Modell weitaus beliebter: die *Direktversicherung*. Während der Bestand an Direktversicherungen im Jahr 2000 noch bei 5,8 Millionen lag, erhöhte er sich bis zum Jahr 2023 auf 8,78 Millionen. Das entspricht einer Steigerung von gut 50 %, wobei der Fairness halber gesagt sein muss, dass der Bestand in jüngster Zeit wieder leicht gesunken ist.[92] Das werte ich als positives Zeichen, denn versicherungsförmige bAV-Lösungen bieten zwar (vermeintliche) Sicherheit, bergen aber sehr häufig hohe Kosten und eine oftmals zu geringe Rendite, insbesondere für den Arbeitnehmer, der einen Nutzen davon haben sollte.

Dass wir uns richtig verstehen: Es ist nicht alles schlecht, was die Versicherungsbranche zu bieten hat. Nur habe ich leider schon bei zu vielen meiner Kunden (Arbeitgebern wie Arbeitnehmern) gesehen, dass ihre bAV-Produkte einen zu geringen Nutzen brachten respektive später bringen würden. Dieses Buch ist dazu gedacht, dir beim Vermögensaufbau zu helfen, was nur gelingt, wenn meine Zeilen praxisnah, aber auch kritisch sind. Das sollte der Anspruch eines objektiven Werkes sein, oder? Und am objektivsten sind für mich Fallbeispiele.

Versicherungsförmige Durchführungswege

Bevor ich dir Einblick in zwei versicherungsförmige Verträge gebe, die für mein Verständnis nicht ideal sind, sollten wir uns die unterschiedlichen Durchführungswege der bAV ins Gedächtnis rufen. Zunächst einmal: Was bedeutet »versicherungsförmig«? Damit ist gemeint, dass an der bAV nicht nur Arbeitgeber und Arbeitnehmer beteiligt sind, sondern daneben eine dritte Instanz, ein Versicherungsunternehmen. Von den fünf Durchführungswegen sind drei versicherungsförmig.

Eine *Direktversicherung* schließt der Arbeitgeber für den Arbeitnehmer ab. Das heißt, der Arbeitgeber ist Versicherungsnehmer, der Arbeitnehmer die versicherte Person. Die Leistungen werden an den Arbeitnehmer oder an seine Hinterbliebenen gezahlt. Die Direktversicherung gibt es in verschiedenen Varianten

– traditionell mit Garantiezins und Überschussbeteiligung, heute jedoch meist fondsgebunden oder als Hybridmodell mit Teilgarantie. Bei der fondsgebundenen Direktversicherung hängt die Entwicklung der bAV (wie bei der fondsgebundenen Rentenversicherung) von der Wertentwicklung des Fonds ab, in den die Beiträge des Arbeitgebers und/oder Arbeitnehmers fließen.

Eine *Pensionskasse* ist eine rechtlich selbstständige Versorgungseinrichtung und der Direktversicherung ähnlich. Früher kamen Pensionskassen vornehmlich im öffentlichen Dienst und bei Großunternehmen zum Einsatz, die sie selbst betrieben. Seit 2002 wurde der Zugang zur Pensionskasse durch gesetzliche Änderungen erleichtert. Seither können auch kleinere Unternehmen ohne eigene Kasse Pensionskassenlösungen von Versicherungsunternehmen nutzen. Soll heißen: Arbeitgeber X kann sich der Pensionskasse von Versicherung Y anschließen. Die Beiträge zur bAV werden entweder durch die Entgeltumwandlung des Bruttoeinkommens gespeist und/oder direkt vom Arbeitgeber geleistet. Der Vollständigkeit halber sei erwähnt, dass es sowohl arbeitnehmer- als auch arbeitgeberfinanzierte Möglichkeiten gibt. Die Leistungen der Pensionskasse ähneln denen einer Direktversicherung, unterliegen jedoch strengen Anlagevorschriften, die einen sichereren Kapitalaufbau und eine stärkere Regulierung gewährleisten

Der *Pensionsfonds* ist eine rechtlich selbstständige Versorgungseinrichtung, ähnlich einer Pensionskasse, jedoch mit mehr Freiheiten, was Investitionen betrifft. Während Pensionskassen oft in eher konservative Anlageformen investieren, darf ein Pensionsfonds das Geld in Aktien, Immobilien, Fonds und andere Anlageprodukte investieren. Dadurch ergibt sich ein höheres Renditepotenzial, allerdings auch höhere Risiken, da die Wertentwicklung dieser Anlagen stärker schwanken kann.

Von diesen drei Durchführungswegen sind Direktversicherungen der wohl prominenteste, da ihn Arbeitgeber mangels Kenntnis über Alternativen und wegen des starken Versicherungsmarketings häufig wählen. Für dieses Buch bringt das den Vorteil mit sich, dass eine Menge Informationen über diesen Durchführungsweg vorliegen, die wir zu Analysezwecken nutzen können.

Fallbeispiel 1
Im Jahr 2021 kontaktierte mich eine Arbeitnehmerin eines Unternehmens, das ich zur Betriebsrente beraten habe. Ihr Anliegen: Ich möge mir doch bitte ihre bAV ansehen, die ihr Arbeitgeber für sie bei einer Versicherung abgeschlossen habe. Der Vertrag läuft seit dem 01.12.2004 und endet am 01.12.2038, pünktlich zu ihrem angedachten Renteneintritt. Ob es sich lohne, weiter einzuzahlen, wollte sie wissen. Wir nahmen uns die Unterlagen vor und prüften zunächst, wie viel Geld seit Vertragsbeginn geflossen ist. Da die Arbeitnehmerin einem Vertrag mit dauerhafter Anpassung (Dynamik) zugestimmt hatte, waren die Beiträge über die Jahre von monatlich 50 Euro auf 314 Euro angestiegen, und sie würden weiter steigen. Zum Stichtag 01.12.2021 hatte sie 28.552,80 Euro in den Vertrag eingezahlt. Der Rückkaufswert belief sich jedoch nur auf 25.241,66 Euro. Was heißt das? Damit ist der Anspruch gemeint, den die Arbeitnehmerin hätte, sollte sie den Vertrag mit sofortiger Wirkung kündigen. Der Rückkaufswert spiegelt sozusagen den inneren Vertragswert wider, und da dieser, wie gesagt, niedriger war als ihr eingezahltes Kapital, betrug ihre effektive Rendite -2,15 %.

Da sich bAV-Verträge aber in der Regel nicht kündigen, sondern nur *beitragsfrei* stellen lassen, benötigen wir noch eine zweite Kennzahl zur Beurteilung ihres Vertrags: die Ablaufleistung. Hätte sich die Arbeitnehmerin entschieden, ab dem 01.12.2021 keine Beiträge mehr zu leisten, wäre ihr Geld bis zum 01.12.2038 in den Händen der Versicherung geblieben. Dafür garantiert ihr die Versicherung eine Ablaufleistung, in diesem Fall 37.770 Euro, was einem Effektivzins von 1,22 % auf ihr eingezahltes Kapital entsprochen hätte. Ob das eine angemessene Wertentwicklung ist, vermagst du mit deinem Wissen über Anlageklassen nun selbst zu beurteilen.

Fallbeispiel 2
Ein Arbeitgeber schließt am 01.12.2024 eine fondsgebundene Direktversicherung für seinen Arbeitnehmer Manuel ab (Name zum Schutz des Arbeitnehmers und Arbeitgebers geändert). Der Vertrag soll bis zum 01.09.2047 laufen. Manuel hat 273 monatliche Raten à 157 Euro zu entrichten, das entspricht einem Gesamtkapital von 42.861,00 Euro. Die Versicherung gewährt Manuel eine »Garantie der Altersvorsorgebeiträge« von 80 %. Somit ergibt sich ein »Garantiekapital bei Erleben«, wie die Versicherung es nennt, von 34.288,80 Euro. Träte es so ein, entspräche dies einem jährlichen Effektivzins von -2,07 %. Ja, du hast richtig gelesen: *minus* 2,07 %. Statt der Einmalauszahlung könnte sich Manuel für eine monatliche Rente in Höhe von 93,16 Euro entscheiden. Wie alt müsste Manuel werden, um in den Genuss der garantierten 34.288,80 Euro zu kommen? 97,67 Jahre. Und damit wäre Manuel erst bei 80 %; um sein eingezahltes Kapital vollständig zurückzuerhalten, müsste er deutlich älter werden. Glauben wir an die Statistik, wird Manuel diese Wette gegen die Versicherung verlieren.

Kritikern dieser Zeilen wird nicht entgangen sein, dass die *tatsächliche* Auszahlung bei einer fondsgebundenen Versicherung höher ausfallen könnte als die *garantierte* Auszahlung. Das stimmt, und wer sich auf ein fondsgebundenes Produkt einlässt, ist Risiken gegenüber nicht gänzlich abgeneigt. Die Versicherung stellt Manuel unterschiedliche Leistungen in Aussicht, beispielhaft picken wir das einmalige Kapital heraus, das bei einer angeblich jährlichen Wertentwicklung von 4,5 % herauskäme: 63.491,11 Euro. Wer nachrechnet, müsste stutzig werden, denn ein monatlicher Beitrag von 157 Euro, hochgerechnet mit jährlich 4,5 %, ergäbe ein »echtes Endvermögen« von 73.841,90 Euro. Wo wären die gut 10.000 Euro abgeblieben? Dreimal darfst zu raten. Jedenfalls betrüge die Effektivrendite nicht 4,5 %, sondern bloß 3,3 %, die Differenz von 1,2 % jährlich ist die Effektivkostenquote.

Wären die Kosten nicht so hoch, käme grundsätzlich auch ein versicherungsförmiger Durchführungsweg infrage. Versicherungen tragen ein Langlebigkeitsrisiko, dafür lässt sich Verständnis aufbringen. Im »schlimmsten Fall« werden die Versicherten deutlich älter, als die Statistik vermuten lässt, und dieses Risiko preisen die Versicherungen ein. Als Arbeitnehmer blickst du jedoch anders auf die Sache. Du hast zwei Fragen: Wie steht meine Wettquote? Und möchte ich diese Wette eingehen? Aus finanzmathematischer Sicht ergibt es in den allermeisten Fällen keinen Sinn, sie einzugehen. Über die Jahre habe ich viele Verträge analysiert und darf daher behaupten, dass Arbeitnehmer einen zu geringen Nutzen aus der versicherungsförmigen bAV für sich ziehen.

So, wie ich das sehe, bleiben dir nur zwei sinnvolle Möglichkeiten, um wirklich von einer bAV zu profitieren: die Direktzusage oder die Unterstützungskasse. Die Direktzusage (auch Pensionszusage) sehen die meisten Unternehmen nicht als Option, weil sie dafür in der Bilanz Pensionsrückstellungen für die Arbeitnehmer bilden müssten. Diese »Bilanzberührung« wollen die Unternehmen vermeiden. Was bleibt, ist die pauschaldotierte Unterstützungskasse. Was dieser Durchführungsweg für Arbeitnehmer wie Arbeitgeber bedeutet, schauen wir uns im nächsten Abschnitt an.

Wie gehen Sebastian und Rebecca vor, falls sie bereits in eine bAV-Direktversicherung einzahlen? Zunächst stellen sie den Vertrag auf den Prüfstand. Für den Fall, dass sich der Vertrag nicht lohnt, weil beispielsweise die Kosten zu hoch sind, lautet die gute Nachricht: Er kann jederzeit beitragsfrei gestellt werden. Die Prüfung führen Sebastian und Rebecca am besten gemeinsam mit einem Experten durch.

Die Unterstützungskasse aus Arbeitnehmersicht

Unterstützungskassen gibt es in zwei grundlegenden Finanzierungsformen: pauschaldotiert und kongruent rückgedeckt. Bevor du einer bAV zustimmst, bringst du als Arbeitnehmer in Erfahrung, wohin dein Geld fließt. Eine *kongruent rückgedeckte* Unterstützungskasse wird durch eine Versicherung rückgedeckt, deren Leistungen exakt den zugesagten Versorgungsleistungen entsprechen – äußerlich ähnlich wie bei einer Direktversicherung, jedoch mit anderen rechtlichen Grundlagen. Ihr liegt entweder ein fondsgebundener oder ein klassischer Versicherungsvertrag mit Garantiezins plus Überschussbeteiligung zugrunde; in die Kostenfalle tappst du hier genauso. Die einzig vernünftige Wahl ist meiner Meinung nach die *pauschaldotierte* Unterstützungskasse. Sie bietet dir volle Transparenz, weil du jederzeit Einsicht hast, wie viel deines Gehalts hineingeflossen ist. Der größte Vorteil: Du sparst aus dem Brutto und trägst als Arbeitnehmer keine Kosten, das heißt, 100 eingezahlte Euro sind auch in echt 100 eingezahlte Euro. Hinzu kommt ein weiterer Vorteil.

Mithilfe der *Entgeltumwandlung* transformieren sich 100 Euro netto zu ungefähr 200 Euro brutto (Annahme: Steuerklasse 1 und aufgerundeter Höchststeuersatz). Bis zum monatlichen Grenzbetrag von 322 Euro (Stand 2025) fallen keine Sozialversicherungsabgaben auf den Sparbetrag an. Zudem stocken viele Arbeitgeber diesen Bruttosparbetrag auf. Bei Direktzusagen oder pauschaldotierten Unterstützungskassen ist das freiwillig; viele Unternehmen leisten diesen Zuschuss aber trotzdem. Bleiben wir bei dem Beispiel von monatlich 200 Euro brutto, gewährt dir dein Arbeitgeber somit einen Zuschuss von 30 Euro. Das Geld fließt in die Unterstützungskasse, wo es sich zu einem vorher vereinbarten und nicht zulasten des Arbeitnehmers veränderlichen Zinssatz vermehrt. Noch dazu trägt der Arbeitgeber – anders als bei der Direktversicherung – wie gesagt sämtliche Kosten für die Einrichtung und die Verwaltung der bAV.

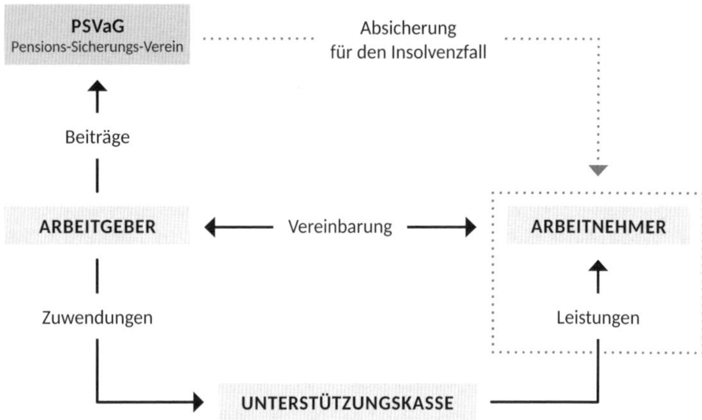

Das Prinzip der pauschaldotierten Unterstützungskasse

Jedoch hat das Bruttosparen auch einen Haken: Bei Renteneintritt zahlst du Steuern und die Beiträge zur Kranken- und Pflegeversicherung in voller Höhe nach. Der gesetzliche Zuschuss von 15 % gleicht die späteren Abgaben oft nicht aus. Aus meiner Sicht sollte der Arbeitgeber mindestens 30 % beisteuern. In vielen Fällen ist ein Zuschuss unter 30 % finanziell kaum attraktiv, besonders bei mittlerem Einkommen und späterer hoher Belastung durch Sozialabgaben. Eine genaue Berechnung lohnt sich. Fast alle Unternehmen, die das Konzept Betriebsrente mit meiner Hilfe umgesetzt haben, gewähren ihren Arbeitnehmern sogar einen Zuschuss von 50 bis 100 %. Das tun sie nicht aus Altruismus, sondern wegen der Win-win-Situation. Mehr dazu in der Schilderung der Arbeitgebersicht ab S. 196.

Dein in der Unterstützungskasse angespartes Geld ist gegen Pfändungen geschützt, kein Gerichtsvollzieher kann einen Kuckuck darauf kleben. Und selbst bei einer Insolvenz deines Arbeitgebers hast du nichts zu befürchten, da dein Geld, wie schon in Kapitel 3 auf S. 47 geschildert, durch den *Pensions-Sicherungs-Verein (PSVaG)* geschützt ist. Fairerweise sei angemerkt, dass auch die Versicherungsbranche eine Absicherung bietet, genannt Protektor. Das ist ein gesetzlich geregelter Sicherungsfonds, der bei Insolvenz einzelner Lebensversicherer greift. Der Ex-Versicherungsvorständler Sven Enger warnt jedoch davor, allzu große Hoffnungen in den Protektor zu setzen. Denn die hinterlegten Summen, die jedes Unternehmen einzahlt, entsprächen lediglich einem Promille der Rückstellungen der Mitglieder.[93] Das heißt im Klartext: Der Protektor wäre nicht in der Lage, eine flächendeckende Branchenkrise aufzufangen. Hinterfrage stets die Sicherung der Sicherung, wenn du sichergehen willst, dass du abgesichert bist.

Bevor wir zu den Nachteilen der bAV kommen, will ich noch einen psychologischen Vorteil anmerken, nämlich den Automatismus. Jeden Monat werden dir die Beiträge von deinem Bruttolohn abgezogen. Entscheidest du dich nun, die Beiträge auszusetzen, verlierst du gleich doppelt: deinen Anteil und den des Arbeitgebers. Insofern empfindest du es mit hoher Wahrscheinlichkeit als moralische Verpflichtung, das vom Arbeitgeber »geschenkte« Geld nicht liegen zu lassen. Die Hürde ist zu hoch, womit du dich gewissermaßen zum Sparen nötigst.

Kommen wir zu den Nachteilen der bAV. Nicht wegdiskutieren lässt sich die Kürzung der gesetzlichen Leistungen. Du hast nicht mehr denselben Anspruch auf das Arbeitslosen- und Krankengeld sowie auf die Leistungen der Deutschen Rentenversicherung. Die Vorteile überwiegen jedoch diesen Nachteil, zumal du dein Krankengeld ohnehin gesondert absichern solltest (siehe Kapitel 5 »Absicherung der Arbeitskraft« ab S. 86).

Ein weiterer Nachteil ist die nachgelagerte Besteuerung. Bei Auszahlung fallen auf das ausgezahlte Vermögen sofort Steuern an. Inklusive Kranken- und Pflegeversicherungsbeiträgen (sofern in der gesetzlichen Krankenkasse versichert) ist da schnell die Hälfte weg. Sind die Zuschüsse zu gering, bist du mit einer bAV schlimmstenfalls schlechter dran als ohne, erst recht, wenn die bAV über einen versicherungsförmigen Durchführungsweg läuft. Achte daher darauf, dass der Arbeitgeberzuschuss mindestens 30 % beträgt, die gesetzlich vorgeschriebenen 15 % reichen nicht, um die spätere Belastung auszugleichen. Dennoch wird deine Steuerlast bei Auszahlung gesenkt, und zwar mithilfe der *Fünftelregelung* nach § 34 EStG. Normalerweise würde eine Einmalauszahlung wegen unseres progressiven Steuersystems unverhältnismäßig hoch versteuert. Sagen wir, du lässt dir 100.000 Euro auf einen Schlag auszahlen. Unter der Annahme, dass sich deine sonstigen Einkünfte auf 50.000 Euro beliefen, müsstest du im Auszahlungsjahr eigentlich 150.000 Euro versteuern. An dieser Stelle greift die Fünftelregelung. Dank ihr behandelt das Finanzamt die Sonderzahlung von 100.000 Euro so, als ob du sie gleichmäßig verteilt über fünf Jahre erhalten würdest. Und so sieht die Fünftelregelung in einem vereinfachten Beispiel aus:

1) Das Finanzamt stellt fest, welche Einkünfte nicht unter die Fünftelregelung fallen, also zum Beispiel dein reguläres Einkommen aus nichtselbstständiger Arbeit.
   - Steuer auf 50.000 Euro = 15.000 Euro
   - Annahme: Steuersatz 30 %
2) Nun zählt es ein Fünftel der Sonderzahlung zu deinen Einkünften hinzu und berechnet darauf die Steuer.
   - Steuer auf 70.000 Euro (50.000 + $\frac{1}{5}$ von 100.000) = 24.500 Euro
   - Annahme: Steuersatz 35 %
3) Das Finanzamt ermittelt die Steuerdifferenz.
   - 24.500 Euro – 15.000 Euro = 9.500 Euro
4) Es multipliziert die Steuerdifferenz mit 5, daraus ergibt sich die Steuer, die du insgesamt zahlen musst.
   - 9.500 Euro x 5 = **47.500 Euro**

Die Steuer verteilt sich also nicht wirklich auf fünf Jahre. Du zahlst sie im selben Jahr, in dem du die Einmalzahlung erhältst, allerdings unter der Annahme, sie würde sich auf fünf Jahre verteilen. Dadurch sinkt deine effektive Steuerlast.

Schwenken wir von diesem »Vorteil im Nachteil« zum nächsten Nachteil der bAV. Mit Flexibilität kann sie auch nicht punkten. Eine Kündigung und die damit verbundene Auszahlung vor Renteneintritt ist nicht möglich, allerdings ist eine bAV auch nicht dafür gedacht, um finanzielle Engpässe zu überbrücken. Sie soll dir zusätzliches Vermögen fürs Alter bieten. Doch was passiert mit dem Geld, wenn du den Arbeitgeber wechselst?

Bei einem Arbeitgeberwechsel kann deine bAV unter bestimmten Voraussetzungen auf den neuen Arbeitgeber übertragen werden – das nennt sich Portabilität. Dabei wird nicht das Geld übertragen, sondern deine Versorgungsanwartschaft, sofern der neue Arbeitgeber denselben Durchführungsweg nutzt. Klingt erst mal positiv, warum also zähle ich diesen Punkt zu den Nachteilen? Dabei kann es passieren, dass deine bestehenden Konditionen – etwa Garantiezins oder Rentenfaktor – durch die Übertragung verlorengehen, weil beim neuen Anbieter andere Rechnungsgrundlagen gelten. Besonders nachteilig könnte die Übertragung im folgenden Fall sein: Arbeitgeber A führt die bAV mit Versicherung A aus. Du kündigst und wechselst zu Arbeitgeber B. Der hat in seiner Versorgungsordnung bestimmt, mit welchen Anbietern er die bAV umsetzen darf. Versicherung A ist nicht dabei, sondern nur Versicherung B. Nun hast du die Option, deinen aktuellen Vertrag beitragsfrei zu stellen und bei Versicherung B neu abzuschließen, um das Guthaben zu übertragen. Hierbei musst du unbedingt die Details beachten, wie Garantiezins, Rentenfaktoren, Kalkulationsgrundlage etc.

Der letzte Nachteil betrifft dein Erbe. Wenn du vor Rentenbeginn stirbst, sind nur bestimmte Personen leistungsberechtigt, etwa Ehepartner, eingetragene Lebenspartner oder kindergeldberechtigte Kinder, sofern dies im Vertrag oder in der Versorgungsordnung vorgesehen ist. Andere Angehörige gehen meist leer aus, es sei denn, sie sind ausdrücklich als Bezugsberechtigte benannt. In diesem Fall kann jedoch die steuerliche Förderung entfallen. In manchen Fällen wird lediglich eine geringe Todesfallleistung ausgezahlt, die unter dem angesparten Guthaben liegt. Dieser eingeschränkte Hinterbliebenenschutz gilt sowohl für pauschaldotierte Unterstützungskassen als auch für versicherungsförmige Durchführungswege. Sei dir bewusst: Die bAV dient deiner eigenen Altersvorsorge, nicht der Absicherung deiner Angehörigen. Dafür ist eine Risikolebensversicherung das geeignetere Instrument.

Das zur Arbeitnehmersicht. Lass uns nun in die Schuhe des Arbeitgebers schlüpfen: Mit welchen Vor- und Nachteilen hat er zu rechnen, wenn er eine bAV über eine pauschaldotierte Unterstützungskasse einführt?

Rebecca und Sebastian müssen ihr Vermögen eigentlich aus ihrem Nettoeinkommen aufbauen. Eine Ausnahme bildet die bAV. Läuft sie über die pauschaldotierte Unterstützungskasse, tragen sie keine Kosten und ihr eingezahltes Geld ist durch den Pensionssicherungsfonds abgesichert.

Die Unterstützungskasse aus Arbeitgebersicht

Arbeitgeber haben eine Fürsorgepflicht. Ihre treusten Mitarbeiter waren jahrzehntelang an ihrer Seite, und trotzdem stehen sie nach ihrem Ruhestand oftmals vor einem Problem. Nur die wenigsten Rentner können ihren Lebensstandard halten. Sie haben im Laufe ihres Erwerbslebens nicht ausreichend vorgesorgt, teils aufgrund fehlender finanzieller Bildung, teils aufgrund ihres zu geringen Realeinkommens. Deswegen appelliere ich an alle Arbeitgeber, ihren Mitarbeitern unter die Arme zu greifen, indem sie ihnen eine solide bAV anbieten. Das ist nicht nur fair, sondern bringt auch einen Wettbewerbsvorteil mit sich. Ganz nebenbei profitiert das Unternehmen davon.

Auf dem Arbeitsmarkt herrscht ein »War of Talents«. Als erfolgreiches Unternehmen braucht man ständig Mitarbeiternachschub, sei es wegen des Wachstums oder weil bestehende Mitarbeiter ihr Rentenalter erreichen. Vakante Stellen kosten den Arbeitgeber viel Geld. Die *Cost of Vacancy*, wie sie auch genannt werden, fallen umso höher aus, je länger der Arbeitgeber nach Mitarbeitern sucht. Und wo wird er fündig? In aller Regel bei seinen Marktbegleitern oder in ähnlichen Branchen. Man stelle sich vor, der Arbeitgeber würde mit der Botschaft werben: »Liebe Arbeitnehmer, ich biete eine attraktive bAV, um euer Rentenproblem zu lösen!« Welchen Effekt hätte das wohl? Sofern es nicht nur eine Phrase ist, positioniert sich der Arbeitgeber weit oben am Markt. Arbeitnehmer reden untereinander: »Mein Arbeitgeber bezuschusst meine bAV mit 100 %, weil ihm etwas daran liegt, dass ich im Alter würdevoll lebe.« Diese Strahlkraft ist nicht zu unterschätzen. Arbeitnehmer werden zu Markenbotschaftern, und Gutes zieht Gutes an.

Gehen wir davon aus, du bist Arbeitgeber. Wir dürfen davon ausgehen, dass die meisten deiner Mitbewerber entweder keine bAV anbieten oder ihre Mitarbeiter mit den gesetzlich vorgeschriebenen 15 % oder etwas mehr abspeisen und meistens den »klassischen«, also versicherungsförmigen Weg gehen. Ein Gedankenspiel: Nehmen wir an, einer deiner Mitarbeiter ist heute 35, ihm bleiben somit noch 32 Jahre bis zum Renteneintritt. Er entscheidet sich für eine Entgeltumwandlung von 300 Euro seines Bruttoeinkommens. Du bezuschusst das Ganze mit 100 %. Weil dein Mitarbeiter eine wertvolle Arbeitskraft ist, versucht man ihn abzuwerben. Was müsste ihm der Mitbewerber finanziell bieten, um ihm den Wechsel schmackhaft zu machen?

Ohne eine bAV im Angebot bliebe dem Mitbewerber nur die Möglichkeit, mehr Nettogehalt anzubieten. Nämlich 300 Euro monatlich oder 3.600 jährlich (das ist die Sicht eines Arbeitnehmers, der auf seine Gehaltsabrechnung schaut). Das erscheint dir womöglich wenig, und ich gebe zu, ab einem gewissen Gehaltsniveau würde der Mitbewerber einfach 20.000 Euro oder mehr drauflegen, um ihn zu locken. Aber im mittleren Gehaltsniveau, wo sich zum Beispiel Sebastian, unser Durchschnittsverdiener, befindet, sind 300 Euro netto pro Monat eine Menge Geld. Sebastian wird sich zweimal überlegen, ob er wechselt, denn er will sich ja in puncto Altersvorsorge nicht schlechter stellen.

Sebastian wird im Bewerbungsgespräch fragen: »Habt ihr eine bAV? Und falls ja: Mit welchem Prozentsatz bezuschusst ihr sie?« Es ist unschwer zu erkennen, dass du mit deiner Bezuschussung von 100 % eine Benchmark gesetzt hast, an der sich Sebastian orientiert und die ihn an dein Unternehmen bindet. Demnach genießt du nicht nur gegenüber Mitbewerbern einen Vorteil, die gar keine bAV zu bieten haben, sondern auch gegenüber jenen, die zwar eine bAV anbieten, diese aber bloß mit 15 oder 30 % bezuschussen. Natürlich ist ein Zuschuss von 100 % nicht in jedem Unternehmen realisierbar, doch selbst ein Zuschuss von 50 % bietet oft schon einen spürbaren Vorteil gegenüber vielen Mitbewerbern.

Was wir außerdem nicht außer Acht lassen sollten: Die 3.600 Euro, die Sebastian bei dir netto mehr verdient, bedeuten für deinen Mitbewerber ohne bAV jährlich 7.200 Euro zuzüglich Lohnnebenkosten, will er mit dir gleichziehen. Lohnnebenkosten von 20 % unterstellt, liegen seine Effektivkosten bei 8.640 Euro jährlich, hochgerechnet auf 32 Jahre entspricht das 276.840 Euro. Diese zusätzliche Ausgabe schlägt deinem Mitbewerber auf die Marge, du bist also sogar betriebswirtschaftlich im Vorteil. Auch profitiert das Betriebsklima von der bAV. Deine Mitarbeiter identifizieren sich mehr mit dir als Arbeitgeber, vorausgesetzt natürlich, du bezuschusst schön einheitlich. Von Experimenten, einer Abteilung einen höheren, einer anderen einen geringeren Zuschuss zu gewähren, rate ich dringend ab. Ebenso gefährlich ist es, manche Mitarbeiter zu bevorzugen. Das würde dem Betriebsklima schaden und womöglich auch gegen geltendes Recht verstoßen (deswegen lassen wir jede Umsetzung von Juristen begleiten). Unter bestimmten Voraussetzungen können auch Sonderzahlungen wie Boni oder Überstundenvergütung für die bAV genutzt werden, dies sollte jedoch sorgfältig rechtlich geprüft werden. Solche Sonderzahlungen ausgezahlt zu bekommen, bringt dem Arbeitnehmer ohnehin wenig, der hohen Steuerlast wegen.

Mit einer hohen Bezuschussung von 50 %, besser noch 100 %, positioniert sich Simon vorteilhaft gegenüber seinen Mitbewerbern. Er schafft eine Mitarbeitermotivation, zieht Fachkräfte an, und er erhöht die Betriebszugehörigkeit sowie das Betriebsklima.

Ergibt sich für Arbeitgeber auch ein Vorteil aus der pauschaldotierten Unterstützungskasse? Unbedingt! Im Vergleich zur Direktversicherung ergibt sich bei diesem Durchführungsweg ein Liquiditätsvorteil. Um das zu begreifen, müssen wir uns die Frage stellen: Was geschieht mit dem angelegten Geld? Die pauschaldotierte Unterstützungskasse hält das angesparte Kapital vor, das dem Arbeitgeber (nach Prüfung und unter bestimmten Bedingungen) als rückzahlbares Darlehen zur Verfügung gestellt werden kann. Dadurch entsteht ein echter Liquiditätsvorteil gegenüber versicherungsförmigen Durchführungswegen. Falls du als Arbeitgeber jetzt glaubst, du müsstest irgendwelche Sicherheiten stellen oder Bürgschaften abgeben: Weit gefehlt!

Dein Unternehmen erhält das Darlehen in der Regel, ohne dass du Sicherheiten stellen musst. Das ist ein enormer Vorteil gegenüber einem klassischen Bankdarlehen, das oftmals eine Bürgschaft und/oder andere Sicherheiten erfordert. Dadurch, dass die Unterstützungskasse das Darlehen gewährt, ergeben sich eine Vielzahl von Möglichkeiten. Du könntest den teuren Kontokorrentkredit tilgen. In die Expansion oder Entwicklung investieren. Maschinen kaufen. Neue Arbeitsplätze schaffen. Oder, oder, oder. Das Geld steht zur freien Verfügung. Und solltest du das Geld nicht direkt im Unternehmen benötigen, wäre es auch denkbar, es am Kapitalmarkt zu investieren. Da das aber Risiken birgt, empfehle ich, dir einen Experten zur Seite zu nehmen.

Entstehen dem Arbeitnehmer dadurch irgendwelche Nachteile? Nein, denn der Arbeitgeber darf das Geld nicht verzocken! Im Gegenteil. Der Arbeitgeber garantiert dem Arbeitnehmer einen Zins auf die Entgeltumwandlung und/oder auf die Arbeitgeberleistung. Abhängig davon, wie sich der Arbeitnehmer entscheidet, wird der Zins festgeschrieben und darf sich fortan nicht mehr verschlechtern, sondern nur noch verbessern. Wie bei einer Sprossenleiter, deren untere Sprossen abgeschlagen wurden. Der Arbeitnehmer trägt somit kein Risiko, nicht mal die Insolvenz des Arbeitgebers (Trägerunternehmens) würde zum Problem, denn dann spränge ja der *Pensions-Sicherungs-Verein* ein, wir erinnern uns. Deswegen halte ich die bAV über eine pauschaldotierte Unterstützungskasse für eine Win-win-Situation.

Neben den Vorteilen birgt dieser Durchführungsweg allerdings auch Risiken für Arbeitgeber. Zunächst einmal ist da der recht hohe Verwaltungsaufwand, insbesondere bei Einführung des Systems. Der Arbeitgeber muss alle Mitarbeiter informieren (Informationspflicht) und laufend Änderungen durchführen, zum Beispiel wenn ein Arbeitnehmer austritt. Diese Aufgaben lassen sich jedoch auslagern an externe Dienstleister.

Und dann sollten Arbeitgeber das rechtliche Haftungsrisiko nicht unterschätzen. Im Betriebsrentengesetz § 1 Abs. 1 heißt es: »Werden einem Arbeitnehmer Leistungen der Alters-, Invaliditäts- oder Hinterbliebenenversorgung aus Anlass seines Arbeitsverhältnisses vom Arbeitgeber zugesagt (betriebliche Altersversorgung), gelten die Vorschriften dieses Gesetzes. [...] Der Arbeitgeber steht für die Erfüllung der von ihm zugesagten Leistungen auch dann ein, wenn die Durchführung nicht unmittelbar über ihn erfolgt.«[94] Bedeutet im Kern: Der Arbeitgeber haftet für die bAV, und zwar unabhängig vom Durchführungsweg! War dir das bewusst? Wenn du am Ende doch so oder so haftest, wozu solltest du dann den indirekten Weg über eine Versicherung wählen? Traust du einer Versicherung mehr als dir selbst?

Über dir als Arbeitgeber kreisen immer zwei scharfe Schwerter: das Arbeits- und das Sozialversicherungsrecht. Erhält der Arbeitnehmer die Zusage, einen Zuschuss von 100 % zu erhalten, so muss das Geld später auch fließen. Ein monatlicher Zuschuss von 100 Euro, versprochen über die nächsten 30 Jahre bedeutet eine Zahlungsverpflichtung von 36.000 Euro zuzüglich Zinsen, sofern diese zugesagt wurden. Fehlen am Ende auch nur 1.000 Euro, steht der Arbeitgeber dafür rechtlich ein. Deswegen möchte ich sowohl davon abraten, die bAV halbherzig an einen Dienstleister outzusourcen, mit der Einstellung »Die machen das schon!«, als auch sie vollständig in Eigenregie einzuführen. In jedem Fall würde ich frühzeitig einen Profi zurate ziehen. Welche Schritte Arbeitgeber bei der Einführung unbedingt berücksichtigen sollten, wollen wir uns abschließend anschauen.

Schritte zur Einführung einer bAV

Zuallererst drängt sich die Frage auf: Wie gründe ich eine Unterstützungskasse? Eine eigene Unterstützungskasse zu gründen, ist grundsätzlich möglich, jedoch ein riesiger administrativer Aufwand. In der Regel schließt sich der Arbeitgeber einer Gruppenunterstützungskasse an, bestenfalls einer segmentierten.

Das heißt, jedes Unternehmen bleibt autark. Angenommen, du bist Teil einer segmentierten Gruppenunterstützungskasse, der sich 100 Unternehmen angeschlossen haben, die alle in einen Topf einzahlen. Was würde passieren, falls die Unternehmen Nummer 3, 28 und 67 pleitegingen? In der »normalen« Gruppenunterstützungskasse brächte das im schlimmsten Fall ein Haftungsproblem mit sich, nicht aber in der segmentierten Gruppenunterstützungskasse, wo nur »die Vermögensverhältnisse des jeweiligen Trägerunternehmens maßgeblich sind.«[95] Folgendes Vorgehen hat sich bei Einführung der bAV bewährt, insbesondere im Hinblick auf eine Betriebsprüfung, bei der das System wegen Schwachstellen oftmals nicht anerkannt wird.

1) **Beurteile die aktuelle Situation**
   Bestehen schon Lösungen zur bAV? Falls ja: Mit welchem Erfolg wurden sie umgesetzt? Wie hoch waren/sind die Kosten? Wurden deine Arbeitnehmer und du als Arbeitgeber vollumfänglich informiert? Wie zufrieden sind die Mitarbeiter? Auf welche Beträge belaufen sich die Vertragswerte? Welche Zusagen hast du erteilt? Welche Haftungsrisiken gibt es? Bist du an Tarifverträge gebunden?

2) **Definiere Ziele**
   Es klingt profan, aber nicht jeder Arbeitgeber, der eine bAV einführt, fragt sich zuvor: Was will ich damit erreichen? Will ich bloß meiner gesetzlichen Pflicht nachkommen? Oder Fachkräfte binden? Möchte ich meine Chancen auf qualifizierte Mitarbeiter erhöhen? Will ich meine Marke stärken? Sich hierzu Gedanken zu machen, legt den Grundstein für alles Weitere.

3) **Hole deine Mitarbeiter mit ins Boot**
   Wie steht es um die Akzeptanz der Mitarbeiter? Was äußern sie für Wünsche und Bedürfnisse? Wenn ich mit Arbeitnehmern zum Thema bAV spreche, wünschen sich viele, dass sich ihr Kapital vermehrt, und das bei geringen Kos-

ten. Außerdem sehnen sie sich nach einer geringen Steuerlast. Und sie verlangen Planbarkeit, Ehrlichkeit und Transparenz, keine unrealistischen Hochrechnungen. Kennst du die Wünsche, kannst du sie von vornherein berücksichtigen, und so haben deine Mitarbeiter das Gefühl, am Prozess beteiligt zu sein. Dadurch steigt die Akzeptanz. Letztlich musst du alles in der *Versorgungsordnung* festhalten.

Sie enthält die Spielregeln der Betriebsrente und gilt für alle Arbeitnehmer. Darin werden die zugesagten Zinsen festgelegt, was ein vorzeitiges Ausscheiden aus dem Unternehmen bedeutet, ob und wie Leistungen zu einem früheren Zeitpunkt abgerufen werden können, wer überhaupt eine bAV in Anspruch nehmen darf, welche Zuschüsse es gibt und einiges mehr. Auch sind darin Sonderfälle geregelt, wie: Was geschieht bei vorzeitigem Tod mit dem Geld? Eine Versorgungsordnung lässt du von fachlich versierten Juristen aufsetzen, verwende bloß keine Standardvorlage! Was du festgehalten hast, darfst du später nicht mehr revidieren; deine Arbeitnehmer müssen keinen Änderungen zustimmen, die zu ihrem Nachteil wären.

4) **Wähle einen Durchführungsweg**
Von Arbeitgebern höre ich oft: »Ich kenne nur Direktversicherungen. Was anderes wurde mir noch nie angeboten.« Nach diesem Kapitel weißt du: Aus Sicht vieler kleiner und mittelständischer Unternehmen bieten die Direktzusage und die pauschaldotierte Unterstützungskasse die größten Vorteile, insbesondere in Bezug auf Liquidität, Kosten und Transparenz. Wobei die Direktzusage wegen der Bilanzberührung nur für wenige Unternehmen infrage kommt.

5) **Finde einen für dich geeigneten Dienstleister**
Eine bAV selbst einzuführen und zu verwalten, wäre Irrsinn. Es würde dich vom Kerngeschäft ablenken und Umsatzeinbußen zur Folge haben. Sprich mit verschiedenen Anbietern und vergleiche die Rahmenbedingungen.

6) **Definiere einen internen Prozess**
Wer soll erster Ansprechpartner im Unternehmen sein? Wer ist das Bindeglied zwischen dem Unternehmen und dem Dienstleister, der die bAV einführt und begleitet?

7) **Führe die bAV ein**
Hast du die vorherigen Schritte sauber abgearbeitet, ist die Einführung der bAV lediglich eine Standardprozedur. Du klärst alle Arbeitnehmer auf, dann erhält jeder von ihnen ein Angebot. Nach Zustimmung bleibt nur noch die laufende Betreuung und das Umsetzen von Änderungen, die du an den Dienstleister heranträgst. Bei optimaler Auslagerung der Verwaltungsprozesse kann der Aufwand für dich als Arbeitgeber auf etwa eine Stunde pro Jahr sinken. Wir übernehmen nicht nur die Einführung, sondern auch die Schulung des Personals. Für die Einführung einer bAV kannst du mit vier bis zehn Wochen rechnen.

8) **Unterziehe die Einführung einer kritischen Betrachtung**
Wie hoch ist die Akzeptanz der Mitarbeiter im Vergleich zum Zeitpunkt vor der Einführung? Führe erneut Befragungen durch. Was hat ihnen bei der Umsetzung gefallen, was lief schief? Das Gleiche machst du von deiner Warte als Arbeitgeber aus.

***

Es wäre schön, wenn ich zum Ausdruck bringen konnte, für wie aussichtsreich ich die bAV halte. Den richtigen Durchführungsweg vorausgesetzt, gewinnen Arbeitgeber an Attraktivität, gleichzeitig beschleunigen Arbeitnehmer ihren Vermögensaufbau. Die Arbeitnehmer sind motivierter, die Arbeitgeber erwirtschaften höhere Gewinne, und die konkurrierenden Unternehmen sehen sich veranlasst, mehr zu bieten, wollen sie ihre Mitarbeiter halten oder neue dazugewinnen.

Ich bin überzeugt, dieses Zusammenspiel wird sich positiv auf die deutsche Wirtschaft auswirken. Die Idee der Unterstützungskasse hat eine fast 200-jährige Tradition, und heute ist sie aktueller denn je.

UMSETZUNGSIMPULS

An Arbeitnehmer: Falls du eine versicherungsförmige bAV hast, dann ist es jetzt an der Zeit, sie auf den Prüfstand zu stellen.

- Welche Summe hast du bisher eingezahlt?
- Welche Leistungen werden dir angeboten?
- Welchen Zuschuss bietet dir dein Arbeitgeber?
- Rechnet sich die garantierte Auszahlung für dich?

An Arbeitgeber: Auch für dich wird es nun Zeit, dein bAV-Modell zumindest zu hinterfragen und in den Dialog mit deinen Mitarbeitern zu treten.

- Schenke deinem Arbeitnehmer dieses Buch. Sprich ihn auf dieses Kapitel an und frage ihn, ob er sich eine betriebliche Altersvorsorge über eine pauschaldotierte Unterstützungskasse vorstellen könnte.
- Wie würdest du deine finanziellen Gewohnheiten beschreiben?
- Auf einer Skala von 1 bis 10: Wie hoch schätzt du dein Risiko einer Altersarmut ein? Wie begründest du deine Wahl?

10

KAPITEL

Steuerliche Gestaltungsmöglichkeiten

In Belgien sind nicht nur die Pommes Frites gesalzen, die Steuerabgaben ebenso. Von allen 38 OECD-Staaten zahlen die Belgier die meisten Steuern, rund 53 % führen kinderlose Singles an den Fiskus ab. Deutschland darf sich nur mit dem zweiten Platz rühmen.

Wer hierzulande ledig ist, keine Kinder hat und durchschnittlich verdient, dessen Steuer- und Sozialabgaben liegen bei 47,8 %. Ehepaare mit zwei Kindern kommen immerhin noch auf 32,9 %.[96] Dennoch scheinen der SPD die Steuern noch nicht hoch genug zu sein. Die Partei will den Einkommensteuersatz von 42 auf 47 % anheben.[97] Na, und wennschon! Das betrifft doch eh bloß die Topverdiener, oder? Wenn wir uns da mal nicht irren.

1960 musste man das rund 18-Fache des Durchschnittseinkommens verdienen, damit der Grenzsteuersatz griff, 1980 bloß noch das 4,3-Fache. 1990 hatte sich dieses Verhältnis schon auf das 2,7-Fache verringert, sank bis 2000 weiter auf das 1,9-Fache und liegt heute ungefähr beim 1,5-Fachen. Denn der Spitzensteuersatz fällt im Jahr 2025 auf zu versteuernde Einkommen ab 68.481 Euro an. »Als Single in Steuerklasse I erreichen Sie dies ab einem Bruttoeinkommen von rund 82.000 Euro«, heißt es im *FOCUS*.[98] Aber auch Sebastian, unser Durchschnittsverdiener, ist heute nicht mehr allzu weit davon entfernt, sich als Kandidat für den Spitzensteuersatz zu qualifizieren. Damit werde »der Spitzensteuersatz seinem Wortsinn längst nicht mehr gerecht, da er breite Bevölkerungsschichten betrifft«, mahnte das *Institut der Deutschen Wirtschaft*.[99]

Hebt die Politik die Grenze für den Spitzensteuersatz nicht deutlich an, nimmt die Entwicklung aufgrund der steigenden Einkommen ihren Lauf, sodass künftig selbst Durchschnittsverdiener vom Spitzensteuersatz betroffen sein könnten. Mit anderen Worten: Sie würden dann dieselbe Steuerbelastung erfahren wie ein Einkommensmillionär, für den derzeit der Reichensteuersatz von 45 % gilt. Wobei dieser Grenzsteuersatz noch nicht die Kirchensteuer und den Solidaritätszuschlag enthält, diese beiden Abgaben kämen noch obendrauf.

Ich erspare dir ein politisches Statement hierzu. So wie ich das sehe, kannst du es dir nicht nur *nicht* leisten, *kein* Millionär zu werden, sondern auch nicht, dem Staat Geld zu schenken. Jeder deutsche Bürger hat die Pflicht, Steuern zu zahlen, aber ebenso das Recht, Steuern zu sparen und seine Steueridentität zu gestalten. Von diesem Recht machen zu wenig Menschen in diesem Land Gebrauch. Laut *Statistischem Bundesamt* habe es im Jahr 2020 »in Deutschland rund 25,8 Millionen unbeschränkt Steuerpflichtige gegeben, die ausschließlich Einnahmen aus nicht selbstständiger Arbeit und eventuell Kapitaleinkünfte erzielten.« Hiervon hätte sich nur gut die Hälfte, nämlich 14,9 Millionen, veranlagen lassen. Davon wiederum hätten 12,6 Millionen eine Steuererstattung erhalten, durchschnittlich 1.063 Euro.[100] Die Welt ist das nicht gerade, ganz zu schweigen von der Tatsache, dass 10,9 Millionen Steuerpflichtige es nicht mal für nötig hielten, überhaupt eine Einkommensteuererklärung einzureichen.

Es ist paradox. Wir beschweren uns mit Vorliebe über die hohe Steuerbelastung in diesem Land, nur wollen wir anscheinend wenig dafür tun, um die Möglichkeiten auszuschöpfen, die uns das deutsche Steuerrecht bietet. Das sollte sich ändern! Betrachte dieses letzte Kapitel daher als Bonus, der dir einen Anreiz gibt, wie du mehr Netto aus deinem Brutto machst. Nicht jeder Steuertipp ist von jedem Steuerzahler umsetzbar. Deshalb begleiten uns ein letztes Mal unsere vier Protagonisten Sebastian, Rebecca, Karo und Simon.

Vorab sei noch betont, dass meine Worte bitte nicht als Steuerberatung zu verstehen sind. Zum einen kann ein Buch diesem Anspruch schwerlich gerecht werden, da berufliche Situationen einfach zu individuell sind, um eine angemessene Steuerberatung zu geben. Zum anderen bin ich kein Steuerberater. Allerdings saß ich schon oft mit Steuerberatern an einem Tisch zusammen. Einer von ihnen ist Burkhard Küpper. Burkhard hat sich bereit erklärt, dieses Kapitel mit seinem praktischen Steuerwissen zu würzen, und außerdem geprüft, ob das, was ich zum Besten gebe, Hand und Fuß hat. Dafür herzlichen Dank, lieber Burkhard!

Sebastian, der Durchschnittsverdiener

Sebastian kann nur investieren, was von seinem Gehalt netto übrig bleibt, was also nicht dem Fiskus zum Opfer gefallen ist. Sei es der Fondssparplan, das Tagesgeldkonto oder sein Eigenheim, all das bedient er aus versteuertem Geld. Es ist, als wollte Sebastian halb erschöpft einen Marathon laufen. Sein Energiespeicher ist schon halb leer, noch bevor der Startschuss fiel. In der Konsequenz sinkt Sebastians Chance, den Marathon durchzuhalten. Wie wirkt er dem entgegen? Eine Lösung ist, sich um mehr »Energie« zu bemühen. Sebastian könnte seine Chefin um eine Gehaltserhöhung bitten. Sicherlich keine schlechte Idee, wenngleich ein höheres Gehalt auch mit höheren Steuerabgaben verbunden ist. Wir konzentrieren uns hier auf die zweite Lösung: den Energiespeicher zu schonen.

Betriebliche Altersvorsorge

Es war abzusehen, dass ich mit diesem Tipp starte, nicht wahr? Zuallererst empfehle ich Sebastian, in eine betriebliche Altersvorsorge einzuzahlen, die vorzugsweise über eine pauschaldotierte Unterstützungskasse abgebildet ist (siehe Kapitel 9, ab S. 185). Denn dank der bAV hat Sebastian die Möglichkeit, wenigstens einen Teil seines Gehaltes anzulegen, noch bevor Steuern darauf anfallen. Zudem erhält er nicht selten einen großzügigen Zuschuss, falls nicht, schenkt Sebastian seinem Arbeitgeber bitte dieses Buch, damit dieser seinen unternehmerischen Vorteil erkennt. Das in der bAV angesparte Geld muss Sebastian zwar später nachversteuern, allerdings schonend nach der *Fünftelregelung* (siehe Kapitel 9, S. 194).

Vermögenswirksame Leistungen

Darüber hinaus beteiligt sich der Arbeitgeber in Form von vermögenswirksamen Leistungen. Bis zu 40 Euro erhält Sebastian monatlich, die er beispielsweise in einen Fondssparplan fließen lässt. Läge Sebastians Gehalt bei höchstens 40.000 Euro, dürfte er zudem jedes Jahr eine Arbeitnehmersparzulage beantragen, einen staatlichen Zuschuss, der abhängig von der Anlageform und der Sparsumme bis zu 123 Euro beträgt.[101] Was Sebastian allerdings berücksichtigen sollte: Es kommt nicht jeder x-beliebige Fondssparplan für die vermögenswirksame Leistung infrage. Geförderte Produkte, die ihm etwa seine Bank offeriert, enthalten nicht selten versteckte Kosten.

Investmentfonds

Bespart Sebastian einen Investmentfonds, bleiben jährliche Gewinne unter 1.000 Euro von der Kapitalertragsteuer befreit. Damit dieser Sparerpauschbetrag unmittelbar seine Liquidität schont, erwirkt er am besten einen Freistellungsauftrag bei seiner Depotbank (siehe Kapitel 8, ab S. 177). Außerdem ist Sebastian anzuraten, in thesaurierende statt ausschüttende Investmentfonds zu investieren. Dadurch ergibt sich ein kleiner steuerlicher Vorteil, da Ausschüttungen unmittelbar der Kapitalertragssteuer unterliegen, während reinvestiertes Geld lediglich den Kurs des Investmentfonds erhöht. Soll heißen: Bis zum Verkauf fallen keine Steuern an. Ganz von der Steuer befreit sind thesaurierte Investmentfonds jedoch nicht, denn mittlerweile gibt es eine sogenannte *Vorabpauschale*, ein fiktiver Gewinn, wenn wir so wollen, den Sebastian versteuern muss. Da die Berechnungsgrundlage aber der Basiszins ist, sollte Sebastian steuerlich dennoch besser wegkommen als mit einem ausschüttenden Investmentfonds.[102]

Dienstwagen, E-Bike und Diensthandy

Stellt ihm sein Arbeitgeber einen Dienstwagen oder ein E-Bike, beträgt Sebastians geldwerter Vorteil im Bestfall monatlich nur 0,25 % des Bruttolistenpreises. Kostet der Dienstwagen etwa 60.000 Euro, sind das nur 150 Euro pro Monat. Die *0,25-%-Regelung* gilt allerdings nur für E-Fahrzeuge, deren Bruttolistenpreis weniger als 70.000 Euro beträgt, darüber beträgt der geldwerte Vorteil 0,5 %. In beiden Fällen dürfte Sebastian steuerlich aber besser wegkommen, als wenn er die Anschaffung privat aus versteuertem Einkommen tätigen würde. Außerdem übernimmt der Arbeitgeber ja die laufenden Kosten für Instandhaltung, Versicherung und so weiter. Das alles wäre abgegolten. Auch ein Diensthandy würde sich günstig auf Sebastians Nettoeinkommen auswirken, wobei er sich darüber im Klaren sein sollte, dass er mit Diensthandy besser erreichbar wäre und er die Arbeit buchstäblich überall mit hinnimmt.

Werbungskosten
Burkhard würde zu Sebastian sagen: »Alles, was du für den Job ausgibst, gehört in die Steuererklärung.« Sebastian steht zwar automatisch der *Werbungskostenpauschbetrag* von 1.230 Euro zu, aber warum sollte er sich mit dem Minimum zufriedengeben, wenn die Summe seiner tatsächlichen Ausgaben darüber läge? *Werbungskosten*, so nennt der Gesetzgeber alle »beruflich bedingten Ausgaben« nach § 9 EStG.

Das fängt schon mit der Anfahrt zum Arbeitgeber an. Pro Entfernungskilometer zwischen Wohnung und Arbeitgeber darf Sebastian 30 Cent als Entfernungspauschale ansetzen. Bei einem Anfahrtsweg von 15 Kilometern entspricht das rund 1.350 Euro im Jahr; das heißt, allein mit dieser Ausgabe hätte Sebastian schon den Werbungskostenpauschbetrag geknackt. Arbeitet Sebastian hingegen viel von zu Hause aus, lohnt sich die Homeoffice-Pauschale. 6 Euro pro Tag an maximal 210 Tagen im Jahr lassen sich als Werbungskosten geltend machen.

Außerdem notiert sich Sebastian, was er sich aus beruflichen Gründen für sein Zuhause angeschafft hat. Laptop, Schreibtisch, Bürostuhl, Schreibtischlampe, Regale, Whiteboards, Druckerpapier, Kopfhörer, Fachbücher – all das zählt zu den abzugsfähigen Arbeitsmitteln, es lohnt sich, den Blick durchs Arbeitszimmer schweifen zu lassen, um nach scheinbar alltäglichen Anschaffungen Ausschau zu halten. Nutzt Sebastian die Gegenstände zu mindestens 50 % beruflich, so darf er die Kosten auch zu 50 % ansetzen; wobei er sich darauf einstellen muss, dass er teure Anschaffungen wie den Laptop über mehrere Jahre abschreiben muss.

Doch wie verfährt Sebastian, falls er nicht weiß, wie die prozentuale Aufteilung zwischen beruflicher und privater Nutzung ist? Er schätzt! Aber bitte realistisch. Ein Klassiker sind die Kosten für den Internetprovider. Arbeitet er regelmäßig im Homeoffice, ist es nur fair, dass er einen Teil der Kosten steuerlich geltend machen darf, oder? An Sebastians Stelle würde ich mit seiner

Schätzung nicht übertreiben, aber 20 % sollten drin sein. Hat er weder *Netflix* noch sonst einen Streamingdienst abonniert, ist vielleicht mehr drin.

Wichtig ist Sebastians Argumentation. Gleiches gilt für das private Handy, über das er sicherlich hin und wieder mit Kollegen telefoniert oder chattet. Auch diverse Software und Cloud-Speicher, ja selbst Podcast-Abos kommen für einen steuerlichen Abzug infrage. Derlei Ausgaben mögen wie belanglose Kleinigkeiten erscheinen, doch sie läppern sich. Deshalb gibt Burkhard Sebastian noch einen Gedanken mit auf dem Weg: Vergiss bitte nichts! Immer alles angeben, was beruflich genutzt wird, denn das Schlimmste, was Sebastian blüht, ist, dass ihm das Finanzamt die Kosten nicht anerkennt. Anbei findet Sebastian noch eine Liste, die keineswegs vollständig ist, aber einen guten Anhaltspunkt liefert, welche Werbungskosten er bei der Steuererklärung berücksichtigen kann.

- Arbeitskleidung (kein Anzug oder Hemd)
- Arbeitsmaterialien
- Arbeitszimmer
- Beiträge zu Berufsverbänden
- Bewerbungskosten
- Bewirtungen
- Verpflegungsmehraufwendungen
- Doppelte Haushaltsführung (Zweitwohnung)
- Drucker und Druckerpapier
- Fachliteratur
- Fahrtkosten, Entfernungspauschalen und Nahverkehrsticket
- Fortbildungen und Seminare
- Homeoffice-Pauschale

- Kontoführungsgebühren
- Laptop, Smartphone und andere technische Hilfsmittel
- Parkgebühren
- Studien- und Sprachreisen
- Telefon und Internet
- Umzugskosten

Sonderausgaben

Steuern sparen endet nicht bei den Werbungskosten. Burkhard rät Sebastian: »Schau auch außerhalb des Jobs, wo dich der Staat steuerlich entlastet.« Wovon er spricht, sind Sonderausgaben nach § 10 EStG: private Ausgaben, die der Gesetzgeber aus sozialen oder politischen Gründen steuerlich begünstigt. Ein klassisches Beispiel sind Versicherungen. Als Arbeitnehmer zahlt Sebastian Pflichtbeiträge für die Renten-, Kranken- und Pflegeversicherung, die automatisch angesetzt werden. Zudem sollte Sebastian an die freiwilligen Versicherungen denken, etwa die Haftpflichtversicherung, die Unfallversicherung sowie alle Versicherungen, die der Absicherung der Arbeitskraft dienen. Zwar ist der jährliche Höchstbetrag von 1.900 Euro oftmals schon allein durch die Krankenversicherungsbeiträge ausgeschöpft, dennoch lohnt es, alles anzugeben, da die Basisabsicherung vollständig abzugsfähig ist.

Ein Bereich, der oft übersehen wird, sind Spenden und die Kirchensteuer. Das Finanzamt beteiligt sich an Spenden für gemeinnützige Organisationen, indem es einen Abzug von bis zu 20 % von Sebastians Einkommen zulässt. Falls er diesen Prozentsatz übersteigt, darf er den Rest in künftige Jahre vortragen. Zur Kirchensteuer folgen gleich noch ein paar separate Worte, aber so viel sei hier gesagt: Die Kirchensteuer lässt sich vollständig als Sonderausgabe ansetzen. Sebastian erhält also vom Staat einen Teil der Steuern zurück, die in die Kirchenkasse geflossen sind. Weitere Sonderausgaben:

Unterhaltszahlungen, Kirchenmitgliedsbeiträge, Kinderbetreuungskosten und die Rürup-Rente.

Steuerfreie Arbeitgeberleistungen

Es muss ja nicht immer die Gehaltserhöhung sein. Sebastians Arbeitgeber kann ihm auch auf anderem Wege etwas Gutes tun, nämlich mit steuerfreien Arbeitgeberleistungen. Der Vorteil: Ein steuerfreier Euro ist ein Euro mehr in der Tasche, während von einem Euro Gehaltserhöhung netto kaum mehr als 50 Cent übrig bleiben. Auch für den Arbeitgeber bietet das Vorteile, denn die Arbeitgeberleistungen sind lohnsteuer- und sozialabgabenfrei. Was kommt hierfür infrage? Zum Beispiel die Internetkostenpauschale. Der Arbeitgeber kann Sebastians privaten Internetvertrag bezuschussen. Ebenso denkbar sind eine Beteiligung am Handyvertrag, Gutscheine oder Prepaid-Karten. Was ihm der Arbeitgeber bietet, muss allerdings unterhalb der monatlichen Freigrenze von 50 Euro bleiben.

Eine weitere Möglichkeit ist die steuerlich begünstigte Erholungsbeihilfe. Jährlich darf der Arbeitgeber Sebastian bis zu 156 Euro auszahlen, zuzüglich 104 Euro für die Ehepartnerin und 52 Euro pro Kind. Für Sebastian fallen keine Steuern an, Sozialabgaben auch nicht. In Summe könnten demnach 364 Euro zusammenkommen, doch wie wir wissen, ist Sebastian derzeit Junggeselle, deshalb muss er sich mit 156 Euro begnügen. Trotzdem nicht übel! Wichtig ist, dass die Erholungsbeihilfe zeitnah zum Urlaub ausgezahlt wird und als Zusatzleistung gedacht ist.

Ein Spezialfall ist das sogenannte *Werkzeuggeld*. Falls Sebastian sein eigenes Werkzeug für die Arbeit nutzt, darf (und sollte) ihm der Arbeitgeber eine Entschädigung zahlen. Bis zu 600 Euro pro Jahr sind steuerfrei, ein Nachweis ist nicht erforderlich. Sebastian hätte sozusagen seinen privaten »Werkzeugfonds«, finanziert vom Finanzamt. Wichtig dabei: Der Arbeitgeber muss die Zahlung zusätzlich zum Gehalt leisten, er darf sie also nicht einfach damit abgelten.

Nebenberufliche Selbstständigkeit
Meldet Sebastian ein Kleingewerbe (< 25.000 Euro Jahresumsatz, Stand 2025) an, generiert er zusätzliche Einnahmen und darf sämtliche Betriebsausgaben steuerlich geltend machen. Achtung: Befindet sich seine Firma in selbstgenutztem Eigentum, könnte es Überschneidungen mit den Werbungskosten geben, die bei seiner Haupttätigkeit anfallen. Sebastian sollte sich vorab mit einem Steuerberater abstimmen.

Haushaltsnahe Dienstleistungen
Beschäftigt Sebastian bei sich zu Hause Reinigungskräfte, Gartenarbeiter und sonstige Dienstleister, erstattet ihm das Finanzamt 20 % der Arbeitskosten, allerdings maximal 4.000 Euro pro Jahr. Für Handwerker sind es maximal 1.200 Euro pro Jahr.

Kirchenaustritt
Lass uns einen Moment lang über diesen kontroversen Punkt nachdenken. Es ist nachvollziehbar, dass aktive Mitglieder der Kirchengemeinde ihren Beitrag leisten wollen und Kirchensteuer bezahlen. Aber was ist mit Menschen, die sich gegen die Kirche sträuben? Laut einer Umfrage aus dem Jahr 2023 war *Unzufriedenheit* mit 47,2 % der Hauptgrund für den Kirchenaustritt, dicht gefolgt von *Kirchensteuer* mit 34,6 %.[103]

Ich sehe keinen Grund, warum jemand Steuern für eine Institution abführen sollte, deren Leistung er nicht in Anspruch nimmt, mit der er unzufrieden ist oder an deren Fortbestand er nicht glaubt. Streng genommen ist nicht einmal Gottesgläubigkeit ein Grund dafür, Kirchensteuer zu zahlen, denn Glaube und Kirche sollten koexistieren dürfen. Für die Atheisten ist der Fall indessen glasklar. Welchen Grund, außer Bequemlichkeit, hätte ein Atheist, Kirchensteuer zu bezahlen? Wie sich Sebastian auch entscheidet, er sollte wissen, dass der Preis für die »Mitgliedschaft« nicht unerheblich ist, nämlich jährlich rund 9 % zusätzlich von seiner Einkommensteuer (Annahme: Steuerklasse I, kinderlos).

Riester-Rente

Jetzt bist du verdutzt, oder? Erst erzähle ich dir lang und breit, dass du Riester-Verträge wegen ihrer oftmals zu hohen Kosten nicht abschließen solltest; und nun, da sich das Buch dem Ende neigt, ändere ich plötzlich meine Meinung. Nein, tue ich nicht! Ich stehe weiterhin zu dem, was ich in Kapitel 3 (ab S. 48) geäußert habe. Allerdings kann ein Riester-Vertrag in manchen Fällen sinnvoll sein. Die wichtigste Bedingung: Es sollte eine Nettopolice sein, keine Bruttopolice (vgl. Kapitel 4 »Der vermeintliche Honorar-Finanzanlagenberater« ab S. 75), da Letztere hohe versteckte Abschluss- und Verwaltungskosten enthält. Eine Nettopolice vermittelt hingegen ein Honorarberater, der Sebastian seine Leistung gesondert in Rechnung stellt. Eventuell kommt noch ein Betreuungsentgelt hinzu, das irgendwo zwischen 20 und 50 Euro pro Jahr liegen sollte, höher nicht. Manche Vermittler arbeiten zwar transparent, versuchen ihre Kunden aber indirekt auszuschlachten, indem sie ein exorbitantes Betreuungsentgelt in Rechnung stellen. Hier ist natürlich weiterhin Vorsicht geboten.

Vorausgesetzt, der Vermittler ist in Ordnung und die Nettopolice hat Hand und Fuß, spricht nichts dagegen, den staatlichen Zuschuss mitzunehmen. Das Finanzamt prüft, was von beiden günstiger für Sebastian ist, die Zulage oder der steuerliche Abzug. Ist Letzteres der Fall, kann Sebastian bis zu 2.100 Euro pro Jahr in den Riester-Vertrag einzahlen und diese Ausgabe steuerlich voll geltend machen. Außerdem würde ich an Sebastians Stelle einen spekulativen fondsgebundenen Riester-Vertrag wählen, der ein besonders hohes Renditepotenzial verspricht. Warum Sebastian das Risiko eingehen kann? Weil seine Fallhöhe gering ist. Selbst wenn sich der Fonds negativer entwickelt als gedacht, hat er immer noch die Garantie, das in den Riester-Vertrag eingezahlte Geld plus Zulagen zurückzuerhalten. Um es etwas offensiver zu formulieren: Sebastian kann mit seinem Riester-Vertrag »wilde Sau spielen«.

Sebastian zahlt mit seinem Durchschnittseinkommen vergleichsweise wenig Steuern, und so hat er kein astronomisches Steuersparpotenzial, das ist offensichtlich. Eine Betriebsrente ist Sebastian dringend anzuraten, sie ermöglicht ihm, einen Teil seines Bruttoeinkommens anzusparen. Indem er steuerfreie Sachbezüge in Anspruch nimmt, die Freibeträge ausnutzt sowie eine Fülle an Werbungskosten geltend macht, wird er sich außerdem über eine nette Steuerrückerstattung freuen dürfen.

Rebecca, die Elite-Angestellte

Die Situationen von Rebecca und Sebastian sind ähnlich. Nur hat Rebecca einen Nachteil, der zugleich ein Vorteil ist: Sie zahlt erheblich mehr Steuern. Das mag ärgerlich erscheinen, doch dadurch hat Rebecca die Chance, mehr Steuern zu sparen. Denn bevor man Steuern sparen kann, muss man sie erst mal bezahlen. Grundsätzlich gelten für Rebecca dieselben Spielregeln wie für Sebastian: bAV, vermögenswirksame Leistungen, Sparerpauschbeträge, Investmentfonds, Werbungskosten, Sonderausgaben, Dienstwagen, E-Bike und so weiter. Ich werde mich hier nicht wiederholen. Lieber gehe ich auf die feinen Unterschiede ein.

bAV und PKV

Im Unterschied zu Sebastian hat Rebecca einen deutlich größeren Hebel, sofern sie die bAV mit der PKV kombiniert. Eine PKV ist Sebastian leider nicht vergönnt, weil dafür sein Einkommen zu niedrig ist. Rebeccas Jahresbruttoeinkommen von 120.000 Euro liegt hingegen deutlich über der *Versicherungspflichtgrenze* von 73.800 Euro. Das heißt, sie hat die freie Wahl, ob sie sich gesetzlich oder privat versichern lässt (siehe Kapitel 5, S. 94). Worin also besteht Rebeccas Vorteil? Normalerweise werden ab einem monatlichen bAV-Betrag von 322 Euro Sozialversicherungsabgaben fällig. Als Privatversicherte ist Rebecca das jedoch herzlich egal, denn Sozialversicherungsabgaben zahlen nur gesetzlich Versicherte. Sie kann grenzenlos in die bAV einzahlen, ohne dass sie Abzüge für Steuern oder Sozialabgaben zu befürchten hätte.

Ein weiterer Steuervorteil: Anders als bei der gesetzlichen Krankenversicherung ist es Rebecca bei der PKV möglich, Beiträge im Voraus zu entrichten. Wann das sinnvoll ist? Zum Beispiel, wenn sie weiß, dass sie in einem Jahr einen projektbasierten Bonus bekommt, der ihre Einkommensteuerlast merklich erhöht. Bis zu drei Jahre im Voraus darf Rebecca ihre steuerlich voll abzugsfähigen Beiträge zahlen, allerdings sollte sie sich im Klaren sein, dass diese Steuersparoption in den Folgejahren wegfällt. Alternativ könnte sie andere Vorsorgeaufwendungen geltend machen.

Sachbezüge

Ich will es Rebecca nicht unterstellen, aber vielleicht hat sie ja eine Schwäche für luxuriöse Accessoires wie Uhren oder Handtaschen. Sich diesen Luxus von jenem Nettogehalt zu gönnen, das der Spitzensteuersatz übrig gelassen hat, schmerzt. Denn die Rechnung ist ja so: Um eine Uhr für 10.000 Euro zu kaufen, muss sie zuvor bald 20.000 Euro brutto verdient haben. Warum lässt sie sich die Uhr nicht von ihrem Arbeitgeber als Bonus spendieren? Vorausgesetzt, Rebecca kann ihren Arbeitgeber davon überzeugen, hat das einen erheblichen Steuervorteil für sie.

Bis zu einem jährlichen Maximum von 10.000 Euro darf Rebecca (und Sebastian ebenso) Sachzuwendungen in Anspruch nehmen. Diese unterliegen nach § 37b EStG einer pauschalen Lohnsteuer von 30 %, die jedoch ihr Arbeitgeber übernimmt. Für Rebecca bedeutet das: Sie erhält ihren Sachbezug netto, es fallen weder Steuern noch Sozialabgaben an. Bevor sich Rebecca also einen Bonus auszahlen lässt, von dem sie ohnehin weiß, dass sie sich davon eine Uhr, eine Handtasche oder ein Businessclass-Ticket gönnen wird, wäre es klüger, zuvor mit dem Arbeitgeber darüber zu sprechen. Wichtig ist, dass der Arbeitgeber die »Sache« auch wirklich kauft und Rebecca schenkt, denn in bar abgegolten, fiel auf den Betrag Rebeccas üblicher Steuersatz an.

Sonderausgaben

Hatte ich erwähnt, dass Rebeccas Tochter eine Privatschule besucht? Da es sich um eine vom Staat »anerkannte Ersatz- oder Ergänzungsschule« handelt, darf Rebecca 30 % des Schulgeldes (allerdings maximal 5.000 Euro pro Kind) jährlich als Sonderausgaben absetzen. In Rebeccas Fall bedeutet das, sie mindert ihre Steuerlast um 3.000 Euro, denn die Jahresgebühr der Privatschule beläuft sich auf 10.000 Euro. Nett vom Finanzamt, dass es die Bildung ihrer Tochter fördert.

Investmentimmobilien

Grundsätzlich kann auch Sebastian in eine Immobilie investieren, die zur Vermietung gedacht ist. Allerdings halte ich es für wahrscheinlicher, dass Rebecca diesen Investitionsweg wählt. Ihre Bonität ist höher, was sie dazu befähigt, höhere Kreditvolumina aufzunehmen, zudem hat sie voraussichtlich mehr Eigenkapital an der Seite. Falls Rebecca in ihrem Alter und bei ihrem Einkommen nicht mindestens 50.000 Euro angespart hat, macht sie definitiv etwas falsch. Nichts für ungut. Mit diesem Eigenkapital könnte sie ohne Probleme zwei oder drei Wohnungen finanzieren. Sie würde zusätzliche Einnahmen generieren, hätte gleichzeitig aber einige Möglichkeiten, ihre Steuerlast zu senken. Hohe Abschreibungen beispielsweise, die aus einem Restnutzungsdauergutachten resultieren, oder clever getimte Sanierungen (vergleiche Kapitel 8, S. 145).

Für Rebecca wäre es sogar denkbar, eine Immobilie mit einem negativen Cashflow zu erwerben, sofern sie in einer zukunftsträchtigen Lage liegt, wo die Mieten mit der Zeit steigen. So würde sich ein anfänglich negativer Cashflow in einen positiven wandeln, und mit dieser Wandlung stiege auch der Immobilienwert. Nach zehn Jahren könnte Rebecca die Immobilie verkaufen und den Gewinn steuerfrei einstreichen. Aber Achtung: Immobilien verursachen mitunter Probleme, die sich meistens nur mit Liquidität lösen lassen. Außerdem besteht das latente Risiko, dass die Politiker die steuerfreie Veräußerung kippen.

Vermietung des häuslichen Arbeitszimmers

Zum Abschluss möchte ich dir noch von einem Sonderfall erzählen. Rebecca ist Führungskraft im Vertrieb, wie wir wissen. Führungskräften mit einem Homeoffice ist es unter bestimmten Voraussetzungen möglich, ihr Arbeitszimmer an den Arbeitgeber zu vermieten. Wird dieses Mietverhältnis vom Finanzamt anerkannt, erzielt Rebecca Einkünfte aus Vermietung und Verpachtung, die für ihren Arbeitgeber wiederum eine Betriebsausgabe ist.

Lass uns ein praktisches Beispiel finden. Rebecca richtet sich in ihrem Einfamilienhaus ein 20 m^2 großes Büro ein, das sie ausschließlich für die Arbeit bei ihrer Firma nutzt. Rebecca schließt mit ihrem Arbeitgeber einen Mietvertrag und erhält pro Monat 500 Euro Miete, also 6.000 Euro pro Jahr. Das Finanzamt erkennt das Mietverhältnis an. Den 6.000 Euro Jahresmiete stehen Kosten von 6.500 Euro gegenüber, die für Abschreibung, Heizkosten, Versicherungen, Zinsen und so weiter anfallen.

Dadurch entsteht ihr ein steuerlicher Verlust von 500 Euro pro Jahr, der ihre übrige Steuerlast mindert. Die Steuerlast des Arbeitgebers sinkt ebenfalls, denn er darf die Jahresmiete als Betriebsausgabe ansetzen. Richtig angestellt, gewinnen also beide.

Rebeccas Steuerbelastung ist hoch, bietet aber auch viel Potenzial. Die bAV kombiniert mit der PKV ist ein Vermögenshebel, den die meisten Angestellten nicht haben. Mit ihrem stattlichen Einkommen ist Rebecca des Bankers Liebling, weshalb sie erwägen sollte, in Immobilien zu investieren. Boni bis 10.000 Euro lässt sie sich am besten nicht auszahlen, stattdessen entscheidet sie sich für einen Sachbezug. Ansonsten gelten für Rebecca die gleichen steuerlichen Gestaltungsmöglichkeiten wie für Sebastian, insbesondere würde sich ein Kirchenaustritt bezahlt machen.

Karo, die Selbstständige

Karo ist freiberufliche Mediengestalterin. Ihr jährliches Bruttoeinkommen schwankt zwischen 20.000 und 50.000 Euro. Damit bewegt sie sich in einem Bereich, in dem ihre Steuerbelastung noch einigermaßen ertragbar ist. Sobald Karo aber höhere Gewinne verbucht, sollte sie erwägen, ihre steuerliche Identität zu ändern, damit sie nicht früher oder später unter der Steuerlast zusammenzubrechen droht. Wie schon eingangs ausgeführt, bleibt es nicht beim Spitzensteuersatz von derzeit 42 %. Obendrauf kommt der Solidaritätszuschlag von 5,5 % sowie eventuell die Kirchensteuer. Macht insgesamt eine effektive Steuerlast von ungefähr 48 %.

GmbH gründen oder Bilanzierung statt EUR

Ab einem Jahresgewinn von circa 70.000 Euro ist die steuerlich günstigere Wahl die GmbH, eine Kapitalgesellschaft, auf deren Gewinne 15 % *Körperschaftsteuer* und etwa 15 % *Gewerbesteuer* anfallen (abhängig vom Hebesatz der Gemeinde). Die Steuerlast liegt also bei etwa 30 %, was einer Ersparnis von 18 % gegenüber der Einzelunternehmung entspricht. Außerdem dafür spricht die Haftungsbegrenzung. Natürlich bringt die GmbH Gründungskosten und Buchhaltungsaufwand mit sich, Hinderungsgründe sind das aber nicht. Zumal Karo vermutlich keine GmbH gründen würde, falls sie nicht sowieso vorhätte, ihren Gewinn weiter zu steigern; was abermals für diese Gesellschaftsform spräche, da sie sonst schlimmstenfalls mit dem Reichensteuersatz von 45 % (zuzüglich Kirchensteuer und Solidaritätszuschlag) besteuert würde.

Kann sich Karo nicht durchringen, eine GmbH zu gründen, so sollte sie zumindest ihre Gewinnermittlungsart hinterfragen. Die meisten Selbstständigen machen eine *Einnahmen-Überschuss-Rechnung (EÜR)*. Warum tun sie das? Weil es unkompliziert ist. Es ist jedoch anzunehmen, dass Karo mit der Bilanzierung besser fährt, erst recht, wenn sie wenig offene Forderungen oder Lagerbestände hat, wovon wir bei ihr als Mediengestalterin wohl ausgehen dürfen. Aus welchen Gründen lohnt sich die Bilanzierung? Entscheidet sie sich für diese Gewinnermittlung, kann sie Rechnungen steuerlich geltend machen, noch bevor sie sie bezahlt hat. Erhält sie zum Beispiel im Dezember eine Rechnung, bezahlt diese aber erst im Januar, darf sie den Betrag trotzdem als Kosten ins alte Jahr buchen. Auch wird ihr die Bilanzierung ein besseres Bild ihrer wirtschaftlichen Lage verschaffen und sie zum strategischen Handeln animieren. Der dritte Vorteil sind *Rückstellungen*.

Wer bilanziert, muss nach § 249 HGB Rückstellungen bilden für ungewisse Verbindlichkeiten, drohende Verluste und/oder laufende Kosten. Typische Beispiele sind: IHK-Beiträge, Telefon- und Internetrechnungen, Mehrkilometer bei Leasingfahrzeugen, Bagatellschäden oder Nachzahlungen aus Sozialversicherungsprüfungen (Deutsche Rentenversicherung). Inwiefern sind Rückstellungen von steuerlichem Nutzen? Werden diese Posten in der Bilanz korrekt berücksichtigt, senken sie das zu versteuernde Ergebnis, und das bedeutet eine *sofortige* Steuerersparnis.

Pauschalen und Werbungskosten nutzen
Viele Pauschalen, die für Arbeitnehmer gedacht sind, gelten auch für Selbstständige. Ein gutes Beispiel ist der *Verpflegungsmehraufwand*, den Selbstständige häufig vergessen, da sie eh nonstop für ihr Business im Einsatz sind. Ist Karo mehr als acht Stunden unterwegs, darf sie pauschal 14 Euro pro Tag als Betriebsausgabe geltend machen. Bei 24 Stunden Abwesenheit sind es 28 Euro. Wenn Karo viel reist, summiert sich das. 50 Reisetage im Jahr, mit je 14 Euro veranschlagt, ergeben immerhin eine Betriebsausgabe von 700 Euro. Belege braucht Karo nicht, nur eine saubere Reisekostenübersicht. (In einer GmbH darf sie dies pauschalversteuert verdoppeln.)

Überhaupt ist Karo anzuraten, lieber zu viel als zu wenig Betriebsausgaben anzusetzen. Infrage kommt alles, was irgendwie in Zusammenhang mit ihrer beruflichen Tätigkeit steht. Ich werde mich nicht wiederholen, auch für Karo gilt die weiter zuvor erwähnte Liste der Werbungskosten.

Private Krankenversicherung
Vorsicht ist bei der privaten Krankenversicherung geboten. Als Selbstständige wird es nicht lange dauern, bis sich ihr Weg mit dem eines »Beraters« kreuzt, der vom Sparpotenzial der PKV schwärmt. Wenn Sparen das vorrangige Argument ist, sollte Karo unbedingt hellhörig werden. Denn viel entscheidender ist der richtige Tarif mit Leistungen, die Karo besser stellen als eine gesetzlich versicherte Person (siehe Kapitel 5, S. 94). Bleibt am Ende netto mehr übrig, weil der Tarif günstiger ist als die gesetzliche Krankenversicherung, umso besser.

Haushaltsnahe Dienstleistungen
Karo darf haushaltsnahe Dienstleistungen ebenso absetzen wie ihre Mitprotagonisten. Doch ich will auf etwas anderes hinaus: Die meisten Selbstständigen kennen ihren eigenen Stundensatz nicht! Nehmen wir einmal an, Karo hat einen Stundensatz von 60 Euro, dann ist es aus betriebswirtschaftlicher Sicht unsinnig, die Wohnung zu putzen, den Rasen zu mähen oder selbst ein-

kaufen zu gehen. Vielleicht tut sie es ja der Abwechslung wegen, das sei ihr gegönnt, besser für ihr Business wäre es aber, sie würde hierfür jemanden einstellen. Erstens, weil ihr mehr Zeit für ihr Kerngeschäft bliebe, das heißt, sie könnte mehr verdienen. Und zweitens, weil die haushaltsnahen Dienstleistungen ihr Betriebsergebnis mindern, sie also Steuern sparen würde. Ich will Karo nicht dazu animieren, für jede Aufgabe jemanden einzustellen, sondern ihr lediglich einen Denkanstoß geben, damit sie sich über den Wert ihrer Arbeitskraft im Klaren wird.

Karo ist leider keine Betriebsrente vergönnt, da sie weder Arbeitnehmerin noch Unternehmerin ist. Sobald Karos Gewinne in die Höhe schnellen, ist das eine freudige Nachricht, sie bedeutet aber gleichzeitig, dass es steuerlich unangenehm wird. Die Gründung einer GmbH könnte Abhilfe verschaffen. Ist sie dazu nicht bereit, denkt sie zumindest über die Bilanzierung nach, um Rückstellungen zu bilden. Abgesehen davon nutzt Karo die Pauschbeträge und ist sich jederzeit über ihren Stundensatz bewusst.

Simon, der Unternehmer

Von den vier Protagonisten hat Simon das wohl größte Steuersparpotenzial. Denn Steuern sind nach Personalkosten für ihn höchstwahrscheinlich der größte Kostenblock. Dieser Umstand bietet Simon einen großen gestalterischen Spielraum. Der eine oder andere steuerliche Tipp, den Burkhard und ich Simon gleich geben werden, ist natürlich auch für unsere drei anderen Protagonisten anwendbar. Hier bei Simon passen sie jedoch thematisch am besten.

Zunächst einmal stellt sich Simon eine grundlegende Frage: Ist es sinnvoller, Vermögen innerhalb oder außerhalb des Unternehmens aufzubauen? Burkhard und ich sind da einer Meinung: innerhalb des Unternehmens! Von jeder Auszahlung trägt Simon als Privatperson die Steuerlast, während sie dem Unternehmen seiner Liquidität beraubt. Aus Steuersicht ist es demnach klüger, sich nur das Nötigste auszuzahlen und den Wert seines Unternehmens zu steigern. Wie ihm das unter anderem gelingt, indem er eine betriebliche Altersvorsorge einführt, habe ich in Kapitel 9, ab S. 185 erläutert. Hier wollen wir unser Augenmerk auf die unternehmerische Architektur werfen, von der Simon steuerlich profitiert.

Die Holdingstruktur

Simon ist Inhaber *einer* GmbH. Das ist steuerlich nicht ideal. Besser wäre ein Konstrukt bestehend aus zwei GmbHs, einer Mutter- und einer Tochtergesellschaft. Als Muttergesellschaft hält die Holding-GmbH Anteile an der operativen Tochter-GmbH. Man könnte sich das Prinzip wie folgt vorstellen: Die »Tochter« wirtschaftet, die »Mutter« spart. Denn während die Tochter mit ihrer operativen Tätigkeit für laufende Einnahmen sorgt, besteht die Aufgabe der Mutter in der Geldverwaltung. Das bedeutet, falls die Tochter Gewinne ausschüttet, dann nicht »nach außen«, sondern »nach oben« hin zur Mutter. Der Clou: Auf diese Weise bleiben Gewinnausschüttungen zu 95 % steuerfrei, nur 5 % werden mit dem regulären Körperschaftsteuersatz (inklusive Gewerbesteuer) belastet – effektiv fallen nur rund 1,5 % Steuern an. Schüttet die Tochter-GmbH 100.000 Euro aus, kommen davon 98.500 Euro bei der Holding-GmbH an.

Bei einer direkten Gewinnausschüttung fielen hingegen 26,38 % Abgeltungssteuer an, Simon blieben also von den 100.000 Euro bloß 73.600 Euro. Am Rande bemerkt: Falls es sich bei der Holding um eine *vermögensverwaltende* GmbH handelt, die kein Gewerbe betreibt, das heißt, sie sich ausschließlich auf die Vermögensverwaltung beschränkt, ist sie von der Gewerbesteuer befreit und zahlt nur Körperschaftsteuer (15,875 %). Da die Körperschaftsteuer aber nur auf die besagten 5 % der Gewinnausschüttung anfallen, reduziert sich die Steuerlast auf sagenhafte 0,79 % (5 % von 15,875 %). Die vermögensverwaltende Holding ist insbesondere bei Immobilieninvestoren beliebt.

Es ist unschwer zu erkennen, welche Vorteile sich aus der geringen Steuerlast der Holdingstruktur ergeben. Simons finanzieller Spielraum ist größer. Was die Tochter-GmbH an finanziellen Mitteln nicht für das Tagesgeschäft oder ihr eigenes Wachstum benötigt, schüttet sie an die Holding aus, wo es nahezu unversteuert für vielerlei zur Verfügung steht. Die Holding kann neue Projekte anstoßen, weitere Tochterfirmen gründen, in Drittfirmen investieren, ja als Unternehmensstruktur expandieren. Denn auch bei Beteiligungsgeschäften zahlt sich die Holdingstruktur aus. Verkauft die Holding eine Tochter-GmbH oder Anteile eines Start-ups für ein Vielfaches des Einkaufspreises, bleibt der Veräußerungsgewinn ebenfalls zu 95 % steuerfrei.

Abgesehen vom Steuervorteil senkt Simon mit der Holdingstruktur sein Risiko. Der zentrale Gedanke: Die Holding ist wie ein Safe, in dem Gewinne sicher verwahrt sind. Gerät die operative Tochter-GmbH in Schieflage, ist das zuvor an die Holding ausgeschüttete Kapital geschützt, da die Holding nicht für die Tochter-GmbH haftet. So konnten während der Coronakrise einige Unternehmen ihr Kapital retten. Als Messebaufirmen plötzlich keine Grundlage mehr hatten, war es nicht verwerflich, die zuvor erwirtschafteten Gewinne in Sicherheit zu bringen, indem sie sie an die Holding ausschütteten. Bestenfalls haftet jede operative GmbH nur mit ihrem Stammkapital (i. d. R. 25.000 Euro), während der Löwenanteil des Kapitals sicher in der Holding verwahrt ist. Wegen des begrenzten Haftungszugriffs hat kein Gläubiger der Tochter ein Anrecht auf die Reserven der Holding.

Ein weiterer Pfeiler smarter Unternehmensarchitektur ist die Trennung von Betriebs- und Anlagevermögen. Vereinfacht gesagt heißt das: Das operative Geschäft und die wertvollen Vermögensgüter sollten unterschiedlichen Gesellschaften zugeordnet sein. Hier kommen sogenannte *Besitzgesellschaften* ins Spiel, das sind Unternehmen, die beispielsweise Immobilien, Maschinen, Fahrzeuge oder andere wertvolle Anlagegüter halten und diese an die operative GmbH vermieten oder verleasen. Das geschieht aus Haftungsgründen.

Gehört der operativen GmbH kein nennenswertes Anlagevermögen, können ihre Gläubiger im Krisenfall auch nicht darauf zugreifen. Im Falle einer Insolvenz bleiben die Vermögenswerte in der Besitzgesellschaft geschützt. Besitz und Betrieb sind in der Unternehmensstruktur getrennt, das ist der Clou. Firmiert die Besitzgesellschaft obendrein in einer Gemeinde, wo ein niedriger Hebesatz gilt, lässt sich sogar noch Gewerbesteuer sparen. Denn die Besitzgesellschaft darf durchaus an einem anderen Standort liegen, salopp gesagt in einer innerdeutschen Gewerbesteueroase wie in Monheim am Rhein, das jahrelang mit einem geringen Hebesatz von 250 % lockte und das unweit von Düsseldorf liegt, wo fast der doppelte Hebesatz gilt.

Zugegeben, diese Steuerstrategie ist eher etwas für Fortgeschrittene. Zumal für eine saubere Trennung von Besitz und Betrieb eine dritte GmbH nötig wird, denn die Holding sollte unbedingt die gewerbliche Tätigkeit vermeiden, das heißt, sie sollte nicht eine einzige Rechnung stellen. Fürs Erste tut Simon gut daran, sich einer »einfachen« Holdingstruktur zu bedienen, dadurch wird er im Vergleich zu nur einer GmbH, wie es aktuell bei ihm der Fall ist, einen erheblichen Steuervorteil haben. Dabei sollte Simon wissen, dass Gewinne, die er aus der Holding an sich privat ausschüttet, wieder der Abgeltungssteuer unterliegen. Will er Geld aus dem Unternehmen »herausholen«, ist das steuerlich immer ungünstig. So erklärt sich dann auch, wieso Burkhard und ich der Meinung sind, dass es klüger sei, Vermögen im Unternehmen aufzubauen statt außerhalb.

Und wenn sich Simon mal etwas gönnen will? Das kann er ja, nur sind es idealerweise Betriebsausgaben. Beispielsweise hatte einer der Unternehmer, die ich berate, für das ganze Jahr nur 100 Euro für Bewirtungskosten angesetzt. 100 Euro? Das ist ein erschreckend geringer Betrag, den er gut und gerne verzehnfachen darf, ohne dass ihm das Finanzamt an den Karren fährt. Weitere Betriebsausgaben, von denen Simon auch privat etwas hat, sind: Reisen, Fahrzeuge und technische Geräte.

Ich möchte Simon den Rat geben, sich für private Zwecke wirklich nur das Nötigste zu entnehmen und so viel wie möglich vom Unternehmen bezahlen zu lassen. Selbst seine Investmentfonds laufen am besten über die Holding. Simons Unternehmen ist sein mächtigster Hebel für den Vermögensaufbau, das sollte ihm jederzeit bewusst sein. Verfügt er über eine Holdingstruktur, kann er sie nutzen, um einen Immobilienbestand aufzubauen oder alternative Investments zu tätigen, infrage kommt zum Beispiel eine Photovoltaik-Anlage.

Simon ist Inhaber *einer* GmbH, was nicht ideal ist. Den größten Steuervorteil hat Simon, nachdem er eine Holdingstruktur aufgebaut hat, bestehend aus Mutter-Holding und operativer Tochter-GmbH. Dadurch reduziert er seine Steuerlast auf 1,5 %. Anstatt sich privat hohe Beträge auszahlen zu lassen, versucht er, möglichst viel über sein Unternehmen laufen zu lassen, um die Betriebskosten zu erhöhen und der privaten Versteuerung zu entgehen. Wie er als Privatperson Steuern spart, liest Simon bei den anderen Protagonisten.

UMSETZUNGSIMPULS

- Mache dir ein Bild davon, wie viel Steuern du zahlst. Arbeitnehmer und Selbstständige finden diese Auskunft in ihrer Einkommensteuererklärung, Unternehmer in ihrer betriebswirtschaftlichen Auswertung (BWA).
- Beurteile (zunächst für dich selbst), wo Steuersparpotenzial besteht. Das hat den Vorteil, dass du dich mit dem Thema Steuern befasst und nicht einfach glaubst, was man dir sagt.
- Im nächsten Schritt sprichst du mit einem Steuerberater über deine Ansätze.

Schlusswort

Zunächst einmal möchte ich dir danken! Für dein Vertrauen, dieses Buch gekauft zu haben, und für die Zeit, die du imaginär mit mir verbracht hast, indem du es offenbar bis zum Schlusswort gelesen hast. Meinem Dank möchte ich sogleich eine Warnung nachsenden: *Theorie ist gefährlich.*

Theorie ist wie ein Strudel, der dich immer weiter in sich hineinzieht, an dessen Grund du aber niemals ankommen wirst. Wie meine ich das? Nun, wer ein Buch zu einem Thema liest, liest nicht selten ein zweites hinterher. Und ein drittes. Und ein viertes. Den vier Büchern folgt ein Onlinekurs. Und ein zweiter. Und ein dritter. Warum wir so verfahren, ist offensichtlich: Wir haben das Gefühl, noch nicht alles zu wissen, was es über das Thema zu wissen gibt. Soll ich dir etwas verraten? Dieses Gefühl wird für immer bleiben.

Jeden Tag erscheint mindestens ein neues Buch zu dem Thema, auf dem du dich auszubilden versuchst. Ebenso ein Onlinekurs, ein Seminar, ein Fachartikel, ein Blog-Beitrag, ein *YouTube*-Video und ein Social-Media-Post. Dieses Wissen wirst du dir nie und nimmer komplett aneignen können. Und das musst du auch gar nicht.

Du hast auf den letzten gut 200 Seiten eine Menge über Versicherungen und Vermögensaufbau erfahren. Nun wird es Zeit, umzusetzen, was du gelesen hast. Am besten, du fängst noch heute an. Denn es wird kein besserer Tag als heute kommen.

Beginne damit, dich mit deinen Versicherungen auseinanderzusetzen. Prüfe die Kosten und stelle deinem Berater kritische Fragen. Sei dir im Klaren: Wenn du von deinem Berater keine Rechnung erhältst, dann bist du das Produkt. Ich habe dir in diesem Buch mehrfach vorgerechnet, welche Kostenhölle eine einfache Unterschrift auslösen kann. Ich bin überzeugt, du wirst deine finanziellen Ziele erreichen können. Indem du deine bestehenden Finanzprodukte hinterfragst und Verantwortung übernimmst.

Gegebenenfalls mit einem Honorar-Finanzanlagenberater an deiner Seite.

Unter Privatpersonen kursiert der Glaube, sich einen solchen, nicht provisionsbasiert bezahlten Berater an die Seite zu holen, lohne sich nicht. Weil er ja auch wieder Kosten verursache! Das stimmt, nur sei dazu folgender Gedanke erlaubt: Vor welchen finanziellen Dummheiten vermag dich ein Berater zu bewahren, die dich unter Umständen das Zigfache seines Honorars kosten? Du könntest aus Panik dein Depot nach einem Crash liquidieren. Oder auf ein verlockendes, aber hochgradig risikoreiches Finanzprodukt hereinfallen, obwohl deine Risikoneigung eher mittelmäßig ausgeprägt ist. Dich vor solchen Fehlentscheidungen zu bewahren, könnte mehr wert sein als sein Honorar. Denn eines ist sicher: Du bist an dein Geld emotional gebunden, dein Berater nicht.

Hast du dich schon mal gefragt, weshalb reiche Familien *Family Offices* gründen, also Privatgesellschaften, deren Zweck die Verwaltung ihres Vermögens ist? Einerseits bestimmt, weil sie die Kontrolle über ihr Vermögen nicht vollständig an einen dritten Vermögensverwalter abgeben wollen, andererseits wollen sie jedoch sehr wohl auf den Rat verschiedener Experten bauen, die für sie in ihren Family Offices tätig sind. So in etwa könntest du dir die Zusammenarbeit mit mir vorstellen, als Family Office im Kleinen. Du hättest jederzeit Kontrolle über dein Vermögen und müsstest gleichzeitig nicht meinen finanziellen Rat missen.

Über den QR-Code am Ende des Schlusswortes gelangst du zur Registrierung für mein Tool. Einmal registriert, kannst du dir deine persönliche Vermögensbilanz erstellen lassen. Völlig kostenlos. So hast du die Möglichkeit, deine Finanzen besser zu verstehen, denn das Tool deckt Chancen und Risiken auf. Keine Sorge, deine Daten liegen geschützt bei *DATEV* im Rechenzentrum, ich habe keinen Zugriff auf sie, es sei denn, du gibst sie mir frei. Das könnte in einem Erstgespräch der Fall sein, wo wir uns persönlich kennenlernen. Natürlich würden wir nicht nur über dich sprechen, sondern ich stelle mich gern auch deinen kritischen Fragen zu meiner Vermögenssituation (siehe Umsetzungsimpuls in Kapitel 4 auf S. 78).

Also nochmals danke für deine Lesebereitschaft! Falls dir das Buch gefallen hat, empfiehl es deinen Mitmenschen, damit wir gemeinsam Sorge tragen, dass immer mehr nicht Informierte zu Informierten werden. Ich schließe nun mit einer Metapher. Stell dir vor, du bist heute im Besitz einer 50-Cent-Münze. Diese Münze hat für dich kaum einen Wert, schließlich sind es ja nur 50 Cent. Dennoch beschließt du, diese 50 Cent wertzuschätzen, indem du ihnen sagst: »Ich gebe dich frei!«. Die Münze schwebt aus deiner Geldbörse und landet in der Hand eines Beraters. Sofort erkennt er, dass es nicht seine eigene Münze ist, und natürlich will er sie seinem ursprünglichen Besitzer zurückbringen. Es dauert eine Weile, dich ausfindig zu machen, doch eines Morgens blickst du in deinen Briefkasten und findest darin – einen Fünf-Euro-Schein. Daran klebt eine Notiz:

Liebe Grüße von deinem Berater aus Ahaus

Hier registrierst du dich für das Finanztool:

Hier erhältst du Zugriff auf allerlei Bonusmaterial wie Exceltools, Checklisten und Arbeitsblätter:

Werde Teil meiner Community!

Du möchtest noch mehr darüber erfahren, warum du es dir *nicht* leisten kannst, *kein* Millionär zu werden? Werde Teil meiner Community und lass uns deine Finanzen gemeinsam auf das nächste Level bringen.

Podcast

In meinem Finanzpodcast biete ich dir präzise und klare Orientierung. In einer Zeit, in der sich immer mehr Glücksritter mit fragwürdigen Online-Kursen, Seminaren und riskanten Anlagestrategien hervortun, bietet dieser Podcast eine sachkundige Alternative. Ich nehme hier die Methoden von Banken, Versicherungen und Vertriebsstrukturen unter die Lupe, sodass du die Fallstricke und Chancen des Finanzsektors besser verstehst.

Spotify:

Apple:

YouTube

Lerne auf meinem *YouTube*-Channel, wie du eine bessere Beziehung zu deinen Finanzen bekommst, dein Vermögen auch mit kleinen Summen aufbaust, dein Geld sinnvoll, rentabel und sicher investierst sowie welche Fehler du beim Vermögensaufbau vermeiden solltest.

YouTube:

Quellenverzeichnis

[1]Statista Research Department (2024): »*Statistiken zum Durchschnittseinkommen*«, Statista, 04.09.2024, https://de.statista.com/themen/293/durchschnittseinkommen/; abgerufen am 05.06.2025.

[2]Imöhl, S., Regniet, T. (2024): »*Durchschnittsgehalt Deutschland: So viel Stundenlohn zahlen Unternehmen im Schnitt*«, WirtschaftsWoche, 09.10.2024, https://www.wiwo.de/finanzen/steuern-recht/durchschnittsgehalt-deutschland-so-viel-stundenlohn-zahlen-unternehmen-im-schnitt-/26598720.html; abgerufen am 05.06.2025.

[3]Herndler, D. (2024): »*Spitzensteuersatz & Höchststeuersatz*«, finanz.de, 16.12.2024, https://www.finanz.de/steuern/spitzensteuersatz/; abgerufen am 05.06.2025.

[4]The Stepstone Group (2023): »*Über 100.000 Euro Gehalt: Das Rezept für das Traumeinkommen*«, 31.07.2023, https://www.thestepstonegroup.com/deutsch/newsroom/pressemitteilungen/ueber-100-000-euro-gehalt-das-rezept-fuer-das-traumeinkommen/; abgerufen am 05.06.2025.

[5]Wunder, A. (2025): »*Maximale Rente: Wie hoch ist die Höchstrente in Deutschland?*«, VermögensZentrum, https://www.vermoegenszentrum.de/wissen/wie-hoch-ist-die-gesetzliche-hoechstrente; abgerufen am 05.06.2025.

[6]Deutsche Rentenversicherung (2024): »*Rentenanpassung zum 1. Juli 2024*«, 01.07.2024, https://www.deutsche-rentenversicherung.de/DRV/DE/Ueber-uns-und-Presse/Presse/Meldungen/2024/240701-rentenanpassung-2024.html/; abgerufen am 05.06.2025.

[7]Bund - Länder Demografieportal (2025): »*Beitragszahler je Altersrentner in der gesetzlichen Rentenversicherung*«, https://www.demografie-portal.de/DE/Fakten/altersrentner-beitragszahler.html?nn=677082/; abgerufen am 05.06.2025.

[8]Bund - Länder Demografieportal (2025): »*Altersstruktur der Bevölkerung*«, https://www.demografie-portal.de/DE/Fakten/bevoelkerung-altersstruktur.html/; abgerufen am 05.06.2025.

[9]Fastfoodpreise-Info.de (2025): »*Mc Donalds Preise 2025: Aktuelle Preisliste in Tabelle*«, https://fastfoodpreise-info.de/; abgerufen am 05.06.2025.

[10]Statistisches Bundesamt (2025): »*Preise: Verbraucherpreisindex und Inflationsrate*«„ Statistisches Bundesamt (Destatis), https://www.destatis

.de/DE/Themen/Wirtschaft/Preise/Verbraucherpreisindex/_inhalt.html/; abgerufen am 05.06.2025.

[11]Statistisches Bundesamt (2024): »*Zahl der Woche: Fernsehgeräte im Oktober 2024 um 4,4 % günstiger als im Vorjahresmonat*«, https://www.destatis.de/DE/Presse/Pressemitteilungen/Zahl-der-Woche/2024/PD24_47_p002.html/; abgerufen am 05.06.2025.

[12]Statistisches Bundesamt (2024): »*Verbraucherpreisindex - Preisentwicklung für Nahrungsmittel - Januar 2020 bis April 2025*«, 14.05.2025, https://www.destatis.de/DE/Themen/Wirtschaft/Preise/Verbraucherpreisindex/Tabellen/sonderauswertung-nahrungsmittel.html/; abgerufen am 05.06.2025.

[13]Statistisches Bundesamt (2023): »*Konsumausgaben privater Haushalte in Deutschland*«, 28.11.2023, https://www.destatis.de/DE/Themen/Gesellschaft-Umwelt/Einkommen-Konsum-Lebensbedingungen/Konsumausgaben-Lebenshaltungskosten/_inhalt.html/; abgerufen am 05.06.2025.

[14]Statista (2025): »*Entwicklung des Wohnungsmietindex für Deutschland von April 2021 bis April 2025*«, 28.05.2025, https://de.statista.com/statistik/daten/studie/609521/umfrage/monatlicher-mietindex-fuer-deutschland/#:~:text=Die%20Mieten%20in%20Deutschland%20steigen,2020%20(Index%20%3D%20100)/; abgerufen am 05.06.2025.

[15]Pawlik, V. (2025): »*Monatlicher Verbraucherpreisindex für Strom in Deutschland von März 2023 bis April 2025*«, Statista, 19.05.2025, https://de.statista.com/statistik/daten/studie/1269523/umfrage/verbraucherpreisindex-fuer-strom/; abgerufen am 05.06.2025.

[16]Statista Research Department (2025): »*Monatlicher Verbraucherpreisindex für Erdgas (ohne Umlage) in Deutschland von April 2022 bis April 2025*«, Statista, 14.05.2025, https://de.statista.com/statistik/daten/studie/1269518/umfrage/verbraucherpreisindex-fuer-erdgas/#:~:text=Verbraucherpreisindex%20f%C3%BCr%20Erdgas%20in%20Deutschland%20bis%20Dezember%202024&text=Im%20Dezember%202024%20lag%20der,das%20Preisniveau%20des%20Jahres%202020; abgerufen am 05.06.2025.

[17]Finanz-Tools.de (2025): »*Inflationsraten in Deutschland*«, https://www.finanz-tools.de/inflation/inflationsraten-deutschland; abgerufen am 05.06.2025.

[18]Gesetzlichekrankenkassen.de (2025): »*Gesetzliche Krankenkassen 2025: Noch teurer als befürchtet*«, 02.01.2025, https://www.gesetzlich

ekrankenkassen.de/info/aktuelles/126/Gesetzliche+Krankenkassen+2025+Noch+teurer+als+bef%C3%BCrchtet.html#:~:text=Der%20durchschnittli-che%20Zusatzbeitrag~%20der%20Krankenkassen,Beitr%C3%A4ge%202024%20unterj%C3%A4hrig%20angepasst%20haben; abgerufen am 05.06.2025.

[19] SPIEGEL (2015): »*Schülerin Naina legt Twitter-Pause ein: „Ihr widert mich an"*, «SPIEGEL Panorama, 16.01.2015, https://www.spiegel.de/lebenundlernen/schule/schuelerin-naina-legt-nach-schulkritik-eine-twitter-pause-ein-a-1013443.html; abgerufen am 05.06.2025.

[20] Statistisches Bundesamt (2024): »*Zahl der Woche: Sparquote in Deutschland im internationalen Vergleich mit 10,4 % überdurchschnittlich*, 29.10.2024, https://www.destatis.de/DE/Presse/Pressemitteilungen/Zahl-der-Woche/2024/PD24_44_p002.html; abgerufen am 05.06.2025.

[21] FOCUS-online-Redaktion (2025): »*Lediglich auf Rang 15: Arme Schlucker Europas? EU-Vergleich zeigt, wie wenig Vermögen die Deutschen haben*, FOCUS online, 02.01.2025, https://www.focus.de/finanzen/news/im-eu-vergleich-auf-rang-15-deutsche-sind-arme-schlucker-europas_id_259566303.html; abgerufen am 05.06.2025.

[22] Leibniz Institut für Wirtschaftsforschung (2024): »*Deutsche sind die armen Schlucker Europas*, 30.01.2024, https://www.rwi-essen.de/presse/wissenschaftskommunikation/unstatistik/detail/deutsche-sind-die-armen-schlucker-europas; abgerufen am 05.06.2025.

[23] Statista Research Department (2024): »*Wohneigentumsquote in ausgewählten Europäischen Ländern im Jahr 2023*, Statista, 30.01.2024, https://de.statista.com/statistik/daten/studie/155734/umfrage/wohneigentumsquoten-in-europa/; abgerufen am 05.06.2025.

[24] Deutsche Bundesbank Eurosystem (2025): »*Geldvermögensbildung und Außenfinanzierung in Deutschland im vierten Quartal 2024*, https://www.bundesbank.de/de/presse/pressenotizen/geldvermoegensbildung-und-aussenfinanzierung-in-deutschland-im-vierten-quartal-2024-956202/; abgerufen am 05.06.2025.

[25] Deutsche Rentenversicherung (2025): »*Die drei Säulen der Altersvorsorge*, https://www.deutsche-rentenversicherung.de/DRV/DE/Rente/Moeglichkeiten-der-Altersvorsorge/Drei-Saeulen-der-AV/DS-Die-drei-Saeulen-der-Altersvorsorge.html; abgerufen am 05.06.2025.

[26]Statista Research Department (2024): »*Anzahl der Sterbefälle in Deutschland vor Vollendung des 65. Lebensjahres von 2013 bis 2023*, Statista, 21.08.2024, https://de.statista.com/statistik/daten/studie/857189/umfrage/sterbefaelle-in-deutschland-vor-vollendung-des-65-lebensjahres/#:~:text=Sterbef%C3%A4lle%20in%20Deutschland%20vor%20Vollendung,Lebensjahres%20bis%202023&text=Im%20Jahr%202023%20gab%20es,etwa%2013%2C4%20Prozent%20entspricht; abgerufen am 05.06.2025.

[27]Deutsche Rentenversicherung (2025): »*ABesteuerung der Rente*,https://www.deutsche-rentenversicherung.de/DRV/DE/Rente/Allgemeine-Informationen/Besteuerung-der-Rente/besteuerung-der-rente_node.html; abgerufen am 05.06.2025.

[28]Vereinigte Lohnsteuerhilfe e.V. (2025): »*bAV: So funktioniert die betriebliche Altersvorsorge*, 31.01.2025, https://www.vlh.de/krankheit-vorsorge/altersvorsorge/bav-so-funktioniert-die-betriebliche-altersvorsorge.html; abgerufen am 05.06.2025.

[29]Wichert, J. (2025): »*Definition: Was ist "Pensionsfonds"?*, Gabler Wirtschaftslexikon, https://wirtschaftslexikon.gabler.de/definition/pensionsfonds-42224#:~:text=Abgrenzungen%3A%20F%C3%BCr%20Pensionsfonds%20gilt%20%C3%A4hnliches,Verm%C3%B6gens%20in%20Aktien%20zul%C3%A4ssig%20ist; abgerufen am 05.06.2025.

[30]Gesamtverband der Versicherer (2023): »*Betriebliche Altersvorsorge: Rekordhoch bei Zahl der Direktversicherungen*, 12.07.2023, https://www.gdv.de/gdv/medien/medieninformationen/rekordhoch-bei-zahl-der-direktversicherungen-137054; abgerufen am 05.06.2025.

[31]Buttler, A., Baier, M. (2014): »*Steuerliche Behandlung von Unterstützungskassen*, VVW GmbH.

[32]Deutsche Rentenversicherung (2025): »*Staatliche Förderung für Sie: Riester-Zulage und Steuervorteil*, https://riester.deutsche-rentenversicherung.de/DE/Lohnt-sich-Riester/Staatliche-Foerderung-fuer-Sie/staatliche-foerderung-fuer-sie_node.html; abgerufen am 05.06.2025.

[33]Bundesministerium für Arbeit und Soziales (2025): »*Statistik zur privaten Altersvorsorge (Riester-Rente)*«, 16.05.2025, https://www.bmas.de/DE/Service/Statistiken-Open-Data/Statistik-zu-Riester-Vertraegen/statistik-zusaetzliche-altersvorsorge.html; abgerufen am 05.06.2025.

[34]VersicherungsJournal (2025): »*Riester-Rente: Vertragsschwund erreicht neuen Rekord*, 22.05.2025, https://www.versicherungsjournal.de/

markt-und-politik/riester-rente-vertragsschwund-erreicht-neuen-rekord-153127.php; abgerufen am 05.06.2025.

[35]Bundesministerium für Arbeit und Soziales (2025): »*Statistik zur privaten Altersvorsorge (Riester-Rente)*, 16.05.2025, https://www.bmas.de/DE/Service/Statistiken-Open-Data/Statistik-zu-Riester-Vertraegen/statistik-zusaetzliche-altersvorsorge.html; abgerufen am 05.06.2025.

[36]Statista Research Department (2025): »*Garantiezins deutscher Lebensversicherer für abgeschlossene Neuverträge von 1986 bis 2025*, Statista, 04.03.2025, https://de.statista.com/statistik/daten/studie/167936/umfrage/garantiezins-der-lebensversicherer-fuer-neuvertraege/; abgerufen am 05.06.2025.

[37]Shell. S. (2020): »*Bei Riester-Menschen können es auch schon mal bis zu 150 Jahre werden. Warum Versicherungsunternehmen mit völlig überzogenen Lebenserwartungen kalkulieren*, Aktuelle Sozialpolitik, 10.05.2020, https://aktuelle-sozialpolitik.de/2020/05/10/lebenserwartung-von-riester-menschen/; abgerufen am 05.06.2025.

[38]Gesamtverband der Versicherer (2024): »*Die deutsche Lebensversicherung in Zahlen 2024*, GDV Gesamtverband der Versicherer, https://www.gdv.de/resource/blob/180978/b8ae8eb0b1bf4b15e7cc3354bc231af9/die-deutsche-lebensversicherung-in-zahlen-2024-publikation-pdf-data.pdf; abgerufen am 05.06.2025.

[39]Verbraucherzentrale Baden-Württemberg (2025): »*Gericht kippt Rentenkürzung: Verbraucherzentrale erfolgreich gegen Allianz*, Pressemitteilung, 30.01.2025, https://www.verbraucherzentrale-bawue.de/pressemeldungen/presse-bw/gericht-kippt-rentenkuerzung-verbraucherzentrale-erfolgreich-gegen-allianz-103250; abgerufen am 05.06.2025.

[40]Jürgen Wahl Rechtsanwalt (2022): »*Zurich Deutscher Herold unterliegt in Rechtsstreit um Renten-Kürzung*, https://versicherungsrecht-offenbach.de/news/zurich-deutscher-herold-renten-kuerzung-unzulaessig/; abgerufen am 05.06.2025.

[41]Statista Research Department (2024): »*Bestand an Versicherungsverträgen in Deutschland in den Jahren von 1980 bis 2023*, Statista, 04.10.2024, https://de.statista.com/statistik/daten/studie/313967/umfrage/bestand-an-versicherungsvertraegen-in-deutschland; abgerufen am 05.06.2025.

[42]Bode, S. (2016): »*Kriegsspuren: Die deutsche Krankheit German Angst*, Klett-Cotta.

[43]ARD Marktcheck (2025): »*o erkennst du unseriöse Finanzberater – auch in deinem Umfeld!*, YouTube, 07.02.2025, https://www.youtube.com/watch?v=-7zdE6_7Bzo; abgerufen am 05.06.2025.

[44]Kommer, G. (2020): »*Souverän investieren vor und im Ruhestand: Mit ETFs Ihren Lebensstandard und Ihre Vermögensziele sichern*«, Campus Verlag.

[45]Weinmann, D. (2023): »*Aktienfonds: Die meisten sind ihr Geld nicht wert*«, https://www.vermoegenszentrum.ch/wissen/die-meisten-aktienfonds-sind-ihr-geld-nicht-wert/; abgerufen am 06.06.2025.

[46]Das Fachportal für die Versicherungsbranche (2010): »*Ratenzahlungszuschlag*«, https://www.deutsche-versicherungsboerse.de/verswiki/index_dvb.php?title=Ratenzahlungszuschlag/; abgerufen am 06.06.2025.

[47]Bach, S. (2016): »*Mythos: Ist den Deutschen Steuernsparen wichtiger als Sex?*«, SPIEGEL Wirtschaft, 31.08.2016, https://www.spiegel.de/wirtschaft/service/mythos-ist-den-deutschen-steuernsparen-wichtiger-als-sex-a-1110077.html/; abgerufen am 06.06.2025.

[48]Tagesschau (2025): »*Geplante Rentenerhöhung: Steuerlast für Rentner steigt um vier Milliarden Euro*«, 04.01.2025, https://www.tagesschau.de/inland/innenpolitik/renten-besteuerung-100.html/; abgerufen am 06.06.2025.

[49]Schmidt, P. (2024): »*Anzahl der Personen in Deutschland, die eine private Haftpflichtversicherung (ohne Kfz) im Haushalt besitzen, von 2019 bis 2024*«, Statista, 18.12.2024, https://de.statista.com/statistik/daten/studie/266307/umfrage/versicherungen-besitz-einer-privaten-haftpflichtversicherung-in-deutschland; abgerufen am 06.06.2025.

[50]Bundesministerium der Justiz und für Verbraucherschutz: »*Gesetz über den Versicherungsvertrag (Versicherungsvertragsgesetz - VVG) § 172 Leistung des Versicherers*«, Statista, 18.12.2024, https://www.gesetze-im-internet.de/vvg_2008/__172.html; abgerufen am 06.06.2025.

[51]Stiftung Warentest (2020): »*Arbeitsunfähigkeit und Invalidität: Erwerbsunfähigkeitsversicherung*«, 21.07.2020, https://www.test.de/Berufsunfaehigkeit-So-sichern-Sie-Ihr-Arbeitseinkommen-ab-5028848-5028856/; abgerufen am 06.06.2025.

[52]Beerheide, R. (2025): »*Krankenkassenbeiträge: Schere geht weiter auseinander*«, Januar 2025, Deutsches Ärzteblatt, https://www.aerzteblatt.de/archiv/krankenkassenbeitraege-schere-geht-weiter-auseinander-c015bcad-1f31-47a5-b4d7-a9aa6f2c4f0c; abgerufen am 06.06.2025.

[53]Statistisches Bundesamt (2021): »*Beiträge für private Krankenversicherung im März 2021 um 5,3 % teurer als im Vorjahresmonat*«, Pressemitteilung, https://www.destatis.de/DE/Presse/Pressemitteilungen/2021/04/PD21_N025_611.html#:~:text=Wie%20das%20Statistische%20Bundesamt%20(Destatis,%2C7%20%25%20gegen%C3%BCber%20dem%20Vorjahresmonat; abgerufen am 06.06.2025.

[54]Bücker, T. (2025): »*Vorschlag der Grünen: Sind Sozialabgaben auf Kapitaleinkünfte sinnvoll?*«, Tagesschau, 16.01.2025, https://www.tagesschau.de/wirtschaft/finanzen/habeck-sozialabgaben-kapitalgewinne-100.html; abgerufen am 06.06.2025.

[55]Schulze Ehring, F.: »*Gesetzlicher Zuschlag*«, Versicherungsmagazin, https://www.versicherungsmagazin.de/lexikon/gesetzlicher-zuschlag-1945391.html#:~:text=Gesetzlicher%20Zuschlag%20bei%20Neuversicherten%3A%20Seit,10%20%25%20auf%20ihren%20Beitrag%20zahlen; abgerufen am 06.06.2025.

[56]Tenhagen, H-J. (2022): »*Starkregen und Naturkatastrophen: Eine Versicherung, die alle Hauseigentümer brauchen*«, SPIEGEL Wirtschaft, 16.07.2022, https://www.spiegel.de/wirtschaft/service/flutkatastrophe-im-ahrtal-und-die-folgen-nicht-versichert-sollte-es-nicht-geben-a-8ceff f1c-011f-4f0e-9702-8037044f8193; abgerufen am 05.06.2025.

[57]Statistisches Bundesamt (2024): »*Sterbefälle und Lebenserwartung: Entwicklung der Lebenserwartung in Deutschland seit 1871/1881*«, https://www.destatis.de/DE/Themen/Gesellschaft-Umwelt/Bevoelkerung/Sterbefaelle-Lebenserwartung/sterbetafel.html; abgerufen am 06.06.2025.

[58]Landmesser, D. (2025): »*Panik an den Börsen: Anleger, was tun?*«, Tagesschau, 07.04.2025, https://www.tagesschau.de/wirtschaft/finanzen/boerse-crash-anleger-was-tun-100.html; abgerufen am 06.06.2025.

[59]ZDFheute (2025): »*Börsen-Sturz: Wie reagieren?*«, https://www.zdf.de/video/magazine/zdfheute-live-102/boerse-crash-zoelle-trump-video-100; abgerufen am 06.06.2025.

[60]Ingendaay, P. (2025): »*Absturz in der Wall Street: Als Kleinanleger in der Börsenkrise*«, Frankfurter Allgemeine, 11.03.2025, https://www.faz.net/aktuell/feuilleton/seit-trump-spielt-die-us-boerse-verrueckt-als-kleinanleger-in-der-boersenkrise-110349384.html; abgerufen am 06.06.2025.

[61] DER AKTIONÄR (2025): »*Börsen im politischen Sturm: Wer jetzt profitiert – und wer verliert*«, 19.03.2025, https://www.deraktionaer.de/videos/aktien/boersen-im-politischen-sturm-wer-jetzt-profitiert-und-wer-verliert-20376931.html; abgerufen am 06.06.2025.

[62] Wilke, F. (2025): »*Krise an der Börse: Ich brauche das Geld. Soll ich meine Aktien jetzt verkaufen?*«, ZEIT ONLINE, 08.04.2025, https://www.zeit.de/geld/2025-04/krise-boerse-aktien-geldanlage-finanzen-verluste; abgerufen am 06.06.2025.

[63] Statista Research Department (2024): »*Wohneigentumsquote in ausgewählten Ländern Europas 2023*«, Statista, 30.10.2024, https://de.statista.com/statistik/daten/studie/155734/umfrage/wohneigentumsquoten-in-europa/#:~:text=Gem%C3%A4%C3%9F%20der%20Mikrozensus%2DZusatzerhebung%20leben,von%20ihren%20Eigent%C3%BCmern%20bewohnt%20werden; abgerufen am 06.06.2025.

[64] Voigtländer, M., Sagner, P. (2019): »*IW-Gutachten: Wohneigentum in Deutschland*«, Institut der deutschen Wirtschaft, August 2019, https://www.iwkoeln.de/fileadmin/user_upload/Studien/Gutachten/PDF/2019/Gutachten_Wohneigentum_in_Deutschland.pdf; abgerufen am 06.06.2025.

[65] Beck, A-C. (2023): »*War das Eigenheim früher erschwinglicher?*«, Tagesschau, 21.08.2023, https://www.tagesschau.de/wirtschaft/verbraucher/immobilien-kosten-generationen-100.html; abgerufen am 06.06.2025.

[66] Haus & Grund RheinlandWestfalen (2014): »*Grunderwerbsteuer: Rot-Grün erhöht die Grunderwerbsteuer in Nordrhein-Westfalen ab Januar auf 6,5 Prozent*«, https://www.hausundgrund-verband.de/themen/grunderwerbsteuer/; abgerufen am 06.06.2025.

[67] Martini, A. (2024): »*Deutsche finanzieren ihr Eigenheim mit immer weniger Eigenkapital*«, Dr. Klein, 14.05.2024, https://www.drklein.de/deutsche-finanzieren-ihr-eigenheim-mit-immer-weniger-eigenkapital.html; abgerufen am 06.06.2025.

[68] Weis, A., Schweizer, J. (2022): »*Kaufen oder mieten? – Eigenheim vs. Weltporfolio*«, Gerd Kommer, 02.12.2022, https://gerd-kommer.de/eigenheim-vs-weltportfolio/; abgerufen am 06.06.2025.

[69] Statista Research Department (2025): »*Anzahl der Bausparverträge bei den Bausparkassen in Deutschland bis 2024*«, Statista, 21.01.2025, https://de.statista.com/statistik/daten/studie/20011/umfrage/anzahl-der-bausparvertraege-bei-bausparkassen-in-deutschland/; abgerufen am 06.06.2025.

[70]Eilinghoff, D. (2024): »*Bearbeitungsgebühren Bausparvertrag: Hold Dir unzulässige Bauspargebühren zurück*«, Finanztip, 27.06.2024, https://www.finanztip.de/bausparvertrag/bearbeitungsgebuehren/; abgerufen am 06.06.2025.

[71]Bausparvertrag.net (2024): »*Notfallfonds*«, Finanztip, 27.06.2024, https://bausparvertrag.net/ratgeber/notfallfonds/; abgerufen am 06.06.2025.

[72]Deutsche Rentenversicherung (2025): »*So geht Wohn-Riester*«, https://riester.deutsche-rentenversicherung.de/DE/So-geht-Riester/So-geht-Wohn-Riester/so-geht-wohn-riester_node.html; abgerufen am 06.06.2025.

[73]Verbraucherzentrale (2024): »*Wohn-Riester: Immobilienfinanzierung mit staatlicher Förderung*«, 07.05.2024, https://www.verbraucherzentrale.de/wissen/geld-versicherungen/altersvorsorge/wohnriester-immobilienfinanzierung-mit-staatlicher-foerderung-7033#:~:text=Die%20Zulagen%20setzen%20sich%20zusammen,Kinderzulage%20(ab%202008%20geborene%20Kinder); abgerufen am 06.06.2025.

[74]Cünnen, A. (2025): »*Zwölf Millionen Deutsche legen ihr Geld in Aktien an*«, Handelsblatt, 16.01.2025, https://www.handelsblatt.com/finanzen/vorsorge/altersvorsorge-sparen/kapitalmarkt-zwoelf-millionen-deutsche-legen-ihr-geld-in-aktien-an/100098152.html; abgerufen am 06.06.2025.

[75]Statista Research Department (2025): »*Aktionärsquote in Deutschland bis 2024*«, Statista, 17.01.2025, https://de.statista.com/statistik/daten/studie/1101655/umfrage/aktionaersquote-in-deutschland/; abgerufen am 06.06.2025.

[76]Housel, M. (2021): »*Über die Psychologie des Geldes: Zeitlose Lektionen über Reichtum, Gier und Glück*«, FinanzBuch Verlag.

[77]Eugene F. Fama: »*Efficient Capital Markets: A Review of Theory and Empirical Work*«. In: *The Journal of Finance*. Band 25, Nr. 2, 1970, S. 383–417.

[78]S&P Global (2025): »*Results by Region: Get the latest SPIVA Scorecard results for markets around the world*«, https://www.spglobal.com/spdji/en/research-insights/spiva/#us; abgerufen am 06.06.2025.

[79]Smith, O. (2023): »*Aktive Fonds liegen weiter hinten dran*«, Morningstar, 10.03.2023, https://www.morningstar.de/de/news/232398/aktive-fonds-liegen-weiter-hinten-dran.aspx; abgerufen am 06.06.2025.

[80]Lohrer, U. (2023): »*Studien: Welche Fondsmanager den Markt schlagen*«, TiAM Fundresearch, 27.04.2023, https://www.fundresearch.de/analyse/gemanagte-fonds-wo-sie-wie-haeufig-den-markt-schlagen-konnten.php?; abgerufen am 06.06.2025.

[81]The Vanguard Group, Inc. (2025): »*50 years of changing the way the world invests*«, (https://corporate.vanguard.com/content/corporatesite/us/en/corp/who-we-are/sets-us-apart/our-history.html; abgerufen am 06.06.2025.

[82]TBörse Online Redaktion (2016): »*ETFs: Wie Sie mit Indexfonds ein Vermögen aufbauen*«, Börse Online, 25.09.2016, https://www.boerse-online.de/nachrichten/aktien/etfs-wie-sie-mit-indexfonds-ein-vermoegen-aufbauen-20271687.html; abgerufen am 06.06.2025.

[83]JustETF (2022): »*Indexfonds vs. ETFs: Kleiner Unterschied, große Wirkung*«, 02.05.2022, https://www.justetf.com/de/academy/indexfonds-vs-etfs.html; abgerufen am 06.06.2025.

[84]JustETF (2025): »*iShares Core MSCI World UCITS ETF USD (Acc)*«, 02.05.2022, https://www.justetf.com/de/etf-profile.html?isin=IE00B4L5Y983#uebersicht; abgerufen am 06.06.2025.

[85]JustETF (2025): »*iShares Core S&P 500 UCITS ETF USD (Acc)*«, https://www.justetf.com/de/etf-profile.html?isin=IE00B5BMR087#uebersicht; abgerufen am 06.06.2025.

[86]JustETF (2025): »*anguard FTSE All-World UCITS ETF (USD) Accumulating*«https://www.justetf.com/de/etf-profile.html?isin=IE00BK5BQT80; abgerufen am 06.06.2025.

[87]Statista Research Department (2025): »*Anzahl der börsennotierten Unternehmen weltweit bis 2022*«, Statista, 12.05.2025, https://de.statista.com/statistik/daten/studie/1203648/umfrage/anzahl-der-boersennotierten-unternehmen-weltweit/#:~:text=Im%20Jahr%202022%20waren%20rund,weltweit%20um%20etwa%203.400%20zur%C3%BCckgegangen/; abgerufen am 05.06.2025.

[88]Sartor, A. (2016): »*Gold: Zehn erstaunliche Fakten über das Edelmetall*«, GEOlino, 08/2016, https://www.geo.de/geolino/wissen/die-gesamtmenge-des-bisher-gefoerderten-goldes-entspricht-einem-wuerfel-mit-21-metern-kantenlaenge_30113896-30165858.html; abgerufen am 06.06.2025.

[89]Statista Research Department (2024): »*Gold vs. MSCI World Index - Vergleich der Rendite bis 2020*«, Statista, 02.01.2024, https://de.statista.com/statistik/daten/studie/1171670/umfrage/rendite-von-gold-im-vergleich-zur-rendite-des-msci-world-index/#:~:

text=Im%20Zeitraum%20von%201970%20bis,8%20Prozent%20(reale%20Rendite); abgerufen am 06.06.2025.

[90]Erichsen, L. (2024): »*Vermögenserhalt in Krisenzeiten: Warum Gold als langfristige Anlage die Nase vor Silber hat*«, FOCUS, 12.04.2024, https://www.focus.de/experts/finanzen-vermoegenserhalt-in-krisenzeiten-ist-silber-besser-als-gold_id_259849664.html); abgerufen am 06.06.2025.

[91]Jesberg, L., Nagel, L-M., Blume, J. (2023): »*Wie drei Tonnen Gold verschwanden – der PIM-Gold-Skandal*«, Handelsblatt, 02.07.2023, https://www.handelsblatt.com/audio/crime/handelsblatt-crime-wie-drei-tonnen-gold-verschwanden-der-pim-gold-skandal/29234370.html; abgerufen am 06.06.2025.

[92]Arbeitsgemeinschaft für betriebliche Altersvorsorge e. V. (2025): »»*C. a) GDV: Bestandsentwicklung der Direktversicherungen seit 2000*««, 30.05.2025, https://www.aba-online.de/gdv-bestandsentwicklung-direktversicherungen; abgerufen am 06.06.2025.

[93]Vertragshilfe24 (2025): »*Versicherungsmathematiker: Lebensversicherungen müssten oft mehr zahlen!*«, YouTube, 24.01.2025, https://vertragshilfe24.de/sven-enger-lebensversicherung-protektor/; abgerufen am 06.06.2025.

[94]Bundesministerium der Justiz und für Verbraucherschutz: »*Gesetz zur Verbesserung der betrieblichen Altersversorgung (Betriebsrentengesetz - BetrAVG) § 1 Zusage des Arbeitgebers auf betriebliche Altersversorgung*«, https://www.gesetze-im-internet.de/betravg/__1.html; abgerufen am 06.06.2025.

[95]Siegmund, A. (2017): »*Grundlagen der Unterstützungskasse: Grundsatz der Segmentierung*«, Unterstützungskasse – Wiki, https://ukasse.wiki/122-2/#:~:text=Gruppen%2DUnterst%C3%BCtzungskasse%20wie%20eine%20Einzelkasse%20behandelt.&text=Die%20segmentorientierte%20Betrachtung%20f%C3%BChrt%20dazu,Tr%C3%A4gerunternehmen%20nur%20f%C3%BCr%20sein%20Segment; abgerufen am 06.06.2025.

[96] Statista Research Department (2024): »*Steuer- und Sozialabgaben in den OECD-Staaten nach Familienstand 2022*«, Statista, 02.01.2024, https://de.statista.com/statistik/daten/studie/185987/umfrage/steuer-und-sozialabgaben-nach-laendern/; abgerufen am 06.06.2025.

[97]Stern Redaktion (2025): »*Bericht: SPD will Reichensteuersatz auf bis zu 49 Prozent anheben*«, Stern, 25.03.2024, https://www.stern.de/news/be

richt--spd-will-reichensteuersatz-auf-bis-zu-49-prozent-anheben-35580644.html; abgerufen am 06.06.2025.

[98]Sackmann, C. (2025): »*Sinkt immer weiter und greift zu früh: Drei Grafiken zeigen, dass wir ein Problem mit dem Spitzensteuersatz haben*«, FOCUS online, 05.01.2025, https://www.focus.de/finanzen/steuern/sinkt-immer-weiter-und-greift-zu-frueh-drei-grafiken-zeigen-dass-wir-ein-problem-mit-dem-spitzensteuersatz-haben_13655240-b46e-45bc-bf4a-eef61de44d84.html; abgerufen am 06.06.2025.

[99]Beznoska, M., Hentze, T. (2017): »*Die Einkommensteuer im Zeitverlauf: Belastungswirkungen für verschiedene Haushaltstypen*«, nstitut der deutschen Wirtschaft, 09.05.2017, https://www.iwkoeln.de/studien/martin-beznoska-tobias-hentze-belastungswirkungen-fuer-verschiedene-haushaltstypen.html#:~:text=Der%20Spitzensteuersatz%20trifft%20Steuerpflichtige%2C%20die,beim%202%2C6%2Dfachen; abgerufen am 06.06.2025.

[100]Statistisches Bundesamt (2025): »*Lohn- und Einkommensteuer: Steuererklärung: Durchschnittliche Rückerstattung lag bei 1172 Euro*«, https://www.destatis.de/DE/Themen/Staat/Steuern/Lohnsteuer-Einkommensteuer/im-fokus-steuererklaerung.html; abgerufen am 06.06.2025.

[101]Klotz, M. (2024): »*Arbeitnehmersparzulage: Bis zu 20 Prozent Zuschuss für Dein Erspartes*«, Finanztip, 02.10.2024, https://www.finanztip.de/vermoegenswirksame-leistungen/arbeitnehmersparzulage/; abgerufen am 06.06.2025.

[102]Graf, N. (2024): »*Tipps & Tricks: Thesaurierender ETF: Hier zahlst Du 2025 automatisch Steuern*«, Finanztip, 16.12.2024, https://www.finanztip.de/daily/thesaurierender-etf-hier-zahlst-du-bald-automatisch-steuern/; abgerufen am 06.06.2025.

[103]Kirchenaustritt.de (2023): »*Umfrageergebnis „Warum treten Sie aus der Kirche aus?*«, finanz.de, 16.12.2024, https://www.kirchenaustritt.de/; abgerufen am 06.06.2025.

ForwardVerlag

Titel:	Entscheidung: Umfeld
Untertitel:	Wie du dir ein starkes Umfeld aufbaust, das dich gewinnen sehen will
Autor:	Dirk Kreuter
ISBN:	978-3-98755-158-1

Du bist gut. Aber bist du auch im richtigen Umfeld, damit die Welt das erkennt?

Warum scheitern Genies im Verborgenen – während der Durchschnitt in der ersten Reihe steht? Dieses Buch ist ein Weckruf. Eine Anleitung. Eine Entscheidung.

Dirk Kreuter nimmt dich mit auf eine Reise durch wahre Geschichten von Menschen, die Großes erreichten – nicht trotz, sondern wegen ihres Umfelds. Von Joshua Bell bis Max Verstappen, von Cristiano Ronaldo bis zu Unternehmern, die alles veränderten, als sie ihr Netzwerk veränderten.

Triff die wichtigste Entscheidung deines Erfolgs: Dein Umfeld.

ForwardVerlag

Titel:	Erfolg ist kein Zufall
Untertitel:	Die Erfolgsfaktoren für Reichtum, Glück und Erfüllung
Autoren:	Maurice Bork & Christian Gaschler
ISBN:	978-3-98755-152-9

Woran denkst du bei *Erfolg*? Verbindest du das Wort mit Geld? Mit Luxus? Mit Wohlstand? In meinem Podcast habe ich mehr als 350 finanziell erfolgreiche Menschen interviewt. Eines kann ich mit Sicherheit sagen: Erfolg ist keineswegs bloß Geld. Es ist eine Lebenseinstellung. Ein Pakt mit sich selbst, Überdurchschnittliches zu leisten – was auch immer es ist.

Was unterscheidet Menschen diesen Schlags vom Durchschnitt? Sie verkörpern Erfolgsfaktoren, die sie teils von Natur aus mitbringen, sich meist aber auf ihrem Lebensweg angeeignet haben. Dieses Buch präsentiert 13 solcher Faktoren. Wissenschaftlich untermauert, eingewoben in inspirierende Geschichten, inklusive Handlungsempfehlungen, die wir alle umsetzen können.

Um ein erfolgreiches Leben zu führen, musst du nicht alle 13 Faktoren ausbauen. Baust du sie aber alle aus, wirst du unaufhaltsam. Denn Erfolg ist kein Zufall!

ForwardVerlag

manager magazin
Bestseller

Titel:	Vermögensaufbau durch Aktien-Sparpläne
Untertitel:	Wie du mit Aktien und ETFs monatlich Dividenden kassierst
Autor:	Vitali Arnt alias Finanzkroko
ISBN:	978-3-98755-081-2

Geld ist sicherlich nicht alles im Leben, aber es macht alles im Leben einfacher. Warum kümmern sich dann nicht mehr Menschen um ihre Finanzen und arbeiten daran, ein Vermögen aufzubauen? Eine mögliche Antwort: Weil man uns stets einredet, dass es sich nicht lohnt, nicht funktioniert, zu kompliziert ist oder nur für Menschen infrage kommt, die bereits reich sind.

Dieses Buch beweist eindrucksvoll das Gegenteil! In kompakter und klarer Form wird hier der einzige Weg zum eigenen Vermögen beschrieben, der nachweislich und garantiert funktioniert: Der langfristige Vermögensaufbau an der Börse!

Über 150.000 Menschen vertrauen bereits der Expertise von Finanzkroko und machen ihn zu einem der erfolgreichsten Finanz-Creator im deutschsprachigen Raum. Also worauf wartest du noch? Es wird Zeit deine finanzielle Zukunft auf Kurs zu bringen!

ForwardVerlag

SPIEGEL Bestseller

Titel:	Der Schrei nach Wohlstand
Untertitel:	Raus aus der Mittelmäßigkeit, rein in die finanzielle Unabhängigkeit mit dem Immobilien-Erfolgscode
Autor:	Tom Urbanek
ISBN:	978-3-98755-130-7

Stell dir vor, du kannst das Leben genießen, ohne dir Sorgen um die finanzielle Zukunft zu machen. Klingt zu gut, um wahr zu sein? Immobilien sind dein Schlüssel zum Erfolg!

In diesem Buch bekommst du eine bewährte Schritt-für-Schritt-Anleitung, die dich sicher und gezielt zu deiner ersten Wohnung führt.

Mit seinen bewährten Strategien, Beispielen, Tipps und Tricks hat Tom Urbanek schon hunderten Menschen geholfen, ihren Traum von einer Immobilie zum Vermögensaufbau zu verwirklichen.

Du bist bereits Immobilien-Investor? Auch für Fortgeschrittene sind Tools und Informationen dabei, um dich aufs nächste Level zu bringen.

ForwardVerlag